本书得到北京市高校分类发展项目
"京津冀协同发展与城市群系统演化政产学研用平台"资助

本书得到教育部人文社会科学研究"基于拔尖创新人才贯通培养的中小学校支持体系构建研究"（23YJC880077）项目资助

面向学生创新能力提升的学校民主治理研究

——基于中小学的实证调查

马思腾 ◎ 著

首都经济贸易大学出版社
Capital University of Economics and Business Press
·北京·

图书在版编目(CIP)数据

面向学生创新能力提升的学校民主治理研究：基于中小学的实证调查 / 马思腾著. -- 北京：首都经济贸易大学出版社，2023.11

ISBN 978-7-5638-3608-6

Ⅰ.①面… Ⅱ.①马… Ⅲ.①中小学—学校管理—民主管理—研究 Ⅳ.①G637

中国国家版本馆 CIP 数据核字（2023）第 233201 号

面向学生创新能力提升的学校民主治理研究：基于中小学的实证调查
MIANXIANG XUESHENG CHUANGXIN NENGLI TISHENG DE XUEXIAO MINZHU ZHILI YANJIU：JIYU ZHONGXIAOXUE DE SHIZHENG DIAOCHA
马思腾　著

责任编辑	赵　杰
封面设计	砚祥志远·激光照排　TEL：010-65976003
出版发行	首都经济贸易大学出版社
地　　址	北京市朝阳区红庙（邮编 100026）
电　　话	（010）65976483　65065761　65071505（传真）
网　　址	http：//www.sjmcb.com
E - mail	publish@cueb.edu.cn
经　　销	全国新华书店
照　　排	北京砚祥志远激光照排技术有限公司
印　　刷	北京九州迅驰传媒文化有限公司
成品尺寸	170 毫米×240 毫米　1/16
字　　数	261 千字
印　　张	14.75
版　　次	2023 年 11 月第 1 版　2023 年 11 月第 1 次印刷
书　　号	ISBN 978-7-5638-3608-6
定　　价	59.00 元

图书印装若有质量问题，本社负责调换
版权所有　侵权必究

前　言

　　学生创新能力的发展水平直接影响国家未来的竞争力,而学校民主治理被一些学者视为促进创新能力发展的有利条件。本书旨在探索学校民主治理的理论结构及现实表现,为其与学生创新能力之间的关系提供基于实证研究的证据,并梳理指向学生创新能力提升的学校民主治理改进之路。

　　学生创新能力是指学生生产新颖和适用性产品的能力,其含义等同于创造力。根据威廉斯创造力测量的维度,学生创新能力的测量包括对于学生创新人格和创新思维的测量,其中:创新人格是指个体的创造性倾向,包括个人的冒险性、挑战性、好奇心和想象力;创新思维主要指个体的发散思维,其特质包括流畅性、灵活性、独创性和精细化。本研究通过学生自评的方式测量学生的创新人格倾向及创新思维水平。

　　协商民主理论和参与民主理论是学校民主治理的重要理论依据,学校民主治理测量的对象是学生,通过质性研究和理论研究,本书形成了学校民主治理的分析框架,明确了学校民主治理包含平等性、自由性、参与性和协商性四个维度。结合实地调查和访谈所获内容,笔者编制了学校民主治理调查问卷,构建了学校民主治理的二阶分析框架。

　　采用自编的学校民主治理问卷、修订的创新人格量表和改编的创新思维量表,笔者对某市45所中小学(30所小学、15所初中)学生进行调研,回收有效学生问卷3 511份,问卷经过反复修订,达到了合格的信效度标准。运用描述分析方法和差异性分析方法对学生民主治理以及学生创新能力的现状和差异进行了探索,采用多元线性回归分析、结构方程模型验证了学校民主治理对学生创新能力的影响。研究结果表明:

　　第一,学校民主治理包括平等性、自由性、参与性和协商性四个维度。其中,平等性包括师生平等和生生平等两个方面,自由性包括表达自由和行动自由两个方面,参与性包括参与活动和参与决策两个方面,协商性包括管理协商和教学协商两个方面。

　　第二,学校民主治理水平有待提升。学生对于师生平等的评价较低,学校和教师对于学生的自由有天然的抵触情绪,学校治理偏好统一的平等,在一定程度上忽视了学生的自由权利和主体性。学生缺乏表达的自由性,缺乏反馈意见的渠道。对比来看,班干部参与管理的水平显著高于非班干部,参与性尤甚;从区域差异上看,发达地区学生对于学校民主治理的评价显著高于不发达地区学生;从学段差异看,中学生对于学校民主治理的评价显著高于小学生。

第三,中小学生创新能力仍需提升。在创新思维方面,学生的独创性得分最低;在创新人格方面,学生的想象力得分最低,学生思维的独特性明显不足。从差异上看,高年级学生的创新思维水平显著低于低年级学生;高年级学生的创新人格倾向显著高于低年级学生,女生的创新人格倾向和创新思维水平显著高于男生,发达地区学生的创新人格倾向和创新思维水平显著高于不发达地区。

第四,学校治理中的平等性、自由性、参与性和协商性对于学生创新能力具有显著的正向影响,其中自由性和参与性影响效应较大。创新自我效能感在学校民主治理对学生创新能力的影响中起部分中介作用。学校民主治理对学生创新思维的影响总效应是 0.61,对学生创新人格的影响总效应是 0.58。提升学校民主治理水平,将有助于提升学生的创新自我效能感,促进学生的创新人格倾向和创新思维水平的提高。

基于上述研究结论,笔者从学校教学和管理两个方面提出了改进策略,以提升学校的创新氛围,创造培养学生创新能力的良好环境。在教学中,应在构建双主体师生关系、聆听学生自由表达、鼓励学生参与活动和注重教学协商过程四个方面彰显学生的主体性;在管理中,应当明确学校管理的权力清单,完善学生参与的制度设计,铺设学生和学校领导之间协商沟通的桥梁。

目 录

第一章 绪 论 ... 1
- 第一节 研究背景 ... 3
- 第二节 研究意义 ... 6
- 第三节 核心概念界定 ... 7

第二章 文献综述 ... 11
- 第一节 创新能力的内涵与测量 ... 13
- 第二节 民主及其测量 ... 27
- 第三节 学校民主治理的内涵及测量 ... 38
- 第四节 已有文献述评 ... 47

第三章 研究设计 ... 49
- 第一节 研究目标与假设 ... 51
- 第二节 研究方法与思路 ... 52

第四章 学校民主治理的结构研究 ... 61
- 第一节 学校民主治理的理论探索 ... 63
- 第二节 学校民主治理的维度及内容 ... 73
- 第三节 学校民主治理的结构验证 ... 100

第五章 学校民主治理的特征 ... 107
- 第一节 平等性的特征 ... 109
- 第二节 自由性的特征 ... 113
- 第三节 参与性的特征 ... 118
- 第四节 协商性的特征 ... 122

第六章　学生创新能力的特征 …… 127
第一节　学生创新能力的构成及测量 …… 129
第二节　学生创新能力的现状与差异 …… 133

第七章　学校民主治理与学生创新能力的关系 …… 151
第一节　学校民主治理对学生创新思维的影响 …… 154
第二节　学校民主治理对学生创新人格的影响 …… 167
第三节　学校民主治理、创新自我效能感与学生创新能力 …… 179

第八章　研究结论与讨论 …… 191
第一节　研究的主要结论 …… 193
第二节　指向创新能力培养的学校民主治理塑造 …… 198
第三节　研究的创新与不足 …… 208

参考文献 …… 211

第一章
绪 论

第一节 研究背景

创新能力是人才竞争力的核心，决定国家和区域科技与经济的发展。随着科技的不断进步，世界各国加大了对创新人才培养的重视程度。对学生创新能力的培养是学校教育不可推卸的责任。学校教育不仅可以通过专门的创新课程体系促进学生创新能力的发展，还可以通过创设良好的学校环境和民主的学校氛围培育学生的创新能力。

一、学生创新能力决定国家未来竞争力

面对全世界范围内经济的飞速增长、科技的不断进步以及国际形势的不断变化，人才的培养尤其是人类创新能力的培养成为各国日益关注的重要问题。国际上，美国把创造性和创新能力的培养视作"21世纪技能"的重要组成部分，并认为创新能力是青少年在日新月异的变化环境中胜出的核心能力，[1] 欧盟强调学生的主动与创新意识，日本和新加坡提出要重视学生的创造力和批判思维能力，许多重视经济发展的国家和地区均把创新能力和创新意识作为学生培养的重要方向之一。

我国同样十分重视学生创新能力的培养，多项教育政策提出要着重发展学生的创新能力。党的十八届五中全会提出五位一体发展新理念，把"创新发展"排在首位，并将"增强学生的创新精神"作为教育发展的重要方向。21世纪的竞争在于创新人才的竞争，创新能力成为21世纪的核心竞争力。相对于成年人而言，青少年的创新能力更具有可塑性。2016年，国务院办公厅发布《关于深化教育体制机制改革的若干意见》，强调要在教育教学中培养创新能力，激发学生的好奇心、想象力和创新思维，养成创新人格，鼓励学生勇于探索、大胆尝试、创新创造。[2] 由此可见，创新思维和创新人格是创新能力培养的着重点。我国需要从中小学阶段开始，培养学生创新能力，为国家储备创新型人才。

英国学者李约瑟提出了著名"李约瑟难题"，我国"两弹一星"元勋钱学森先生也提出了经典的"钱学森之问"，引发了国人关于创新能力以及教育

---

[1] Shalley C E, Zhou J, Oldham G R. The effects of personal and contextual characteristics on creativity: where should we go from here? [J]. Journal of management, 2004, 30 (6): 933-958.

[2] 张敬威，于伟. 非理性观照下的儿童创新能力培养 [J]. 中国教育学刊, 2019 (1): 46-50.

在其中作用机制的探讨。2018年全球国家创新指数排名中,中国排名第17位,首次进入前20位次,但是与排名靠前的英国、美国、瑞士、新加坡等国仍然存在较大差距。国家创新能力的提高有赖于教育对人才的培养,但是由于课业负担过重、升学压力过大等原因,当前我国中小学生的创新能力现状不容乐观。PISA2012的结果显示,上海学生在2012年测试的数学、阅读、科学三个学科的成绩均位列第一,且显著高于所有其他国家或地区,但是在问题解决能力方面却位列第六,远远弱于考试所得成绩的排名。[①] "高分低能""会考试、不会创造"成为当前我国教育领域的突出问题。

二、学生创新能力的发展受环境因素影响

创新能力是个体生存和良好适应社会的重要能力,其发展需要优良的环境支持。[②] 根据创造力的社会生态系统理论,影响创造力发展的各类环境因素可以分为三类:一是宏观系统,主要指社会文化环境,如儒家文化、宗教文化等;二是中观系统,主要指家庭环境和学校环境,如家庭创新环境和学校民主治理等;三是微观系统,主要指个人特质,如学生的动机和效能感等。可见,学校因素对于中小学生的创新能力培养非常重要。

对上述三类系统的研究,不同学科领域研究的侧重点不同,但是较少有研究关注学校环境。具体来说,心理学领域对于个人微观系统的研究较多,如有研究探讨个体的动机、自尊、创造自我效能对于学生创新能力的影响。[③] 对于中观系统的研究,更加偏重于家庭环境方面,对学校研究关注较少,如一些研究探讨父母教养方式、家庭教养环境对于学生创造力的影响。[④][⑤] 管理学和经济学领域一般关注企业或组织,对于学校这一特殊组织关注较少。由此,笔者认为有必要加强教育学领域中,学校环境对于创新能力影响方面的

---

① 孙玮,葛玉良,邱化民. 大学生主体式创新创业教育研究 [J]. 中国大学生就业,2016(11):39-43.

② 李燕芳,王莹. 影响儿童青少年创造力发展的学校环境因素研究述评 [J]. 中国特殊教育,2009(2):80-85.

③ 张景焕,刘桂荣,师玮玮. 动机的激发与小学生创造思维的关系:自主性动机的中介作用 [J]. 心理学报,2011,43(10):1138-1150;李翔. 竞争强度对不同自尊水平中学生科学创造力的影响研究 [D]. 西安:陕西师范大学,2014.

④ 舒曾,贺雯,李晓敏,等. 母亲养育压力对幼儿创造性人格的影响:教养方式的中介作用 [J]. 心理发展与教育,2016,32(3):276-284.

⑤ 唐光蓉,邹泓,侯珂,等. 家庭创新环境的特征及其与中学生日常创造性行为的关系:创造性人格的中介作用 [J]. 心理科学,2014(5):1125-1131.

探讨，为创建有助于学生创新能力发展的学校软环境提供参考。

三、学校民主治理与创新能力的关系研究已有一定基础

民主是我国国家层面的核心价值，在政治领域，我国的民主制度由通过人民代表大会进行的选举民主和通过全国政治协商会议的协商民主组成。除了政治含义和价值意义外，民主也是一种生活方式，在教育领域中尤其如此。可以说，民主和教育的关系是一种密切交互的关系，民主本身可以说是一个教育的原则，或者说是教育的方针和政策。[1][2]

在我国，已有不少研究者和教育实践者对教育中的民主含义进行过探讨，也对学校中可能实行民主形式的班级管理、课堂教学等活动进行过研究与分析，这些研究为在本土背景下开展学校民主治理研究奠定了基础。本书将在已有研究的基础之上，继续探索从学校整体而言，学校民主治理可以拆解成哪些维度，具体体现在哪些方面，学校中的哪些事务最能凸显学校民主性，哪些要素可以测量学校民主治理等问题。

怎样的学校环境才能有助于学生创新能力的发展？一些研究者给出的答案是民主。杜威认为民主的学校环境有助于培育学生的创新能力，陶行知提出创造力最能发生的条件是民主，我国学者田友生也采用理论思辨的方式论证了学校民主环境对于学生创造力的影响。可见推进学校民主，营造民主、自由、宽松的文化氛围，可以促进学生创新能力的发展。[3] 在我国学者看来，培育民主、和谐、轻松的学校氛围是提高学生创新能力的重要因素。

国外已有一些实证研究通过数据循证的方式，验证了治理中的民主要素对学生创新能力的影响。比如有研究指出，民主型教学态度对提高课堂上富有创造性但不受欢迎的行为有正向影响，保守专制型教学态度对提高课堂上受欢迎但不具有创造性的行为有正向影响。[4] 哈登（Hadden）等人对开放课堂与儿童创造性的关系进行了研究和各种创造性测验之后，发现开放课堂里的儿童创造性成绩始终较好。但是由于中西文化背景的差异，西方国家对于学校民主的理解并不直接适用于我国的教育环境。

总体来说，国内的研究更多是基于理论思辨，缺乏循证支持，而国外对

---

[1] 董礼. 论杜威共同体思想的道德意蕴 [J]. 道德与文明, 2011 (5): 128-133.
[2] 约翰·杜威. 人的问题 [M]. 傅统先, 邱椿, 译, 南京: 江苏教育出版社, 2006: 14.
[3] 褚宏启. 学生创新能力发展的整体设计与策略组合 [J]. 教育研究, 2017 (10): 21-28.
[4] Ng Aik Kwang. 解放亚洲学生的创造力 [M]. 李朝辉, 译. 北京: 中国轻工业出版社, 2005.

于学校民主治理的探讨又脱离了我国的具体情境。在本土化情景下，学校民主治理与学生创新能力二者关系如何？影响机制如何？应当如何提升学校民主治理水平以促进学生创新能力的发展？这些是本书希望探索和解决的问题。

第二节 研究意义

一、理论意义

当前我国学校民主治理的实证研究中，对于民主的理解往往局限在参与决策这一单一维度上，很少考虑协商的要素，较少有文献对于学校中的协商民主进行操作化的界定和测量。在学校民主治理的研究主题下，对于民主的阐释还不够深入，对于民主这一概念的分解还不够细致，相关描述性研究还有待丰富。

从创新能力的测量来看，已有研究大多或测量创新人格，或测量创新思维，很少有研究同时关注创新能力两个组成部分。在测量方式上，国内较少有研究采取自评方式进行创新思维的测量，而在国外创新思维自评量表的测量已经比较成熟。

基于上述分析，本研究的理论意义如下：首先，本研究将基于协商民主教育理论探讨学校民主治理的构成，尝试通过实地调研的方式，对学校民主治理概念进行深入、细致的分解，并在此基础上形成测量学校民主治理的问卷，以期在一定程度上丰富学校民主的理论体系。其次，本研究将对学生创新人格进行测量，同时探讨采取自评方式测量学生创新思维的可行性和优缺点，以期在探索测量学生创新能力的简便形式上迈出新的一步。最后，本研究将使用实证的方法探寻学校民主治理对学生创新能力的影响，能够为二者的关系提供基于我国国情的实证数据支持。

二、实践意义

本研究具有以下实践意义：首先，通过对学生和教师关于学校民主的访谈，引发教师和学生对于学校治理民主的思考，引导学生思考自己在学校和生活中的权利与权益，促使教师反思自己的教学和管理方式。其次，通过实地调研，参与学校的听评课、集体出游等活动，了解教师教学和管理的方式方法，了解实践中培育学生创新能力的方法。再次，通过验证学校民主治理与学生创新能力的关系，鼓励所调研的学校领导和教师积极改进学校民主治理方式。最后，为教师和学校管理者在学校中如何有效创设民主氛围，培养学生创新能力提供参考。

第三节 核心概念界定

本研究探索学校民主治理与学生创新能力的关系，因此，研究也将围绕学生创新能力和学校民主治理两个核心概念的不断分解而逐步展开。

一、学生创新能力

在本研究中，学生的创新能力即指学生的创造力。如果一定要将二者进行区分的话，创新能力所对应的英文单词是 innovation，创造力所对应的英文单词是 creativity，相对于 creativity 而言，innovation 还强调将创新的思想付诸实践的能力。但是在我国的政策话语中，中小学生的创新能力更接近于心理学领域所提出的"创造力"，倾向于强调个体创新潜能的可培育性。这一概念的出发点与本研究初衷一致，且当前关于学生创新素养等方面的研究也以创新能力代称。[①] 故而，本研究所指的创新能力即学生的创造力、创新性、创造性等核心竞争能力。

创新能力是指生产新颖和适用性的产品的能力。在学生身上则表现为产生对于其个体而言是独创的或是新颖的且具有适用性的产品的能力。与传统意义上的创新能力不同，这里的新颖是指对于学生个体而言的，并非世所未见。适用性是指在不违反社会基本原则的情况下，能够解决某些现实问题。这种创新能力不同于令人惊奇的创造力（Big-Creativity，Big-C），而是指微小创新能力（Mini-Creativity，Mini-C），如果某学生能产生自己从未了解到的想法或发明出自身从未见过的产品，并且这种想法或产品具有一定的社会适用性，则认为该生具备一定的创新能力。从创造性的人格观来看，如果学生具有挑战性、好奇心和想象力倾向，则认为该生具备创新能力。从创造性过程来看，学生的思维是否具有独创性、流畅性、灵活性和精细化是学生创新能力的关键指标。虽然许多研究都是从单一维度对创新能力展开测量的，

---

① 褚宏启. 解读关键能力 [J]. 中小学管理，2017 (11)：57-58.

但有研究认为,从多角度测量创新能力更具有准确性。[1]

根据威廉斯的创造力测量模型,本研究认为学生的创新能力包含创新人格和创新思维两个方面。其中:创新人格是指个体所具备的创造的倾向,包括个体的好奇心、想象力、冒险性和挑战性四个方面;创新思维指学生的发散思维和聚合思维能力,尤以发散思维为核心,包含流畅性、灵活性、独创性和精细化四个维度。

二、学校民主治理

本研究中的学校指基础教育阶段的中学和小学。学校民主治理的对象是在校学生,具体是指学生在决策制定过程中被赋权以及在学校生活中感受到自主性等方面,其本质在于凸显学生的权利,在平等、自由的基础之上,鼓励学生通过讨论协商参与决策的过程。

学校民主治理的理论基础是协商民主理论和参与民主理论,学校民主治理包括平等性、自由性、参与性和协商性四个维度。

学校民主治理的平等性包括师生平等和生生平等两个方面。其中:师生平等强调教师将学生作为一个真实的、对等的、完整的人来看待,教师和学校中层及以上领导平等对待学生,不以权威压制学生,而是将学生作为独立的个体;生生平等是指教师公平公正地对待每一个学生,不因学生的个人特质而对学生产生偏见,学生在校能有公平感。

学校民主治理的自由性包括表达自由和行动自由两个方面。其中:表达自由即哈贝马斯所强调的言说的民主,指让学生自由表达自己的观点,而不必按照老师或者书本的想法发言;行动自由是指学生在校期间,在不违反基本纪律的情况下可以掌控自己的行为模式,比如课间可以自由使用学校资源,或者做自己感兴趣的事情。

学校民主治理的参与性包括参与活动和参与决策两个方面。其中:参与活动是指学生有机会参与学习过程以及班级和学校的各类活动,而不被排斥在外,同时能够积极融入教师教学过程;参与决策包括对班干部的选拔、班级矛盾的解决,甚至对学校的建设、管理、发展等决策产生影响。[2] 这一要求体现民主的参与性,也是参与民主的关键要素。

---

[1] 刘晓陵,刘路,邱燕霞.威廉斯创造力测验的信效度检验[J].基础教育,2016,13(3):51-58.
[2] 赵荣辉.论教育民主与民主教育的共生[J].现代教育管理,2009(3):13-16.

学校民主治理的协商性包括管理协商和教学协商两个方面，强调民主的对话关系，教师和学生之间就教学问题和管理问题进行妥协和宽容、协商和论辩。① 管理协商和教学协商是在课堂上鼓励学生探究和讨论，在管理上鼓励学生各抒己见，并且按照理性推论的方式得出协商一致结论的过程。

---

① 贝思·辛格.实用主义、权利和民主[M].王守昌，等，译.上海：上海译文出版社，2001：159.

第二章
文献综述

本章将对研究中所涉及的两个核心概念——创新能力和学校民主治理的界定、测量、相互关系等方面进行文献的系统梳理，以明确当前研究的进展，确定本研究的研究基础和发展方向。

第一节　创新能力的内涵与测量

创新能力是什么？简单地说，创新能力是创造新颖事物或者想法的能力，是综合运用想象、联想、批判等思维产生解决问题的能力，与不可预料、使用想象力、原创性思考、使用一种全新的方法做某件事情或者使用新的内涵界定名词相关。[①]

部分研究者认为创新能力（innovation）与创造力（creativity）的概念不尽相同。具体地说，从概念上看，创造力是指产生新颖想法的能力，而创新能力包含了将新颖原创想法实施的过程。从应用领域上看，创造力多用于心理学、教育学领域中针对青少年个体的研究，而创新能力则多用于企业管理和人力资本领域中针对雇员及工作团体的研究。

本研究不考虑企业和团队创新能力，只将目光集中于中小学生在学校中所表现出的个体创造能力。2017年9月，中共中央办公厅、国务院办公厅印发的《关于深化教育体制机制改革的意见》，强调要"培养学生创新能力，激发学生好奇心、想象力和创新思维，养成创新人格，鼓励学生勇于探索、大胆尝试、创新创造"[②]，结合心理学领域创造力的相关定义可以看出，在我国的政策话语下，学生创新能力是指学生个体所表现出的创造能力，因此，本研究中学生个体意义上的创新能力与创新性、创造性与创造力等并无本质区别，其英文皆对应为creativity。

关于创新能力的研究历史悠久，远可追溯至古希腊时期。例如：柏拉图认为创造力是灵感，是不受外界控制之物；亚里士多德认为创造过程遵循着某些可以理解的自然法则，即一种强调灵感、顿悟，或创造力特有的、难以意识到的心理过程，他看重创造过程和其他认识过程之间的相似处，这样就可以解构创造过程，理解其内部工作机制。

上述对创新能力的探讨主要集中于哲学学科的思辨层面，科学研究创造

[①] Abdul Halim H, Kingsbury M, Drage C. Nurturing creativity: whose wisdom is of most worth? [J]. Creative education, 2013 (9): 1-4.
[②] 张敬威,于伟. 非理性观照下的儿童创新能力培养 [J]. 中国教育学刊, 2019 (1): 46-50.

力则始于1950年,时任美国心理学会会长的乔伊·保罗·吉尔福特(Joy Paul Guilford)发表了关于"创造力"的就职演说,奠定了创造力在心理学研究中的重要地位,之后几十年中,国际上许多教育学和心理学重量级专家都对此进行过研究,在创造力的内涵、构成、形成理论及影响因素方面,均做出了有益探索。

一、创新能力的内涵

对于个体创新能力的界定,不同研究者切入的视角不尽相同,总结来看,个体创新能力可以从创造性的产品、创造性的人格、创造性过程三个角度加以界定。

(一)成果说

对个体创新能力持成果说的学者认为具有创新能力的人通常会产生创新成果,一般而言,可以从创新成果的数量和质量上来判断个体的创新能力。成果可以是学生产生的新的观点或思想,也可以指行为。

创新成果的根本特征在于新颖性或独创性。厄尔本(Urban,1991)就把创新能力定义为:"在解决某个指定问题时能创造新的不寻常的和令人吃惊的产品的能力。"[1][2] 可见与众不同和出人意料的新颖性是创新能力的首要特征。

除新颖这一特征外,某种形式的效用——有用性、适合性或社会价值——则是另一个特征。帕金斯(Parkins)、斯腾伯格(Sternberg)等认为创新成果必须是独创的(新颖的、原创的)和恰当的(有用的、适合特定需要的)[3],张景焕、林崇德认为创新能力是根据一定目的,运用一切已知信息,产生出某种新颖独特、有社会或个人价值的产品的智力品质。[4][5] 总体来看,创新能力的关键在于取得具有新颖性和适用性的成果。

具体而言,创新能力的新颖性特点仅针对创造者个人,即个体所创造的

---

[1] 严孟帅. 学生创造力培养及评价研究 [D]. 上海:华东师范大学,2015.

[2] Klaus Urban. On the development of creativity in children [J]. Creativity research journal, 1991, 4 (2):177-191.

[3] Plucker J A E, Others A. What educators and parents need to know about. fostering creativity and elementary school programs in gifted education and student portfolios. practitioners' guides [J]. Creative development, 1994:14.

[4] 李培. 基于创新能力结构的研究生创新能力培养 [J]. 教育教学论坛, 2013 (34):29-30.

[5] 张景焕,林崇德,金盛华. 创造力研究的回顾与前瞻 [J]. 心理科学, 2007, 30 (4):995-997.

产品是不是他本人从未发明出的产品或产生出的思想，而非指对于世人而言前所未见和前所未有，对于知识储备不够丰富、信息接收量尚且有限的学生来讲尤其如此。举例来说，比如，一个学生在没有读过亚里士多德、柏拉图等古希腊先哲的著作之前，仅凭借自己对生活的理解，就表达出"对于人而言最困难的就是认识自己"的思想，那么这种思想对于学生是具备新颖性的；又如，某位学生在尚未系统学习蒸汽动力原理之前，发明了蒸汽火车模型，虽然对于世人而言这一产品并非前所未见，但对于该学生而言同样具有新颖性。

适用性也被称作恰当性，主要是指创造出来的思想或者产品能够解决个体或社会群体面临的问题，同时不违背社会价值。比如：有学生发明了减轻父母家务负担的简易家务工具，那么这种发明是具有适用性或恰当性的，或者学生通过自己的方式成功地交流了观念或是解决了问题，这种努力便是恰当的；但如果有学生发明了通过帽子上戴反光镜来作弊的方式，虽然对于学生个人而言具备适用性（可以帮助学生取得理想分数），但是其违背了社会价值，因此对于社会来说不具备适用性，创造这种产品的人，不能称之为有创新能力的人。

早先研究创造力的科学家认为，一个人要么是具有创造性的，要么则不具备，即创造力是一个全或无的实体。随着对创造力研究的深入，人们发现创造性产品的新颖性和适用性是具有层次性的，一些产品和思想对于全世界人而言都是新颖的和适用的，而有些产品仅对部分人群具有新颖性和适用性，按此推论，几乎任何人都可以表现出创造力，只是其表现方式或创造力等级方面有所不同。[1] 以新颖性和适用性的程度为依据，研究者对创造力的等级进行了区分。

米哈里·希斯赞特米哈伊（Mihaly Csikszentmihalyi，1996）区别了三种通常被描述为有创造性的人，一是表达出不同寻常思想的人，二是以新颖的或原创性的方式来检验这个世界的人，三是对文化产生巨大影响的人。他将第一种类型的人看作是有才气的（令人感兴趣和激发人思想的），第二种是个人创造性，第三种是不可估量的创造性。[2] 他认为，第三种意义上的创造力不是

---

[1] Cropley A, Cropley D. Using assessment to foster creativity [M] // Creativity: a handbook for teachers. 2007: 209-230.

[2] Csikszentmihalyi M. Creativity: flow and psychology of discovery and invention [M]. NewYork: Harper Perennial, 1997: 24-26.

前两种的进一步发展的形式，而是有质的不同。

同理，玛格丽特·博登（Margaret Boden，1991）区分了心理性创造力（P—创造力）和历史性创造力（H—创造力）。P—创造力是指对具有该观念的个体的心理来说具有根本的新颖性，如之前提到某位同学产生了一个其以前从来没有过的想法，则该想法是P—创造力。而产生令人惊奇的想法或时所未见的想法的能力是H—创造力。[1]

霍华德·加德纳（Howard Gardner，1993）对比了"'小C'创造力（Little-C）和'大C'创造力（Big-C），前者是人们在日常生活中表现出来的创造力，后者只是非常偶然才发生的能造成突破的创造力"[2]。"大C"创造力可见于这样一些人，如爱因斯坦、毕加索等。"小C"创造力与"大C"创造力的要求显著不同，对日常惯例的微小偏离也是小C创造力的表现。[3]

在此基础上有研究者又进一步将创造力分为四个层级，提出4C创造力层级模型，分别为：微创造力（Mini-C）、日常创造力（Little-C）、专业创造力（Pro-C）和杰出创造力（Big-C）。微创造力（Mini-C）指个体对事件或行动给出新颖并具有个人特征的解释。[4] 这种创新能力在学生的学习过程中时有发生。[5] 比如做饭时调整放调料的顺序，写书法时改变落笔的笔触，以及与同伴沟通交流时变换原有对话的方式等，都可以算作微创造力（Mini-C）的体现。

对于学生而言，其创新能力主要是指普遍存在的创造性的行为，[6][7] 本书所研究的创新能力，是在学校发生的，产生出对于学生个体而言是独创的或是新颖的产品的能力，在创造力分类层级中，属于微创造力。

---

[1] 罗伯特·斯腾博格. 创造力手册 [M]. 施建农, 译. 北京：北京理工大学出版社, 2005：332.

[2] Gardner H. Creating minds: an anatomy of creativity seen through the lives of Freud, Einstein, Picasso, Stravinsky, Eliot, Graham, and Gandhi [M]. New York: Basic Books, 1993.

[3] Gardner H. Seven creators of the modern era [M] //Brockman J. Creativity. New York: Touchstone Books, 1993：28-47.

[4] Kaufman J, Beghetto R, Reiter-Palmon, Roni, Tinio, Pablo. Do people recognize the four Cs? examining layperson conceptions of creativity [J]. psychology of aesthetics, creativity, and the arts, 2013, 7：229-236.

[5] 胡琳梅. 创造性课堂环境与初中生创造性思维的关系研究：创意自我效能感和自主性动机的作用 [D]. 武汉：华中师范大学, 2016.

[6] Kaufman J C, Baer J. Nurturing creativity in the classroom [M]. Cambridge: Cambridge University Press, 2010, 48（1）：438.

[7] Sternberg R J, Grigorenko E, Singer J L. Creativity: from potential to realization [M]. Washington: American psychological association, 2004（4）.

(二) 过程说

持创造力过程说的学者主要可以分为两个流派：一部分以问题解决为出发点，考虑理解问题表征、感知问题和解决问题的阶段性；另一部分从人的认知过程，尤其是信息加工主义的认知过程出发，考虑创新的思维过程。

经典的创造力问题解决理论有以下几类。一是约翰·杜威（John Dewey）提出的问题解决模型，其步骤包括：感觉到困难，定位并定义困难，考虑可能解决的方案，衡量各方案的结果，选择一种方案。华莱士（Wallas）将创造性的问题解决分为：①准备期，指搜集相关信息的阶段。②孕育期或酝酿期，指在脑海中综合思考各类信息的阶段。③明朗期，即科学探索过程中有名的"啊哈"体验。这是指个体在某个时刻对某个问题产生了"顿悟"，忽然发现了事物之间的本质联系或想到全新的解决方案，这种顿悟理论常见于早期格式塔学派的心理学家论说之中。④验证期，当个体顿悟到某种解决方案后，会实施该方案以进一步验证。[1] 埃利斯·保罗·托兰斯（Ellis Paul Torrance）发展出一个创造力的过程模型作为研究的基础，包括：感受到问题或困难；对问题做出猜测或假设；评价假设，做出修正；表达结果。其与前两者的主要区分在于开始注重创造性结果的表达。帕伦斯-奥斯本（Parnes-Osborn）的创造性问题解决模型（creative problem solving，CPS）由头脑风暴创始人奥斯本首创，后又由多位理论家培育了20多年，该模型主要由包含问题解决的发散和聚合阶段的一系列步骤组成，大致阶段包括：建构机会，探索资料，架构问题，产生观念，制订解决方案，确定可行性。他认为创造性的问题解决由上述六个步骤循环构成。[2] 特瑞莎·阿玛贝尔（Teresa Amabile）主张创造过程包括问题或任务的确认阶段、准备阶段、反应产生阶段、反应确认与沟通阶段、产生创造性结果阶段等五个阶段。[3] 上述持有创造性过程观的研究者主要从问题解决过程的角度研究创造力。

另外一批学者从经验和思维的改变过程的角度探索创新能力。摩根（Morgan）认为创新能力是一个将经验和冒险内在地改变习惯的过程。[4] 还有学者认为创新思维过程是一种将个体认知和联想的所有元素重新整合的过程，

---

[1] Wallas G. The Art of thought [J]. Smithsonian, 1926, 62 (1): 68-72.
[2] 斯塔科. 创造能力教与学 [M]. 刘晓陵, 曾守锤, 译. 上海: 华东师范大学出版社, 2003.
[3] Amabile T M. Creativity and innovation in organizations [J]. Harvard business review, 1996.
[4] Morgan G, Ren X. The creative underclass: culture, subculture, and urban renewal [J]. Journal of urban affairs, 2012, 34 (2): 127-130.

并以了解支撑创造性思维的心理表征和过程为主要研究方向。创造性思维或者创新思维不是一种无规律可循的思维类型,它是一种将个体所认知和所联想的所有元素重新整合的认知过程,创新思维的形成具有过程性特点。从构成上讲,创新性思维包括发散性思维、聚合性思维、批判性思维、元认知能力等,[1] 是人类思维能力高度发展的表现。其中,发散思维和聚合思维是创造性思维的核心,在发散思维阶段,人们想出尽可能多的想法。[2] 托兰斯认为创造性思维有四个特点:一是流畅性,指有限时间内产生的想法数量;二是精细性,指在每个观念上所体现的细节;三是灵活性,指不同观念所体现出的多样性;四是原创性,指观念的独特程度。[3] 托兰斯的这一分类是目前创新思维和发散思维研究者使用最为广泛的分类方式。

发散思维是创新思维最为重要的成分,但不是唯一成分。聚合思维（convergent thinking,又称辐合思维）同样可以通向创新之路。聚合思维以逻辑思维为基础,它十分强调事物之间的相互关系,是从不同来源、不同材料、不同方向探求一个正确答案的思维过程,是一种有条理、有范围的收敛性思维,主要包括演绎思维（deductive thinking）和归纳思维（inductive thinking）两种方法。成功的创造过程既包括发散性思维也包括聚合思维。[4] 如果说发散思维是寻求最多答案,那么聚合思维则是寻求最佳答案。

批判性思维（critical thinking）是一种理性的、反省的思维,它用于分析各种论争,识别各种谬误和偏见,根据证据得出结论,是人们应对社会生活中的各种错觉、欺骗、迷信的保证,是个体观念创新的重要前提。简言之,批判性思维能让孩子具有一双慧眼,识别社会中的真假信息,保持个体独立自主发展,保证个体在正确的轨道上前行。

元认知能力（metacognition）作为创新思维的外部监督系统,对创新思维产生监控和调节作用,创新性思维过程中应当有一系列加工新信息和使用原有知识基础的元认知策略。元认知能力就是对认知的认知、对于思维的思维,即在认知活动过程中,及时评价、反思、监控思维活动的进展、策略、不足

---

[1] 褚宏启. 学生创新能力发展的整体设计与策略组合 [J]. 教育研究, 2017 (10): 21-28.

[2] Tummers L G, Kruyen P M. The influence of leadership on creativity: a systematic review of experimental studies [EB/OL]. [2022-10-15]. http://hdl.handle.net/1765/77128.

[3] Torrance E P. Predictive validity of the Torrance Test of creative thinking [J]. The journal of creative behavior, 1972, 6 (4), 236-262.

[4] Cropley A. In praise of convergent thinking [J]. Creative research journal, 2006, 18 (3): 391-404.

与效果。

创造思维不是各种思维的简单组合,而是在界定问题、明晰问题、分析问题、探索解决方案、检验和验证方案以及表达结果的过程中,对发散思维、聚合思维、批判思维、元认知能力等思维方式的综合运用。

(三) 人格说

罗伯特·斯腾伯格(Robert Sternberg)在 20 世纪 80 年代考察了不同领域的专家与外行关于创新能力的态度与看法,发现无论是专家还是外行,人们对于创新结果或产品往往具有相差不多的感受和评价趋于一致的评判标准,能够辨明"创新能力"的潜质,并由此发展出"创造力内隐理论",[1] 斯腾伯格认为,创造力是内隐的甚至是不可名状的。[2] 换言之,创造力内隐观的研究者认为具备创新能力的人存在着一种难以言说的特质,即创新能力的人格特征。这是研究创新人格的研究者与前两类研究者的重要不同所在。

持人格说的研究者致力于研究具有创新能力的人的个体特征,尤其将动机、人格、文化等看作创新能力发展的重要变量。西格蒙德·弗洛伊德(Sigmund Freud)通过对达·芬奇和莎士比亚等具有杰出创造力的人的观察,认为创新能力是本我欲望的升华,具备创新能力的个体总是会主动或被动地将未能被满足的力比多能量"升华"为第二目的,如写作、科学研究等具有目的性的创造性活动。

更多心理学家认为创新人格是健康的、积极的。吉尔福特(Guilford)提出研究创新能力需要研究创新人格。斯腾伯格等指出创造力与人格特质有密切关系,这些特质包括个体遇到挫折时的坚持性、愿意冒险、对模糊的容忍、开放性、有自信等。[3] 菲斯特和拜伦(Feist and Barron)认为高创新能力的个体一般具有较高水平的自我中心取向,表现为高度的自主、独立、自信,甚至于傲慢,对权力的渴望度更高。[4] 鲁多维奇和辉(Rudowicz and Hui)在中国的研究发现:中国人认同以下创新能力的核心特质,包括观念的

---

[1] Sternberg R J. Implicit theories of intelligence, creativity, and wisdom [J]. Journal of personality & social psychology, 1985, 49 (49): 607-627.

[2] 阎光才. 关于创造力、创新与体制化的教育:兼析中美阶段性教育制度设计理念的差异 [J]. 教育学报, 2011 (1): 15-20.

[3] Sternberg R J, Lubart T I. Defying the crowd: cultivating creativity in a culture of conformity [M]. New York: The Free Press, 1995.

[4] Feist G J, Barron F X. Predicting creativity from early to late adulthood: intellect, potential, and personality [J]. Journal of research in personality, 2003 (37): 62-88.

创新、想象力、智慧、独立性和精力充沛。但是和西方人也存在一定的差异，幽默感和审美情趣两个特质消失了，同时增加了激情和服务社会与他人两个特质。[①]

虽然不同领域的创新人格可能有所不同，但总体来说创新人格趋向于稳定。加州大学伯克利分校的研究显示，"创造性建筑大师们"具有明显的个性特征，如独立、自信、不落俗套、警觉敏捷、雄心壮志和致力工作。加德纳（Gardener）对包括爱因斯坦、甘地、斯特拉文斯基、毕加索等不同领域内7个伟大的创造者进行共同特点分析，发现其人格特质基本与上述特点相同，不同之处在于这些具有杰出创新能力的大师还存在一些消极人格因素，比如过于专注自身、与他人交往存在障碍、过于自我推销、有一些儿童化倾向等。[②] 艺术领域的创新人格与科学领域的创新人格，都倾向于容易接受新体验，不守传统，低责任感，更自信，自我接受，高动机，有雄心，专断，敌对，易冲动。艺术家更感性，情绪不稳定，社会化程度低，集体接受度排名更低，科学家则相对更有责任感。

不区分学科领域，威廉斯认为创新人格是健康的、正面的，主要包括冒险性、探究性、想象力、好奇心四个维度，我国创新能力的研究者在研究中普遍使用该分类模式。

二、创新能力的构成

随着创新能力研究的发展，人们对创新能力的定义趋向于将创新的过程、创新的个性、创新的产品和创新的环境中的两个或多个进行整合。

（一）综合理论模型

创新能力的综合理论模型强调创新能力的多因素展现。[③] 斯腾伯格认为，创新能力不仅是产生新思想的一种能力，而且是要求创造性智力、分析性智力和实践性智力相互平衡并能应用的一个过程，该理论被称作"创造力三侧面模型"。"智力因素"等六种要素在不同程度的交互影响和不同构面的相互结合中形成各种创造能力。

---

① Rudowicz E, Hui A. The creative personality: Hong Kong perspective [J]. Journal of Social behavior & personality, 1997 (1): 139-157.

② 霍华德·加德纳. 创造力7次方：世界最伟大的7位天才的创造力分析 [M]. 洪友，李艳芳，译. 北京：中国发展出版社，2007.

③ Niu W H. Individual and environmental influences on Chinese student creativity [J]. Journal of creative behavior, 2007 (3): 151-175.

罗兹（Rhodes）提出了创新能力的4P模型，指出创新能力包括四个要素，一是创新产品（product），二是创新人格（person），三是创新过程（process），四是氛围——主要指压力氛围（press）。[1] 后来拉特兰（Rutland）将之拓展为创新能力的多水平模型，他将创新能力分为创新潜能和创新表现两类，其中创新潜能的组成因素有个人因素（包括特质、态度和动机），过程因素（包括问题解决、问题发现和孵化），地点和压力因素（包括时代思潮、文化、学校和组织特点）。创新表现包括创造成果（包括即时性成果和延时性成果，前者指思想观念，后者指出版物、专利和发明），以及信念（persuasion）（包括理性归因、历史声誉和系统）。[2]

上述模型可以看作是对创新能力自身的解构过程，其方式包括从智力和非智力因素进行区分，从产品、人格和过程角度区分以及从是否与专业领域相关角度进行区分等。

（二）系统说

创新能力的系统说强调创新能力是能力、过程与环境交互作用的产物，是产生被特定的社会文化所接受的新颖且适用的产品的能力。[3] 许多创新能力理论着重强调了环境因素的作用。

创新能力的生态系统模型从理论上阐释了影响创造力发展的四个系统及其内容，并通过实证研究证实了前三个系统间交互作用影响创造力的机制。[4] 微系统（microsystem）指是个体创造的基础，它们直接影响个体创造过程的各个阶段。中系统（mesosystem）包括家庭和学校经验，微系统和中系统相互作用，对个体创造性的影响从幼年延伸到青年。外系统（exosystem）是影响个体工作的组织因素，包括其中的人和事件等。这个系统的因素与个体相互影响，直接或间接影响创造的过程。宏系统（macrosystem）是指个体所在社会的文化、法律和习俗等。[5] 一些研究表明，家庭中民主的教育方式能促使个

---

[1] Rhodes M. An analysis of creativity [J]. Phi Delta Kappan, 1961, 42 (7): 305-310.

[2] 罗伯特·斯腾伯格. 剑桥创造力手册 [M]. 施建农, 译. 北京: 北京理工大学出版社, 2005.

[3] Jonathan A. Plucker, Ronald A. Beghetto, Gayle T. Dow. Why isn't creativity more important to educational psychologists? potentials, pitfalls, and future directions in creativity research [J]. Educational psychologist, 2004, 39 (2): 83-96.

[4] Yeh Y C. The development of the "Technological Creativity Test" and the construction of its scoring norms [J]. Psychological testing, 2004, 51 (2),: 127-162.

[5] 胡琳梅. 创造性课堂环境与初中生创造性思维的关系研究: 创意自我效能感和自主性动机的作用 [D]. 武汉: 华中师范大学, 2016.

体表现出更多的创造性思维。学校中创新的课堂氛围和平等的师生关系等也能影响个体的创新能力。

特瑞莎·阿玛贝尔指出:"创新能力应定义为一种由人格特征、认知能力和社会环境有机结合而导致的一种行为。"① 他据此研发出了创造力工作环境量表,能提供创新环境条件几类分数(例如指导性鼓励、自由选择和从事任务、足够的资源、工作负担压力、组织障碍等)。② 霍华德·加德纳认为创新能力是个体、文化和社会环境相互作用的产物。③ 创造力的游乐园理论指出,创造性活动的产生需要一定基本条件,只有满足这些条件,才会出现各种创造性表现。④ 这些条件包括智力、思维风格、态度、动机、家庭教育、学校氛围等个体和环境因素。⑤

创新能力的环境系统观充分考虑了环境因素对于创造力的影响,但是具体某种环境成分如何影响个体的创新能力,仍待探索分析。

三、创新能力的测量

持不同创新能力概念观的学者对于创新能力测量的方式不同。创新能力的认知研究取向认为发散性思维是创新能力的主要成分;个体差异的研究取向促使研究者关注与高创造性有关的个人特质等。⑥⑦

据托兰斯和高夫(Torrance and Goff)统计,至少有 255 种关于创新能力的测量方法。⑧ 霍西瓦(Hocevar)等在分析了多种创新能力测量工具之后,将创造力的测量方法分为八类,即创新思维测验,态度或兴趣测验,创新人

---

① Amabile T M. Motivating creativity in organizations: on doing what you love and loving what you do [J]. California management review. 1997, 40(1): 39-58.

② Amabile T M, Phillips E, Collins M A. Person and environment in talent development: the case of creativity [J]. Polymer, 1994, 27(4): 510-516.

③ Gardner H. Creativity: an interdisciplinary perspective [J]. Creativity research journal, 1988, 1(1): 8-26.

④ 刘桂荣,张景焕,王晓玲. 创造力游乐场理论及其实践涵义 [J]. 心理科学进展, 2010, 18(4): 679-684.

⑤ 孙鹏,邹泓,杜瑶琳. 青少年创造性思维的特点及其对日常创造性行为的影响: 人格的中介作用 [J]. 心理发展与教育, 2014, 30(4): 355-362.

⑥ 徐雪芬,辛涛. 创造力测量的研究取向和新进展 [J]. 清华大学教育研究, 2013, 34(01): 54-63.

⑦ Kyung Hee Kim. Can we trust creativity tests? a review of the Torrance Tests of Creative Thinking (TTCT) [J]. Creativity research journal, 2006, 18(1): 3-14.

⑧ Torrance E P, Goff K. A quiet revolution [J]. Journal of creative behavior, 1989, 23(2): 136-145; 石变梅. 主动性人格对大学生创造力的影响研究 [D]. 杭州: 浙江大学, 2014.

格量表，传记问卷，教师，同侪或督导人员的评估，创造性产品评定，杰出人物分析，自陈式创造活动与成就问卷等。[1] 本部分将依据测量的内容展开综述。

(一) 创新产品

马肯农（Mac kinnon）认为："创新能力研究的出发点，亦即所有创新能力研究的基石，就是分析创新产品，确定是什么使它们区别于其他普通产品的。"[2][3]

自我报告技术、同行提名技术和同感评估技术常被用来测量创新型产品或是能生产创新产品的人。霍西瓦认为，对活动和成绩的自我报告是测量创造性的可取技术。[4] 与自我报告相似，还有一些研究者利用他人评价的方法来评定创新型产品，如希斯赞特米哈伊以"同行提名"的方式，邀请相关领域的资深专家提名在其领域"最具创新能力的人"，研究共计识别91位超高水平创新能力的个体。[5] 有些研究者在要求专家评价作品的创新性时很少提供额外的指导，特瑞莎·阿玛贝尔（Teresa Amabile）据此发展出同感评估技术（consensual assessment technique，CAT）。其依据理念是"某一领域产品的创造性水平由该领域专家独立打分结果之和共同决定"[6][7]。具体做法是邀请某领域的专家运用自己对创新能力的主观判断进行评分，最后达成一致，以避免评价标准的问题，减少个体差异。

教师对创新能力的等级评定被认作是针对学生创新能力的同感评估手段，例如里斯和莱恩朱莉（Reis and Renzulli）发明了学生作品评估表（Student Product Assessment Form），用于评价超常教育项目，可以对创新型产品的九个属性（如问题聚焦、办法的合适性、独创性、活动定向、受众等）进行等级

---

[1] Hocever D, Bachelor P. A taxonomy and critique of measurements used in the study of creativity [M] //Glover J A, Ronning R R, Reynold C R. Handbook of creativity. New York: Plenum Press, 1989.

[2] 徐雪芬，辛涛. 创造力测量的研究取向和新进展 [J]. 清华大学教育研究, 2013, 34 (01): 54-63.

[3] Mackinnon D W. What makes a person creative? [J]. Theory into practice, 1966, 5 (4): 187.

[4] Hocevar D, Bachelor P. A taxonomy and critique of measurements used in the study of creativity [J]. Perspectives on individual differences, 1996: 53-75.

[5] Csikszentmihalyi M. Happiness and Creativity: going with the flow [J]. The futurist, 1997, 31 (5): 8-12.

[6] 王亚男. 压力情境下创意自我效能感与创造力的关系 [D]. 济南: 山东师范大学, 2009.

[7] Amabile T M. A model of creativity and innovation in organizations [J]. Research in organizational behavior, 1982, 10 (10): 123-167.

评定。

从评价真实性和可靠性上来说,同感评估技术已经被证实具备较好的评分者信度[1],且适合用来选拔具有高创新能力的学生接受更为高级、专业性的教育。产品评价法的优点是具有客观性且分析细致,缺点是操作起来难度较大,费时费力。[2]

(二) 创新思维

创新思维测验开始于吉尔福特的 SOI 成套测验,其中大量题目测量了发散性思维的流畅性、灵活性、原创性和精致性(也称精细化)。随后托兰斯基于 SOI 测验编制了迄今为止运用最广泛的发散性思维测验——创新思维测验(TTCT)。[3] 该测验编制于 1966 年,适用于各年龄阶段的人,由"言语创造思维测验、图画创造思维测验以及声音和词的创造思维测验构成"[4]。同样通过评定个体思维的流畅性、灵活性、独创性与精细化四个维度来测量个体的创新能力。其中,流畅性指个体在规定时间内产生的想法或完成图画的数量。灵活性代表个体在一定时间内想法的多样性程度。独创性代表个体产生特殊想法的数量。该项得分由统计频数决定,精细化则是指个体呈现想法或答案的细致程度。[5]

德国有关创新能力的研究者在 20 世纪 80 年代编制了发散思维量表(TDK4-6；Mainberger, 1977)以及词语创造力测验(VKT；Schoppe, 1975),前者仅适用于小学 4~6 年级学生,后者由于其对词汇的依赖,仅适用于接受了良好教育的儿童。厄尔本等人在前两者测验的基础上,编制了适用度更为广泛的创造思维—图画产品测验(The Test for Creative Thinking-Drawing Production,缩写为 TCT-DP)。[6]

虽然发散思维测验已经得到广泛应用,但由于测验并无统一固定的答案,

---

[1] 宋晓辉, 施建农. 创造力测量手段：同感评估技术（CAT）简介 [J]. 心理科学进展, 2005, 13 (6)：739-744.

[2] 俞国良, 曾盼盼. 中小学生创造力的测量和评价 [J]. 山东教育科研, 2001 (Z1)：97-100.

[3] 徐雪芬, 辛涛. 创造力测量的研究取向和新进展 [J]. 清华大学教育研究, 2013, 34 (01)：54-63.

[4] 葛广昱. 高中生班级组织创新气氛与创造力的关系研究 [D]. 南京：南京师范大学, 2011.

[5] Starko A J. Creativity in the classroom [J]. Etc a review of general semantics, 1964, 21 (2)：244-246.

[6] Urban K K. Assessing creativity: the test for Creative Thinking-Drawing Production (TCT-DP): the concept, application, evaluation, and international studies [J]. International education journal, 2004, 6 (3)：387-397.

且评价维度较多，使得测评工作的成本偏高且有评分者信度危机。一些研究者也开始探索采用学生自评的方式测量学生的创新思维，如阿贝迪（Abedi）于2000年开发了 Abedi Test of Creativity（ATC）这一创新思维自评量表[1]，国内如骆方等也开发了学生创新思维的自评量表。[2] 创新思维自评量表的优势在于测量时间成本较低，易于大范围施测。

（三）创新人格

不同学科的创造性人格可能有所差别，但总体来说创新人格趋向于比较稳定。如艺术领域的创新人格特征与科学领域的创新人格特征，都倾向于容易接受新体验，不守传统，低责任感，更自信，自我接受，高动机，有雄心，专断，敌对，易冲动。艺术家更感性、情绪不稳定，社会化程度低，科学家相对更有责任感等。心理学家发明了许多创造性人格和倾向测量以测量学生创新能力的人格特质。

埃利斯·保罗·托兰斯（Ellis Paul Torrance）于1962年开发的"你自己做的事"量表（Things Done on Your Own），首次以自我报告的方式测量创新人格，后于1970年编制了一个更为简易的"你是哪类人"（What Kind of Person are You）创新人格自陈量表。该量表包括从50项有关研究中收集的66个创造性人格特征。其中的项目均是自选形式，通过二选一题目的作答，让受测者本人提供其创造性人格特征的报告，以了解他们的创新人格特征。[3]

发现才能团体问卷（the Group Inventory for Finding Creative Talent, GIFT）则是由蕾姆和戴维斯（Rimm and Davis）编制的，包括三个年级的版本。其使用和研究范围很广，初级版本适用于一、二年级，中级版本适用于三、四年级，高级版本适用于五、六年级。该问卷形式简单，分别由32、34和33道是非题组成，测量个体的好奇性、创新性、独立性、变通性和冒险性，三个版本均信效度较高，但题目数量过多，原量表不易获取。[4] 高夫（Gough）开发了一个创新能力形容词检核表（the Creativity Check List, CCL），该量表适合于每一个年龄水平，由观察者对某个表示创造力的形容词在个体上的对应

---

[1] Althuizen N, Wierenga B, Rossiter J. The validity of two brief measures of creative ability [J]. Creative Research Journal, 2010, 22 (1): 53-61.

[2] 骆方. 中学生创造性思维能力测评问卷的编制：一个典型表现测验 [D]. 北京：北京师范大学, 2003.

[3] 付秀君. 班级创新气氛、创造动机与初中生创造力的关系 [D]. 济南：山东师范大学, 2009.

[4] Rimm S, Davis G A. Five years of international research with GIFT: an instrument for the identification of creativity [J]. Journal of creative behavior, 1980, 14 (1): 35-46.

程度进行评定。在认知特质方面考查流畅性、变通性和构造技能，在非认知特质方面关注灵活性、足智多谋、独立、正面的自我参照和喜欢复杂性。①

维度较为明晰的量表是由威廉斯开发的创新能力个性倾向量表，包括冒险性、挑战性、好奇心和想象力四个维度，且被我国研究者修订并广泛使用，该量表适用于小学三年级到高中生的青少年，信效度良好。

综合来看，自我报告和传记法是测量创新型人格的主要方法，近年来尤以自我报告方法测量居多，威廉斯的创新能力个性倾向量表因为维度明晰、量表题目易获取而为我国研究者广泛使用。

（四）创新态度和行为

在商业领域测量对创新能力的态度非常重要，在教育领域也同样如此，但目前研究者对此的重视还不够。王琨使用英国沙佛（Schaefer）博士编制并由周林修订的创新能力态度量表（Creativity Attitude Survey，CAS）的中文版，测试中学生的创新能力态度，包括32个陈述句，让被试自己就其创新能力态度进行评分，结果发现初中女生显著优于男生，基本上符合我国城市学生的实际情况。② 教师的创新能力培养观也对学生创新能力培养至关重要，张景焕等用新能力培养观、教学监控能力和创造性教学行为问卷对430名小学教师进行调查，发现创新能力培养观、教学监控能力及其各个维度对创造性教学行为都有正向预测作用。③ 王莹的研究发现，教师的创造力内隐观能正向预测其教学行为的创造性，也能正向预测学生的创造性倾向；教师的创新教学行为可以正向预测学生的创新倾向。④

除了创新态度外，人们也研究创新个体过去的行为，以确定某些特定的经历是否与创新产品有关。这种测验也常通过自我报告的形式进行。比如霍西瓦编制的创新行为调查表（Creative Behavior Inventory）、科兰格洛等（Colangelo et al）的发明量表等，后者结合了人格特征和成就的研究方法。这些测量工具通常要求被试报告过去的成就，但也有一些工具包括一些与当前

---

① 张国锋. 中学生创造力的结构、发展特点研究及其教育启示：兼《中学生创造力评价表》的研制 [D]. 济南：山东师范大学，2005.
② 王琨. 初中生思维风格、创造力态度与科学创造力的关系研究 [D]. 济南：山东师范大学，2007.
③ 张景焕，刘翠翠，金盛华，等. 小学教师的创造力培养观与创造性教学行为的关系：教学监控能力的中介作用 [J]. 心理发展与教育，2010，26（1）：54-58.
④ 王莹. 教师的创造力内隐观、创造性教学行为与学生创造性倾向的关系研究 [D]. 太原：山西师范大学，2016.

活动有关的条目，或同时包含过去和正在进行的活动。① 沙佛（Schaefer）在 1970 年编制了"创造力传记调查（Biographical Inventory-Creativity，BIC）"，这是通过传记方法，测查典型表现、评定个体创新能力的调查表。BIC 共计 165 个题目，主要询问被试过去是否参与某项活动，该项调查表最终可以区分出具有艺术创造力的女生、写作创造力的女生、数学和科学创造力的男生以及艺术和写作创造力的男生。我国的学者对中学生表现出的不同学科的创造性行为进行了区分，认为在日常学习与生活中的创造力具体可以划分为语言文学、科学技术、文艺表演、手工设计、社会活动 5 个领域。② 这些测量创新能力的方法考查的是创新能力的日常行为，属于"典型表现测验"。典型表现测验不要求被试的临场反应水平和应变情况，对被试日常创新能力的把握更为准确。

第二节　民主及其测量

陶行知提出，最能培育创新能力的条件是民主。然而，在学校中如何创设民主环境、学校中的民主呈现何种样态等问题仍然有待探索。民主的含义非常丰富，既有价值含义，又可指意识形态，还可指政治制度，亦可以被称作一种生活方式。本研究主要探讨政治制度和政治理论框架下的民主概念。

民主诞生于城邦，最开始是一种城邦管理的形式。许多政治理论家、哲学家都对民主进行过阐释和说明，为民主的大厦不断增砖加瓦，时至今日，民主理论的大厦仍在不断修补和完善之中。

有关民主的研究资料丰富，积淀深厚。民主的定义并不统一，民主理论相当多元，不论何种形式，民主的基本原则均为最大限度地促进公民的自由自愿的参与和沟通。本研究将主要探讨与教育学领域较为相关的民主理论，并综述民主在学校教育教学实践中的含义、类型及表现形式。

一、民主的含义与类型

民主的概念模糊不清，内涵多种多样。大多数民主理论家承认民主的内涵是主权在民，但却对民主的外延争论不休。从外在表现形式来看，更容易

---

① 斯塔科. 创造能力教与学 [M]. 刘晓陵，曾守锤，译. 上海：华东师范大学出版社，2003.
② 程玉洁. 中学生日常创造性行为的特点及其与人格的关系 [D]. 北京：北京师范大学，2012.

做到的是先分辨出什么不是民主，再返回不民主的对立面来判断和甄别民主。

（一）民主的本质

民主是个合成词，由城邦平民（demos）和力量（kratos）两个词构成，城邦平民可以指特定政体或城邦里的整个公民实体。[①] 古希腊时期，城邦是最重要的国家形式，城邦平民本质上就是指国家的公民。在亚里士多德看来，无论城邦的统治是贵族制、君主制还是共和制，在城邦进行决策时，采用公民大会全体公民表决的形式作决定，就属于民主的统治。[②] 从字面上看，民主是指"人民的权力"，权力属于人民。[③]

公民表决可以说是民主的原初形态，从这一原初形态中我们可以看出民主的几个根本特征：①从民主的起源看，民主的本质是民众的力量，内涵是主权在民。人民主权是自由主义民主理论家最为关注的核心问题。古典民主理论家如洛克、卢梭、托克维尔等虽然在民主的其他问题上存在分歧，但都全部承袭了人民主权的观点，认为国家的权力来自人民。②民主产生于人与人的关系之中，大多数民主存在于管理者与被管理者之间。作为政治体制的民主，一直存在于国家统治者与国家公民（被统治者）之间，随着民主理论的发展，作为管理方式或价值意义的民主也开始出现在企业或其他公共领域。在不同的公共领域中，人与人之间不断地相互作用，互相影响，民主成为人与人之间相互影响的一种形式。③在民主的相互影响过程中，管理者的权力由被管理者赋予，被管理者有管理自己以及参与集体决策的权力。尽管在公共领域中总存在着管理者与被管理者的区分，但民主提倡人人平等，强调管理者的决策必须参考被管理者的意见。④民主是一个程度的问题，而非全或无的问题。一个君主集权制的国家，其统治者也可能会关注民心与民意，如唐太宗虽然是唐朝的最高统治者，但也深信"水能载舟，亦能覆舟"的道理，其决策时也并非全然不参考人民的意见，只是这种参考不是出于法治要求，而是出于个人意愿，也就是说不被外在的法治等契约所束缚，因此容易不受限制，随意变更。

（二）民主不是什么

由于民主的样态十分多样，导致有时民主的外延边界不甚明朗，因此从

---

① 安东尼·阿伯拉斯特. 民主 [M]. 第3版. 孙荣飞, 段保良, 文雅, 译. 长春：吉林人民出版社, 2005.
② 陈炳辉. 西方民主理论：古典与现代 [M]. 北京：中国社会科学出版社, 2016：47.
③ 乔万尼·萨托利. 民主新论 [M]. 冯克利, 阎克文, 译. 上海：上海人民出版社, 2017：28.

民主的对立面进行厘清，阐明不符合民主的特征要素，有助于更清晰地理解民主概念本身。

1. 民主不是暴政

首先，民主治理不是暴政，不是寡头政治。决策权应当在普罗大众手中而非少数或个别统治者手中。君主制的国家是基本不具备民主特征的，独裁是民主的对立面。

同样，民主治理也不是多数人的暴政。"多数人的暴政"自托克维尔在《论美国的民主》一书中提出以来，一直成为民主中最具争议的部分。"民主不是暴政"这一命题，毋庸讳言是正确的，但在"暴政"前面加上"多数"这一限定词后，命题开始变得模糊不清。最经典的案例是苏格拉底曾在古雅典公民陪审法庭以多数同意的形式被判处死刑。的确，托克维尔把民主理解为人民的权力、多数人的统治，"一切权力的根源都存在于多数的意志之中"[①]。多数统治面临多数人暴政的风险，但无论多数还是少数，暴政并不是民主，民主也绝不是暴政。事实上，托克维尔并未因为存在"多数人的暴政"的风险性而否定人民主权的原则，而是期冀对多数的权力加以限制。萨托利（Giovanni Sartori）指出，民主中的多数原则实际上是有限多数原则的简称，如果把民主理解为受少数的权力限制的多数统治，它便与全体人民即多数加上少数的总和相符。[②③] 其他许多民主理论，也开始采取多种形式限制多数人的权力，保护少数人的权利（如协商民主理论采取让每位参与者都发声的方式），以使民主形式更加完善。

2. 民主不是民众同意或默许

简单的要求民众同意或默许可以说是一种隐藏的暴政。即使在表达观点后，简单地被劝说后就同意，在卡罗尔·佩特曼（Caroline Pateman）看来也是一种假的参与，是不民主的体现，遑论完全不表达观点的民众同意。这主要是因为同意可能意味着沉默，沉默则很有可能是出自功利的算计，或者出于害怕、无知与冷漠。《十二怒汉》的电影中，作为陪审团的12名成员，有11个在听取了表面的证据后匆忙同意判处被控告的男孩死刑，大部分陪审员都只是出于快速地结束自己的陪审任务，以方便自己迅速做其他事情的考量，

[①] 托克维尔. 论美国的民主 [M]. 上卷. 董果良, 译. 北京：商务印书馆, 1988：282.
[②] 颜杰峰, 邵云瑞. 关于正确处理党内多数与少数关系的思考 [J]. 理论探讨, 2009（5）：121-125.
[③] 乔万尼·萨托利. 民主新论 [M]. 冯克利, 阎克文, 译. 上海：上海人民出版社, 2017：65.

只有一人真正关心当事人的生死，在他的质疑与坚持下，其他的 11 位陪审员才开始真正关注案件本身。《十二怒汉》作为美国电影史上伟大的电影之一，对美国的陪审团制度提出了质疑，同时也为民主理论的完善提出了新的挑战。

3. 民主不只是为了正确的结果

民主治理不完全是为了正确的结果。卢梭讲，"公意总是正确的"，这句话其实是错误的，虽然卢梭尽力区分了"公意"与"众意"，以此作为回避多数人暴政导致错误结果的一种手段，但必须明确的是，就现阶段而言，没有哪一种决策方式总是正确的。在这样的条件之下，民主的优势体现在三个方面：①民主不会带来比其他决策方式更坏的结果。民主虽然不能保证每次的决策都是正确的，但是在绝大多数情况下，民主关于公共利益的决策，可以有效避免集权带来的无可逆转的悲剧性后果。②民主自身有纠错的功能。遵循民主的价值，通过民主的程序所获得的民主结果也有可能是错的。如某团队选出了一致认可的老好人型成员当领导，但事后却发现其缺乏领导能力，民主的团队能及时发现错误和纠正错误，通过集体讨论形成共识，敲定新的领导候选人。③民主过程带有教育性。相较于集权决策，民主的优势还体现在民主过程具有教育性。积极表达意见、参与决策的民主过程，有助于培养具有独立意识的主体，唤起人民的社会责任感，意识到个体的权力需要被限制，认识到权利与义务的统一性等。

二、民主的核心要素

纵观民主理论，多达百余种，不同理论对民主的理解并不相同，甚至迥异。一种理论所阐释的民主概念，很有可能被另外一种民主理论抨击为反民主的或者专制的，如密尔的代议制民主理论，或约瑟夫·熊彼特的精英民主理论，在提倡强势民主理论的巴伯（Barber）看来可能就是统治阶级专制的借口。

许多民主理论希冀通过界定民主的外延来进一步明确什么是民主，有些理论一定程度上丰富了民主的含义，有些却陷入了程序主义的陷阱。梳理民主理论的脉络，探讨民主理论的要素，辨析不同民主理论争端的内容，有助于加深对民主意义的理解，从而明确在教育民主理论中需要追求的核心价值所在。

许多学者对民主进行过分类，大卫·科利尔（David Collier）和史蒂文·列维茨（Steven Levitsky）在考察了 150 余项最近的研究成果之后，得出了至少 550 种民主的模式。① 这些模式体现了民主的基本要求：广泛、平等、自由、保护和协商等。② 本研究结合政治学理论的分类，主要介绍自由民主理论、精英民主理论、参与民主理论和协商民主理论四个类型。

第一，自由民主论。有不少学者强调"自由民主"（liberal democracy）的概念，认为民主的实质就是人民统治。洛克认为人民的统治是通过人民对于政府组成及政府权力行使的同意来实现的，而人民的同意是根据多数决定规则进行的。后来卢梭进一步发展了洛克的理论，提出了"人民主权"理论。在《社会契约论》中，卢梭的理论对参与式民主理论起到了奠基作用。③

丘吉尔将自由主义的民主称作为最不坏的制度。民主对自由的保障通过三条途径来实现：一是保障个人一定程度的自由权利，包括表达的自由、行动的自由等；民主使得个人自我决定的机会最大化，彰显个体的主体性，民主的程序促进人的理性发展，发展个人的批判性思维能力。

第二，精英民主理论。其代表人物是马克斯·韦伯和约瑟夫·熊彼特。韦伯认为，直接民主不适用于现代社会，大部分人都缺乏在复杂的当代世界选择政策的能力，只不过有能力选择领导人。熊彼特则直接把民主看作一种竞争领导权的方法。④ 熊彼特的理论同样对后来的参与式民主理论产生了影响，不同的是，这里的"参与"是指人民参加选举活动或参加决策者的选择，功能是保护个人免受当选领导者独裁的影响，保护私人利益。

第三，参与式民主理论。参与主要是指参与决策过程，在政府治理过程中，是一种保护私人利益和确保好政府的方式。瓦尔特·阿诺德·考夫曼（Walter Arnold Kaufmann）首次提出"参与民主"概念，广泛运用于社会各个领域，1970 年，佩特曼的《参与和民主理论》一书出版，标志着参与民主政治理论的正式出现。⑤ 普朗克特指出："参与管理是一种哲学，要把参与和责任延伸到最低的层次上去，这样才更有利于组织决策。" 总的来说，参与式民主理论家认为个人自由通过决策过程中的参与而得到提高，参与可以使个人成为自己的主人。

---

① Collier D, Levitsky S. Democracy with adjectives: conceptual innovation in comparative research [J]. World politics, 1997, 49 (3): 430-451.
② 胡白云. 从给予到解放：女性主义解放视角中的教学民主 [D]. 重庆：西南大学，2012.
③ 让-雅克·卢梭. 社会契约论 [M]. 陈阳，译. 杭州：浙江文艺出版社，2016.
④ 熊彼特. 社会主义、资本主义和民主主义 [M]. 吴良健，译. 北京：商务印书馆，1979：337.
⑤ 陆海燕. 运动与政治的逻辑 [D]. 武汉：武汉大学，2009.

随着学校民主与治理理念的倡导，学生作为利益相关者已然成为各级各类学校治理中的重要参与者。参与式民主理论成为学校民主治理的重要理论依据。

第四，协商民主理论。哈贝马斯的思想为协商民主的发展铺就了温床。哈贝马斯认为，"政治公共领域"作为交往条件，在这些条件下公众能够以话语方式形成意见和意愿，其条件的总体性成为规范民主理论的基本概念。在协商民主理论中，民主的合法性依赖于通过讨论形成的集体意志。[①] 协商的目标是做出决策。[②] 当公民或其代表出现分歧时，应当继续一起讲道理，以达成彼此都能接受的决策。[③] 政治制度的安排必须使公共利益的考量出自自由而平等的公民所进行的合理而公平的集体协商的过程。[④] 本质上讲，协商民主也是一种参与式民主。但是协商民主认为民主不是个体单纯的表达意愿的过程，而是通过协商增进理解，在相互沟通和理解中寻找平衡点。

可以说，参与民主和协商民主理论对于教育民主有更为直接的启发，教育教学实践中的民主制度，主要是基于参与民主理论和协商民主理论。不同理论虽然千差万别，但在追求平等、自由、自主等方面具有一致性。[⑤]

（一）自由与平等：现代与古典民主理论之共识

从古至今，民主理论领域的研究一直热闹非凡，争议不休，不过，凡是涉及民主的理论专著，都无法避开两个核心价值，一是自由，一是平等。自由与平等两个核心价值中，有些理论家更注重自由，有些更注重平等，有些将二者作为相互的前提和保障，亚里士多德、密尔属于第一类，托克维尔、孟德斯鸠、达尔等属于第二类，更多的学者如洛克等属于第三类。

古典民主理论在起源之时就非常注重这两种核心价值，亚里士多德在探讨雅典城邦民主时就指出，自由是平民政体的核心，而且这种自由是以平等为基础的自由。洛克作为早期的政治学家，也提出政治思想的核心是自由，

[①] 尤尔根·哈贝马斯. 公共领域的结构转型 [M]. 曹卫东，等，译. 上海：学林出版社，1999：32.

[②] 埃米·古特曼，丹尼斯·汤普森. 审议民主意味着什么 [M]//谈火生. 审议民主. 南京：江苏人民出版社，2007：7.

[③] 古特曼，汤普森. 民主与分歧 [M]. 杨立峰，葛水岩，应奇，译. 北京：东方出版社，2007：1.

[④] 塞拉·哈比. 民主与差异：挑战政治的边界 [M]. 黄相怀，严海兵，等，译. 北京：中央编译出版社，2009：73-74.

[⑤] 卡尔·科恩. 论民主 [M]. 聂崇信，朱秀贤，译. 北京：商务印书馆，1988.

不同的是，他提出自由是民主的前提，认为没有自由民主就无法实现。与洛克几乎同时代的卢梭同样坚信人是生而自由且平等的，当人可以自行判断维护自己生存的适当方法时，他会成为自己的主人，具备民主的能力。密尔作为代议制民主的代表，他更为强调自由这一观念。在《论自由》一书中，密尔对自由进行了非常系统的论述，他认为，"按照自己的道路去追求自己的好处的自由是真正的自由"①。他将真正的自由分为三类，一是思想言论自由，二是根据自己的喜好行动的自由，三是结社自由。这些理论家认为，自由是民主的根基。② 没有人否认平等的重要性，只是在天平的两端向自由有所倾斜。

相对应的，托克维尔更为强调平等这一核心价值，认为自由虽然重要，但"民主时代的特点中，占有支配地位的事实，是身份平等"③。在托克维尔看来，身份平等才是民主国家的独有特征，一个人不管什么身份，不管从事什么职业，属于什么阶层，在民主的国家中，其地位与权利均应当是平等的。"人民希望在自由之中享受平等，在不能如此的时候，也愿意在奴役之中享用平等。他们可以忍受贫困、隶属和野蛮，但不能忍受贵族制度。"④ 因此，平等是先于自由的存在，且更为人民所喜爱。

孟德斯鸠同样认为民主政治应当以平等为基础，他指出，"在民主政治之下，爱共和国就是爱民主政治；爱民主政治就是爱平等"⑤。但与托克维尔不同的是，孟德斯鸠提出的平等没有那么极端，他同时强调统治或者指挥。"平等的真精神的含义并不是每个人都当指挥或是不受指挥，而是我们服从或指挥同我们平等的人们。这种精神并不是打算不要有主人，而是仅仅要和我们平等的人当主人。"⑥ 在平等的国家里，每个人以平等的身份地位相互交往，但是其职位与承担的职责绝非相同。达尔提出了民主程序的五个标准，即：平等选举、有效参与、明智的理解、多数权威以及民主权利涵盖团体中的每个人。⑦ 其中平等选举是民主程序的核心。

---

① 约翰·密尔. 论自由 [M]. 许宝骙，译. 北京：商务印书馆，1959：13.
② 柳谦. 反思教育民主 [J]. 教育学报，2010，06 (4)：29-36.
③ 托克维尔. 论美国的民主 [M]. 下卷. 董果良，译. 北京：商务印书馆 1988：621.
④ 托克维尔. 论美国的民主 [M]. 下卷. 董果良，译. 北京：商务印书馆 1988：620.
⑤ 孟德斯鸠. 论法的精神 [M]. 上册. 张雁深，译. 北京：商务印书馆 1961：34.
⑥ 孟德斯鸠. 论法的精神 [M]. 上册. 张雁深，译. 北京：商务印书馆 1961：41.
⑦ 罗伯特·达尔. 民主及其批评者 [M]. 曹海军，佟德志，译. 长春：吉林人民出版社，2006：142-152.

现代西方民主理论的代表人物如佩特曼、哈贝马斯，更近如古特曼，在挖掘民主新的理念基础之上，同样强调自由和平等这两类核心价值，佩特曼的参与式民主理论强调公民平等而独立地参与集体决策，哈贝马斯的主体间性理论更是从认识论的角度阐释人与人之间的平等性，古特曼的权威分配原则等同样也是基于人民自由而平等的前提之上的。因此可以说，自由和平等，无论对于古典民主理论还是近现代民主理论来说，都是民主的核心要素。

在分析平等和自由的关系时，一种看法认为平等和自由作为民主价值中最重要的两个核心理念，在二者达到极限时，可以与另一种价值完全融合。这种自由和平等的交汇合一的理想境界，用托克维尔的话说就是："谁和谁都没有差别了，谁也都不能享有压制他人的专权了，因为人人都将完全平等，所以人人也将完全自由。"① 这是一种乌托邦式的美妙幻想，无论是在规范性的民主还是描述性的民主中，极端平等和极端自由都是不可能存在的。在客观而非唯心的认识论条件下，平等和自由是相辅相成但仍然相互独立的两个因素。

（二）参与与协商：现代民主理论之要义

可以确认的是，虽然民主理论形态各异，但民主的本质都是在决策中尊重人民的权力，或者说是主权在民。这一本质的内在价值是自由与平等，而这一本质的外化体现或者说是程序性表现，可以归结为参与和协商。

1. 参与作为民主的要素

公民参与是卢梭民主思想的重要组成部分，佩特曼认为："在参与民主理论家中，卢梭或许可以被认为是最为卓越的代表。卢梭的整个政治理论集中围绕政治决策过程中每个公民的个人参与。"② 巴伯作为强势民主的代表，更是十分推崇公民参与，强调要建立促成全员公民参与的社会制度，他指出："强势民主是参与型民主的一种独特的现代模式。它依赖于一种自治的公民共同体的理念，使其公民的共同目的和互助行动成为可能的不是他们的利他主义和其他美好的性格而是他们的公民态度和参与制度。"③④ 在强势民主制度下，"积极的公民直接进行管理，他们并不必要在每个层次和每个事件上进行具体管理，但是在做出基本决策和进行重大权力部署的时候他们必须充分地

---

① 托克维尔. 论美国的民主 [M]. 下卷. 董果良，译. 北京：商务印书馆，1988：620.
② 卡罗尔·佩特曼. 参与和民主理论 [M]. 陈尧，译. 上海：上海人民出版社，2006：22.
③ 本杰明·巴伯. 强势民主 [M]. 彭斌，吴润洲，译. 长春：吉林人民出版社，2006：178.
④ 张光辉. 参与式民主与经济发展方式转变的关联性研究 [D]. 武汉：武汉大学，2012.

和详尽地参与"①。奥本海姆（Oppenheim）认为参与是民主的重要特征之一（虽然萨托利对此提出了质疑）。② 佩特曼明确提出了参与式民主理论，"一个民主政体如果存在的话，就必须相应地存在一个参与社会，即社会中所有领域的政治体系通过参与过程得到民主化和社会化。最重要的一个领域是工业"③④。佩特曼的参与式民主理论不同于以往的政治民主理论，而是将民主逐步应用在社会以外的集体生活场域，如工作场所、校园等，在一定程度上拓宽了民主理论的适用范围。

2. 协商作为民主的要素

随着对民主不断深入的思考，一些质疑随之出现，如参与式民主只强调人民在决策过程中有所参与，但是忽略了参与的形式和具体方法，一人一票式的参与式民主可能只是民众意见的简单"加和"，在"加和"的过程中，少数人的意见容易被忽略，相应产生多数人的暴政。换句话说，在简单的参与民主过程中，人民意见的改变可以被称作是偏好的聚合，⑤ 人民意见本身没有发生实质性的转化，少数的声音只是被淹没在更大、更嘈杂的声音之下。

为了回应这些质疑，进一步完善民主制度，民主理论家重新强调了"协商"的概念，这里使用"重新强调"的原因在于，在民主诞生之初，协商与讨论就是民主选举的环节，比如雅典的公民大会在投票前就有公开讨论的环节。可是在很长一段时间，协商讨论的过程很少被重视，随着人们对民主探索的不断深化，才重新提起了对协商讨论过程的重视。

根据哈贝马斯的思想，协商民主的核心是偏好的改变（transformation）而不是偏好的聚合（aggregation）。⑥ 对互不相干的投票结果的简单加总就是偏好的聚合。偏好改变最根本的前提是参与协商的成员间地位相互平等，不存在由于地位差距或利益冲突而被强制改变偏好的情况，任一成员偏好的转变只是由于其他论点的合理性以及论据的充分性。在这样一个平等的讨论氛围下，

---

① 本杰明·巴伯. 强势民主 [M]. 彭斌, 吴润洲, 译. 长春：吉林人民出版社, 2006: 180.
② Oppenheim F E, Sugden S J B. Democracy: characteristics included and excluded [J]. Monist, 1971, 55 (1): 29-50.
③ 卡罗尔·佩特曼. 参与和民主理论 [M]. 陈尧, 译. 上海：上海人民出版社, 2006: 39.
④ 胡伟. 民主与参与：走出貌合神离的困境？：评卡罗尔·帕特曼的参与民主理论 [J]. 政治学研究, 2007 (01): 117-121.
⑤ 约·埃尔斯特. 协商民主：挑战与反思 [M]. 周艳辉, 译. 北京：中央编译出版社, 2009: 导言：7.
⑥ J Cohen. Deliberation and democratic lgitimacy [M] //A Hamlin, P Pettit. The good policy. Oxford: Basil Blackwell, 1989: 17-34.

任何人都可以参与到民主交流过程中，每个人都可以介绍自己的主张，或者对他人的主张提出疑问，这样的协商讨论是具有正当性的。反之，若是有相关意见要表达的人被排除在讨论之外，或者是参与协商讨论的成员不具有平等的身份地位，那么这种协商则不具有正当性。

哈贝马斯以此为基础构建了一种话语民主理论。这一原则指出"民主程序通过运用交往形式，在商谈和谈判过程中被建制化，此交往形式使得所有按照该程序得到的结果都是合理的"[①]。简单地说，民主的程序表现为商讨和谈判的过程，并且，"只有当所有受到规范影响的人，作为理性商谈的参与者支持该规范时，该行为规范才是有效的"[②]。所有人平等有效地参与讨论、交换意见后形成较为一致意见的过程，保证了协商民主的合理性。

协商民主的提出有其进步意义，其相对于仅强调"参与"的民主形式的优势体现在以下几个方面：首先，协商民主尝试回应对民主中"多数暴政"的质疑。协商民主要求重视每一个利益相关者的意见，给予每一位参与者平等表达的机会，正如《十二怒汉》中所表现的陪审过程，当12个陪审员展开讨论时，原本处于弱势地位的主角通过自己的论证说服了其他11位陪审团，扭转了单纯依投票而成的结果，如果没有这一讨论过程，将会出现多数暴政的现象。其次，协商民主更加强调"理性"的重要性，可以通过协商讨论的过程来验证参与者的决策是否具备理性。面对复杂的问题，讨论可以将每个参与者有限的能力进行聚合，尽可能克服个人理性的有限性。最后，协商民主有助于减弱人民自利性的意见，促使参与者基于理性思考自愿向普遍利益让步。由于必须摆明主张的根据，因此提出者会更加谨慎地阐释自己的主张，更多地考虑"共同的善"，从而使得最终决策的结果更加正义和公正。

三、民主的测量

何谓民主质量？利普哈特给出了一个简明的回答："民主质量概念是指政治体系满足民主原则的程度，这些民主原则包括了回应、问责、平等、参与。"总的来看，民主质量概念的内涵基本上参照了民主的现实经验和制度理想。

---

① 哈贝马斯. 在事实与规范之间：关于法律和民主法治国的商谈理论[M]. 童世骏, 译. 北京：生活·读书·新知三联书店, 2003：377.

② 哈贝马斯. 在事实与规范之间：关于法律和民主法治国的商谈理论[M]. 童世骏, 译. 北京：生活·读书·新知三联书店, 2003：107.

卡尔·科恩认为民主决定于参与,衡量民主程度,可从参与的广度、深度和范围三个维度进行考察。民主的广度是数量问题,十全十美的民主体制中,所有受政策影响的个体都可以起到一定作用。参与的深度是由参与者参与时是否充分,参与的性质如何来决定的。深度的衡量居于次要地位,首要还是广度。深度是指持续、有力、有效地了解情况,并在决策中有一定的决定权(选举权)。①

佩特曼认为参与可以区分为假参与、部分参与和充分参与。假参与是指员工被说服的过程,管理和说服员工服从决策。但即使是参与的感觉,甚至是假参与活动,也可以对信心工作满意度等产生有益影响。② 阿恩斯坦(Arnstein)提出了著名的公众参与的八个阶梯,包括操纵、治疗、告知、咨询、展示、合作、授权、公民控制。③ 克罗克(Crocker)等人将参与分为5类,分别是:①名义参与,人们在名义上作为团体成员参与群体决策,但不参加决策会议;②消极参与,被动地听他人已经做好的决策报告;③咨询性参与,通过向代表提供信息和观点来参与;④请愿型参与,目的是缓解不满;⑤协商性参与,指精英与非精英一起协商,达成一项至少由多数人支持的决策。④ 海勒(Heller)提出了组织中参与的6个层次:①我完全不参与,②我被提前告知,③我可以提供建议,④我的建议被认真考虑,⑤我跟其他人具有平等的参与权重,⑥我可以自主进行决定。⑤ 这6个层次,参与的程度逐渐加深。

民主的范围是指在哪些共同有关的问题上民众有深入参与的权利。民主的范围包括两级:最高权力范围和有效权力范围。最高权力范围是指有关公众在哪些事件上享有最后选举权。有效范围包括:①全社会实际参与决定的问题有多少,有多大重要性;②社会或者成员如果愿意的话,通过间接控制的正常体制在影响或改变决定方面能起多大作用。⑥

---

① 卡尔·科恩. 论民主 [M]. 聂崇信, 朱秀贤, 译. 北京: 商务印书馆, 1988.
② 卡罗尔·佩特曼. 参与和民主理论 [M]. 陈尧, 译. 上海: 上海人民出版社, 2006: 64-67.
③ Arnstein S R. A ladder of citizen participation [J]. Journal of the American Institute of Planners, 1969, 35 (4): 216-224.
④ Crocker D A. Deliberative participation in local development [J]. Journal of human development & capabilities, 2007, 8 (3): 431-455.
⑤ Heller F. Playing the devil's advocate: limits to influence sharing in theory and practice [M] // Heller F, Pusic E, Strauss G, Wilpert B. Organizational participation: myth and reality. Oxford: Oxford University Press, 1988: 144-189.
⑥ 卡尔·科恩. 论民主 [M]. 聂崇信, 朱秀贤, 译. 北京: 商务印书馆, 1988.

第三节　学校民主治理的内涵及测量

学校民主治理是民主思想和理论在教育界的发展和延伸，是指学校治理过程中体现民主制度和民主原则，从学生的角度出发，探讨学生在校期间的民主性感知。

一、学校民主治理的理论基础

在民主的领域里探讨教育，或者在教育的领域内探讨民主，都不是新鲜的事情。哲学家如杜威、进步主义教育学家如克伯屈对教育中如何应用民主原则，将教育与民主进行结合做出过贡献。[①] 本章将从理论回溯和现实影响的角度分别阐释教育与民主结合的来源及必要性，展现教育与民主结合的合理性。

民主理论种类繁多，按照政治学理论的分类，可以将之分为自由主义民主、精英主义民主、参与民主和协商民主四类。在这四大类民主理论中，古典的自由主义民主理论强调维护公民的个人权利，在教育中则表现为强势的权利意识教育。[②] 这种民主原则有助于培养个人权利意识，但有可能忽略集体美德。在自由主义理论基础上发展而成的精英民主理论，强调程序正义的原则，对于学校中学生干部或优秀学生选举有一定的借鉴意义。不过要注意的是：首先，在学校教育阶段尤其是基础教育阶段，学生自身分流并不明显，仅让少数学生参与的民主教育不符合教育的平等性理念与全纳化趋势；其次，程序正义与多数决定原则也并不总适合于学校教育，因为学生学习的过程不可回避知识的客观性，教师教学中的民主需要含有引导的成分，激发学生积极思考探究以理解公平、正义、民主等理念。因此，把民主等同于投票或者是精英主义的民主在教育中是不可取的。

对比来看，参与民主理论注重全员对于决策的参与性，认为公共决策应当由利益相关者平等且广泛的参与产生，个人自由通过决策过程中的参与而得到提高，这一理论强调学生在学校事务中的平等权利，与教育领域的"儿童中心论"或"以学生为中心"等理念不谋而合。协商民主理论基于参与民

[①] 涂诗万. "儿童中心"与"社会改造"的择决 [J]. 教育研究，2018：135-145.
[②] 任仕君，宋强. 民主教育的理路：政治哲学的视角 [J]. 外国教育研究，2014，293（11）：3-11.

主理论而来,涉及主体间的对话行为模式,关注联合生活的方式,为学生的参与在教学和管理上提供了可操作的实践形式,能够有机地与教育进行结合,对于学校治理实践有更为直接的贡献。

(一) 参与民主与学校治理

参与民主教育理论包含注重实质的参与民主教育理论和注重程序的参与民主教育理论两类。

1. 注重实质的参与民主教育

佩特曼认为:"在参与民主理论家中,卢梭或许可以被认为是最为卓越的代表。他在《社会契约论》中对政治体系本质的理解对于参与民主理论的贡献是非常重要的。正是理论家们强调参与的这方面以及参与在他们理论中的重要地位,使得参与民主理论家对整个民主理论做出了突出贡献。"[1] 卢梭是从实质民主以及规范民主的角度强调个体的参与性的。

杜威同样非常注重教育民主中的"参与"要素,认为"一切教育都是通过个人参与人类的社会意识而进行的"[2]。与一般的民主理论家不同的是,杜威更加慎重地考虑民主与教育的关系,其结果是完全放弃了民主的程序性定义,仅从实质民主的角度来考虑民主的含义,强调民主是一种联合生活的方式。其中,"联合生活表现为民主共同体的生活,在民主共同体内,人人参与教育生活,共享经验,协同推进共同体的发展,教育面向大众"[3]。通过所谓的"从做中学"的实践,帮助增强学生的体验、加强学生的自主性,来体现民主的生活方式。这种联合生活的方式也可称作学习的共同体,"在理性共同体中,共同体成员自由、平等地积极参与关于社会目标和社会行动的交流、探讨与决策"[4][5]。由此可见,杜威所谓的教育民主不是某些固定的程序,比如班委投票或者学生会选举等,而是蕴含在班级和学校每天的实践中。

通过对杜威、爱默生等人民主理念的分析,内尔·诺丁斯同样认为民主

---

[1] 佩特曼. 参与和民主理论 [M]. 陈尧, 译, 上海:上海人民出版社, 2006.: 22.
[2] 杜威. 学校与社会·明日之学校 [M]. 赵祥麟, 任钟印, 等, 译. 北京:人民教育出版社, 2004:3-11.
[3] 邹红军, 杨伦, 柳海民. 教育:个体建构意义世界的民主生活:杜威教育哲学的生活之维 [J]. 教育理论与实践, 2018.3-7.
[4] 杜威. 民主主义与教育 [M]. 王承绪, 译. 北京:人民教育出版社, 1991:273.
[5] 赵万祥. 公平与参与:杜威教育观分析 [J]. 国家教育行政学院学报, 2014 (11):42-46.

的第一要义在于参与。① 与杜威相同的是，二人都十分强调学生参与学习过程的理念，指出了学习过程中讨论和协商的重要性，但是又都并未对参与和协商做出详尽的区分。我国著名教育家陶行知先生在学校管理中也十分强调民主和法治，认为"非学校中提倡自治，不足以除自乱的病源"，学生自治就是指大家团结起来，大家学习自己管理的手续。② 注重实质的参与民主教育理论认为教育民主的内核是提倡更加广泛地参与，但是很少涉及具体的参与形式及参与程度。

2. 注重程序的参与民主教育

卡罗尔·佩特曼的《参与和民主理论》，往往被人当作是参与式民主理论的里程碑，除了在政治领域对参与民主进行阐释外，佩特曼还将参与民主扩展到工厂及校园，认为参与指在公共决策过程中的个人的参加，即个人通过民主程序在不同层次进行管理。每个人都有机会直接参与决策过程，至少应当有一次机会。③ 可以说，佩特曼对参与民主的概念进行了程序性和描述性的界定。

在十几年前，我国学者卢乃桂认为，学生的观点和看问题的视角能为学校改革注入新鲜活力。当时学生参与学校管理还是理论研究和实践领域的盲点。④ 之后，一批关注学校中民主参与的相关研究涌现出来，许多学者开始从程序民主的角度测量教育民主的程度。如徐志勇的学校生活质量问卷，其中的分量表——参与与民主量表，着重考察学生对参与学校管理、班级管理、社团活动的情况的感受和评价，以及来测量学生民主参与的状况。⑤ 罗杰·哈特（Roger Hart）将儿童参与分为从不参与到在成人指导下的参与等8个阶梯，⑥ 孙雪连对学校事务进行了分类，探讨了学生在不同事务中期望参与的程度与实际参与的程度。⑦ 在学校中的参与民主研究领域，对于"参与"这一概念的程序性定义和描述性拆解已经比较多样，许多量表将学校事务与参与层次进行了有机的结合。但问题是，参与民主仅仅强调学生在学校事务中的

---

① 内尔·诺丁斯. 21世纪的教育与民主[M].陈彦旭，韩丽颖，译.北京：人民出版社，2015：31.

② 顾明远，边守正. 陶行知选集·三卷本：第一卷[M].北京：教育科学出版社，2011：565.

③ 陈炳辉，李鹏. 古典民主理想的复兴及其困境：卡罗尔·佩特曼的参与式民主理论研究[J].南京社会科学，2010（2）：70-76.

④ 卢乃桂，张佳伟. 学校改进中的学生参与问题研究[J].教育发展研究，2007（8）：6-9.

⑤ 徐志勇，赵美艳. 小学生学校生活质量（QSL）调查研究：以北京市2248名学生为例[J].教育学报，2012，8（3）：84-96.

⑥ Hart R A. Children's participation：from tokenism to citizenship[J]. Papers，1992：49.

⑦ 孙雪连. 学校民主管理及其影响因素研究[D].北京：北京师范大学，2017.

发言权或者投票权,在一定程度上忽视了教育民主中教育的价值及韵味,对于学生的讨论、反思和思维发展关注程度不够;同时对于民主的理解又有些窄化,使其仅仅局限在参与一个关键概念上。

(二) 协商民主与教育

我国学者对于民主教育的程序化过程往往是基于参与民主的原则,但是一些批评的声音认为参与型民主容易成为非理性群众制订的、基于感情用事的规则。尤其是在教育领域,学生作为参与主体时,很容易被当作是理性不足的个体,参与民主教育的合理性容易受到质疑。这时,新的协商民主教育概念应运而生。总体来看,培养个体协商对话的意识和能力可以帮助走出权利优先的困境,摆脱参与民主中非理性的羁绊。[①] 讨论和协商的过程有助于培养学生聆听他人意见、反思自我意识的能力,同时讨论还可以带来智力的交汇,对作为协商主体的学生产生更为积极的影响。

1. 协商民主教育的缘起

"协商民主"属于相对较新的民主范畴。[②] 它是在批评现代民主基础上发展起来的,代表着当代民主的新形态。[③] "协商民主"的拥护者所提出的解决方案是,处理问题时坚持倾听所有人的立场。从民主的过程角度来看,乔恩·埃尔斯特(John Elster)认为,协商民主,是通过自由而平等的公民之间的讨论进行决策。[④] 从获得公共决策的方式角度来看,简单的投票选举等,是将人们偏好的简单叠加来获得公共决策的,而协商民主是通过转换个体偏好的方式来获得公共决策的。

前文将杜威提出的民主教育理论划归在参与民主的范畴之中,但事实上杜威并不是非常注重参与的程序,而更注重学生价值在教育教学过程中的体现,此外,杜威也提出过在教育治理的过程中,在民主的联合生活方式中,应当注重学生的讨论与交流。杜威提出,"如果只让教材与教师有发言权,旨在培养理智与性格的学习就不能完成;只有当他有机会从自己的经验出发做出某种贡献的时候,这个人才能受到教育;最后,启发必须通过传授与接受,

---

[①] 任仕君,白冰. 自由主义民主教育的困境及其解决路径 [J]. 外国教育研究, 2009 (2): 11-15.

[②] Held D. Models of democracy [M]. Stanford: Stanford University Press, 2006.

[③] 冯建军,刘霞. 协商民主视域下的公民素养与民主教育 [J]. 高等教育研究, 2014 (6): 8-16.

[④] Elster J. deliberative Democracy [M]. Cambridge: Cambridge University Press, 1998.

通过经验与观念的交流来实现"①②。因此，虽然杜威基本没有涉及协商的概念，没有从民主的角度进行再深入展开，但是为协商民主教育理论打下了根基。

哈贝马斯为协商民主的发展铺就了温床，他提出了民主的许多关键概念，其中有两类与教育领域产生了密切的关联。其一是主体间性，其二是话语和交往民主。其主体间性理论区分以往的主客体关系哲学，在此基础上引申的双主体互动模式一度为师生平等的教学改革奠定了基础。其话语和交往民主理论将民主从固定的程序中解脱出来，认为在个体无意识的商谈与交流过程中，同样可以体现民主的价值所在，由于教育领域在严格意义上不是通常讨论民主程序的那种强公共领域，如政治决策领域等，因此这一主张更是被作为许多协商民主教育理论的基础。

2. 协商民主教育的原则

根据古特曼的理念，协商教育民主应当遵循不压制与不歧视两个基本原则，同时还应当遵循其民主理论自身所倡导的协商（其中蕴含了参与的意味）原则。

（1）不压制。不压制原则是指国家或者国家中的任何团体都不得以教育为借口来实施压制从而褫夺公民进行理性反思与集体协商的权利。可以看到，与不压制原则相对应的概念其实是自由，自由作为民主的核心在前文已经进行过阐释，教育学家如诺丁斯同样认为自由是民主的核心价值。教育中的自由，包括教师的自由也包括学生的自由。但教育中的自由不是绝对的，是有限度的。③ 教师的行为举止以及在课堂上传播的内容需要符合社会已经认可的规律或价值，学生学习也当如是。在满足这两点的基础之上，应当赋予教师和学生尽可能的自由。

限于单个研究的承载能力，本书的研究对象落脚在学生身上，所以协商民主教育的对象也限于学生。通过文献和田野观察，笔者发现与自由相比，学校中的"禁令"更加普遍。李希贵在担任校长初期，制定了许多针对学生的、以"不准"和"禁止"打头的规章制度，比如课间不准学生打乒乓球，

---

① 孙有中，蓝克林，等. 新旧个人主义：杜威文选 [M]. 上海：上海社会科学院出版社，1997：25.
② 邹红军，杨伦，柳海民. 教育：个体建构意义世界的民主生活：杜威教育哲学的生活之维 [J]. 教育理论与实践，2018，38（10）：3-7.
③ 冯建军. 论教育民主的特殊性 [J]. 中国教育学刊，2015（2）：29-33.

晚自习课间不准学生到教师会议室窗外偷看电视等,以至于被学生质疑,"除了学习,你到底还允许我们干什么?"① 田野观察表明,学校中的压制尤以压制孩子原本的天性为甚。尤其是一些城市学校,非常害怕"出事",担心家长到学校闹事或去管理部门告状,因此对于学生管理非常严格,比如课间不允许在操场活动,甚至要保持安静,不许说话,孩子们爱跑爱玩的天性被压制住,得不到解放,学生身体的自由和言说的自由都被压制了。

(2) 不歧视。不歧视原则与全纳教育的理念有一定的相似之处,是指在教育教学过程中,所有学生在学校或课堂上都不应受到不公平的对待,在基础教育阶段,不歧视原则要求保证每一个学生的合法的受教育权,以防处在弱势群体地位的孩子被排除在外。

民主治理的基本前提平等。从教育的宏观层面来说,教育机会均等是所有民主社会的基本追求。从微观层面来说,师生之间的平等、生生之间的平等是民主的核心要素。一旦教师的权威凌驾于学生之上,师生之间的平等性就会被打破,学习就会是被动的灌输,而无法变成主动的生成,学生的所学会很难突破老师已有的知识框架。一旦一些学生被排斥在主流班级之外,被排斥的学生将受到不公正的待遇甚至心灵的创伤,而其他未被排斥的学生则可能会形成许多非正式组织,班级中的交流和探讨有可能更多地围绕非正式团体的利益之争,从而导致协商的理性程度极大减弱。

(3) 协商讨论。协商就是参与成员之间通过讨论平等地交换理性主张的过程,协商的概念自身强调的是讨论交流,此概念还隐藏着前提,不压制与不歧视。也就是说,协商是自由和平等概念基础之上的一个概念。

不以参与为唯一原则是由于本书有一个基本认识,即民主并非卢梭式的普遍意志的表达,而是普遍讨论的过程和结果,赋予最终学生共识合法性的,是个人意愿的对话、讨论的过程,而不是学生意愿的总和。协商民主教育要求注意学生之间交换理由的过程,并允许学生批判性地审视当前的民主过程,以确定它是以什么方式实现或不实现协商的民主理想。② 这样一来,学生自由平等地参与到协商过程中,同时又必须思考自己的主张是否具备理性,学生和教师一同根据主张的缘由来判断主张的合理性,这种协商式民主具备纠正错误决策的能力,会防止学生民主参与的结果走向歧途。

---

① 李希贵. 为了自由呼吸的教育 [M]. 北京:高等教育出版社,2005:111.
② Hanson J S, Howe K. The potential for deliberative democratic civic education [J]. Democracy & education, 2011 (19): 9.

二、学校民主治理的内涵与测量

从学生的角度来说，学校民主治理是指学生在学校感受到的民主程度。欧美国家曾进行过系列的民主学校改革运动，在改革过程中创办了如杜威的实验学校、尼尔的夏山学校（Summer Hill School）、奥尔巴尼自由学校（Albany Free School）、萨德伯里山谷学校（Sudbury Valley School）等实验学校，这些学校倡导民主或自由式学习，认为学校是学生真正自由生活和活动的场所，完全舍弃命令、束缚、管束、要求等，充分尊重学生的意愿和兴趣，教师不再具有传统的权威身份，而成为学生的学习辅助者，与学生享有平等的权利，这类学校可以称作完全民主式学校。许多研究者对这类学校进行过介绍，且探讨过这种教育模式与学生日后发展的关系。

完全民主式学校虽然是一种较为理想的学校教育生活体系，但是其对学校场地、硬件设施、教师资质和教育行政体系架构都有较高要求，因此难以普及。更普适的民主学校，可以被界定为努力使得学校治理过程更具有民主特征的微观系统学校[1]，具体措施包括在决策制定过程、教学方式方法等方面更加民主。

苏黎世大学的邓达·塞尔玛调查了高校的民主治理情况，他主要从以下几个方面入手：①参与式民主管理，主要包括学生发声的权利、民主型权威和关注学生兴趣；②独立性，主要关注学生个体角色、学生教师的关系、学生间的关系；③伦理性，主要包括道德价值观念和团结一致的文化。[2] 基廷（Keating）等人认为民主治理的学校，其全体人员都可以发表意见并在制定决策过程中发挥作用。学生和教师、领导之间的关系良好，学生被鼓励参加课外活动，学校与周边社区有良好互动，学生可以通过学生代表大会参与学校运行过程，关于学校的规则和政策，能够询问学生的意见。[3]

南非的研究者通过对校长的访谈得出学校协商民主治理的特点，主要包括：

---

[1] Korkmaz H E, Erden M. A Delphi study: the characteristics of democratic schools [J]. Journal of educational research, 2014, 107 (5): 365-373.

[2] Dundar S. Students' participation to the decision-making process as a tool for democratic School [J]. Kuram ve uygulamada egitim bilimleri, 2013, 13 (2): 867-875.

[3] Keating A, Benton T. Creating cohesive citizens in England?: exploring the role of diversity, deprivation and democratic climate at school [J]. Education citizenship & social justice, 2013, 8 (2): 165-184; Deprivation and Democratic Climate at School [J]. Education citizenship & social justice, 2013, 8 (2): 165-184.

①全纳化，即没有人被排斥在话题讨论之外，所有相关信息都不会被省略；②免于高压，即所有人都可以参与争论，同时不感到自己处于被支配或者被恐吓的地位；③开放性，即所有人都可以发起、维持和质疑任何相关主题，包括但不限于学校规章制度的架构。同时调研还得出了目前学校内难以落实民主管理的原因，如目前现有的学校成员民主参与管理的实例还非常少，有时候利益相关者自身并不愿意参与管理和决策，学校管理者之间缺乏沟通等等。①

在一些学校中，所有学生都没有权力（power），而在另一些学校中，只有所谓的"好学生"被赋予了部分权力。学校领导中的民主，主要是赋权型的领导。学生感知到权力主要通过两个方面，一是参与决策，二是自主。总结而言，学生在学校中有自我决定的条件，可以在一定程度上决定自己的日程安排和课外活动，而不仅仅是被安排。同时，告知学生学校重要事务的决策过程，学生在重要的事务方面有发言权和影响力，是学校民主治理的重要组成部分。

从教学方式上看，美国在20世纪60年代开展了以提高学生创造力为主要目的"开放课堂运动"（open classroom movement）②③，这种开放课堂包括团队授课、自主学习、合作学习和个性化教学等，④霍尔茨（Horwitz）通过开放课堂有效性文献的梳理发现，民主课堂可显著提高学生的创新能力。⑤

国内对于学校民主或者教育民主的量表主要集中在参与治理方面。国外已有一些较为成熟的、用于测量学校民主治理的相关量表。有研究表明，学校治理有多种测量方式，最好的数据来源就是学生的反馈。⑥因此国外许多学校民主的量表都是通过学生感知的方式来展开测量的。如托尼（Torney）的研究使用了两个量表，一个是开放课堂量表（学生可以自由地跟老师讨论社

---

① Mabovula N. Giving voice to the voiceless through deliberative democratic school governance [J]. South african journal of education, 2009, 29（2）：219-233.

② Walberg H J, Thomas S C. Open education: an operational definition and validation in Great Britain and United States [J]. American educational research journal, 1972（2）：197-208.

③ Wright R J. The affective and cognitive consequences of an open education elementary school [J]. American educational research journal, 1975, 12（4）：449-468.

④ Esquivel G B. Teacher behaviors that foster creativity [J]. Educational psychology review, 1995, 7（2）：185-202.

⑤ Horwitz R A. Psychological effects of the "open classroom" [J]. Review of educational research, 1979, 49（1）：71-85.

⑥ Freiberg H J. Measuring school climate: let me count the ways [J]. Educational leadership, 1998, 56（2）：22-26.

会议题），一个是学校参与量表（我积极参与学校组织的活动）。[1] 昆泰利尔（Quintelier）在2013年研究参与式学校民主时，使用了三个与学校民主治理关系较为密切的量表。第一个是学生对于开放式课堂讨论氛围的感知量表（含有6个题目，如"教师鼓励学生来表达他们的想法"），这与开放式课堂量表相关性很大。第二个是学生参与决策感知量表（如"在制定班规时，多大程度上参考了你的意见"），第三个是师生关系量表（如"大部分教师公正地对待我们"）。[2] 这三个量表中，第一个量表测量学生对于课堂讨论的感知，关注教师协商治理的过程；第二个量表测量学生对于参与决策的过程；第三个量表测量的是师生关系的平等与公正。这三个量表的内容与前文所述的维度存在高度相关性，一些题项在本土化情境下也同样适用。可以看到不少研究将开放课堂量表作为测量学校治理民主程度的重要依据。简单地说，开放课堂（openness of the classroom environment）强调教师对于学生的学习不再居于"权威"的地位，而是与学生通过相互讨论的方式来学习。原版的开放课堂量表有7个题目，其中第5题与第7题是关于政治讨论的部分，不在本研究所关注的作为生活方式的民主范围内，因此在编制题目时予以删除。

用单一方式测量学校民主治理的量表有"学生对学校民主治理的感知"（Individual Perception of Democratic School Climate）和民主特征量表（Features of Democratic Administration in Schools），前者用五个题目测量了学生感知的学校民主治理，包括：①在学校中学生参与规则的制定；②学生参与学校活动的组织；③学校中的规则是平等的；④老师鼓励我表达我自己的观点；⑤教师平等地对待我们。[3] 这五个题目在初始版本的学校民主治理调查问卷中被全部使用。后者用9个题目测量了学校民主的特征，包括：①尊重个人个性；②学生参与学校管理；③平等的入学机会；④允许建立学生会；⑤共同制定规则；⑥学校强调道德价值观；⑦学生知道自己的权利；⑧冲突管理；⑨道

---

[1] Torney-Purta J, Lehmann R, Oswald H. Citizenship and education in twenty-eight countries: civic knowledge and engagement at age fourteen [M]. IEA secretariat, 2001.

[2] Quintelier E, Hooghe M. The relationship between political participation intentions of adolescents and a participatory democratic climate at school in 35 countries [J]. Oxford review of education, 2013, 39 (5): 567-589.

[3] Samdal O, Wold B, Torsheim T. Rationale for school: the relationship between students' perception of school and their reported health and quality of life [C]//Currie C. Health behavior in school-aged children. Research protocol. Scotland: University of Edinburg, 1998.

德价值观得到维护;⑩选举学校领导者。① 克拉拉(Clara)所测量的学校民主特征的题目包含了民主教育的一些内容,本研究在编制量表时主要选取了其中4个题项。

除了国外量表之外,本研究还参考了当前我国影响力较大的教育民主实践家的论著,如李希贵、魏书生、李镇西等人的著作。这些教育名家在论著中都提倡让学生参与教学全程甚至进行自我评价。如李希贵让学生在掌握课本基础知识、把握教材重点难点的基础上编选测试题目,并进行自我测试,然后查漏补缺。② 魏书生也提到,从1979年开始他就让学生自己出题,互相考试,然后让学生自己评卷,并且直至今日仍然认为这是较好的考试方法。③这些外在表现也构成了学校民主治理的组成部分。

第四节　已有文献述评

在西方文化中,创新能力的研究更多是在心理学领域进行而非教育领域。尽管我国教育政策中多次提到"创新能力"一词,但是并没有一个清晰的界定。我国虽然有大量创造力研究方面的论文和专著,但多数都集中于在心理学研究领域,课程或教育领域严谨的学术研究相对较少,大部分关于创造力的书都是就创造力评估和创造力活动泛泛而谈的,很少专门讨论学校环境中的创造力。

关于学校民主治理的讨论,目前国内的研究者主要集中在两个领域,一是民主教育领域,从哲学思辨层面讨论民主型学校的教育理念、课程设计、教学方法等,最常介绍的理论为杜威的民主教育理论和陶行知的民主教育思想;二是从教育治理的角度,强调学校治理,强调多元主体即学校各利益相关者的共同参与,以促进学校民主治理水平的提升。在课堂层面,国内一些研究多关注学生参与班级管理的方面,对于教学活动的参与关注不足,还有一些研究以班级创新氛围或创新课堂环境为切入点,从自主、宽松等特点界定创新课堂环境。

---

① Olele C N, Williams C. Fostering democratic practices through cooperative learning in secondary schools: towards matured democratic dispensation [J]. Journal of sociology and social anthropology, 2011: 2 (2), 81-88.
② 李希贵. 为了自由呼吸的教育 [M]. 北京: 高等教育出版社, 2005: 32.
③ 魏书生. 魏书生与民主教育 [M]. 北京: 北京师范大学出版社, 2015: 54-55.

面向学生创新能力提升的学校民主治理研究：基于中小学的实证调查

从研究方法上看，关于创新能力的研究方法已经非常成熟，实验法、测验法、问卷调查法等在国内外均有大量使用，但一般只针对一种创造力的操作性概念进行测量，很少在一个研究内测量两种创新能力。在本研究中，对于创新能力的测量主要借鉴已有的研究方法，同时测量学生创新人格和创新思维。关于民主学校的研究方法相对单一，国外有许多学者对于民主学校特征的研究，大多采取的是个案研究和质性研究的方法，比如介绍某个非常典型的民主型学校，或者采用访谈和田野观察的方式了解少数学校的民主管理现状等，采用问卷进行大规模调研的尚在少数。无论是学校层面还是课堂层面，直接界定学校民主治理、将学校民主治理的概念加以操作化的文献仍然相对较少。国外研究中虽然有一些相关研究，也编制过相应的问卷和量表，但是由于国内外教育理念和教育制度的差异，其操作性定义并不能直接适用于我国实际情况，因此需要研制和开发出适用于我国教育实际情况的学校民主治理问卷，为测量民主治理与学生创新能力的研究奠定基础，同时也为校长和教师如何在管理和教学中落实民主原则提供抓手。

对于学校民主治理与创新能力的关系，国外的文献较少进行直接探讨，而更多探讨中介因素在二者中所起的作用，国内虽然有诸多文献强调学校民主环境与学生创新能力的关系，但在研究方法上大多停留在思辨和理论探讨层面，缺少实证数据的检验，更没有建立相应的数学模型，难以得知相关的影响机制。

以往有关创新能力发展的环境因素的研究，已经对一些重要影响因素进行了识别，并对其与创造力发展的关系进行了阐述，在教育学领域普遍是基于经验，在心理学领域的研究一般采用定量研究，缺乏对影响创造力发展的重要环境因素的理论框架的分析和论证，缺乏定量和定性研究结果的相互补充和印证过程。今后的研究还可以探讨如何促进环境和学生个体之间的良好互动，使环境对个体创造力发展的影响作用发挥更多的效应，[1] 并通过定量和定性研究结果的互证，形成更加令人信服、更具有实践指导意义的结论。

---

[1] 李燕芳，王莹. 影响儿童青少年创造力发展的学校环境因素研究述评 [J]. 中国特殊教育，2009（2）：80-85.

第三章
研究设计

研究设计上，本研究采取混合研究范式，即在研究方法、数据收集和分析程序以及问题推论阶段综合运用定量与定性的研究方法。在研究思路上，本研究的顺序是先开展理论研究和质性研究，形成对问题的直观认识，后进行量化研究，以获得更加准确的数据资料。

第一节 研究目标与假设

一、研究目标与研究问题

本研究可以分为三个子研究，各子研究的研究目标包括以下几点。

第一，完善我国公立教育体系中小学学校民主治理调查问卷，将学校民主治理的概念操作化，在实践中为学校管理者和教师创设更加民主的治理方式提供参考，在理论上扩展已有研究中对于学校民主治理的探索。

第二，拓展学生创新能力影响因素的相关研究，采用实证研究的方法，为学校民主治理与学生创新能力间的关系提供基于数据的证据。

第三，为教师和学校管理者通过改进管理和教育民主性，培养学生的创新能力提供参考。

基于研究目标和已有的研究基础，本研究提出以下研究问题。

第一，在我国公立学校教育实践中，学校民主治理的结构是什么，维度有哪些？有哪些操作性变量可以衡量学校民主治理？

第二，我国中小学学校民主治理现状如何？不同类型学校存在何种差异？不同人口统计学变量的学生对于学校民主治理的评价有何差异？

第三，我国中小学生的创新能力如何？其创新人格以及创新思维分别有何特点？不同学校类型、不同学段、不同人口统计学变量的学生，其创新人格以及创新思维有何差异？

第四，学生感知的学校民主治理水平对于学生创新能力是否存在正向预测作用？学校民主治理的各维度对学生创新能力有何影响？

第五，创新自我效能感在学生感知的学校民主治理水平对学生创新能力的影响中是否起中介作用？

二、研究假设与问题域

本书采取混合研究方法，结合笔者曾经参与调研的经验和已有的研究基础，在量化研究部分，本研究的主要假设有：①当前我国学校民主治理水平不高，优质学校的民主治理水平高于薄弱学校。②我国中小学生创新能力水平一般，女生的创新能力可能高于男生，优质学校学生的创新能力高于薄弱学校的学生。③学校民主治理对学生创新能力存在显著影响。④学生的创新自我效能感在学校民主治理对学生创新能力的影响中起部分中介作用。研究的具体假设详见第七章。

质性研究的目的不在于为因果关系提供证据，而在于抛开假设，深入理解相关概念，所关注的领域被称为问题域。本研究质性部分的问题域是：①学校民主治理的概念可以分为哪几个维度，在学校教育实践中有哪些具体表现？②学校民主治理的现实情况如何？具备什么样的特征？③目前学校已经在培养学生创新能力方面做了哪些努力？哪些工作能够更有成效地培养学生的创新能力？

第二节 研究方法与思路

"研究方法不仅涉及具体技术和程序的运用，而且还有其自身本体论、认识论和方法论方面的基础。"① 本研究采用以量化研究为主的混合研究设计，在详述研究过程之前，也对研究的方法论基础进行阐释。

一、研究的方法论

(一) 混合研究设计的方法论基础

从普遍学科方法论上来看，哈贝马斯描述了社会科学中分析社会的两种基本方法：一种是客观主义的，另一种是主观主义的。客观主义的方法认为人们可以以来自第三者观察视角的"客观主义"态度来对待彼此，旨在按照因果律来影响对方；主观主义的方法认为人们可以按照"主体间性"或两人参与的视角来对待彼此，并不试图施加影响，而是面向双方达成相互理解。主观主义方法更多是描述性的，客观主义方法倾向于还原不同事物之间的因果关系。在笔者看来，事物的因果关系是可以通过数据进行解释的，但是人对事物的认识是在已有经验之上建构形成的，并且通过对事物资料的获取不断更新，产生再认识。

---

① 陈向明. 质的研究方法与社会科学研究 [M]. 北京：教育科学出版社，2000：45-65.

从支撑研究方法的方法论上来看，定量研究一般是以实证主义的范式来进行假设检验、推断因果关系的研究方法，定性研究则是常依据解释主义的范式来对人、群体或社会的行为和特质进行归纳、理解和建构。"混合方法研究作为继定量研究、定性研究后的第三种教育研究范式，是以实用主义为基础，以研究内容为核心的多元化交叉研究方法。"①

本书采用的以定量研究为主的混合研究方法，其方法论根基在于实用主义的范式。根据该范式的基本理论，研究方法的使用应当完全服从于研究目的与研究内容，研究者应当根据具体的研究问题、理论和目标选择不同的搭配来理解他们的数据。② 从本研究的研究内容上看，用定量分析难以阐释学校民主治理的复杂性和独特性，用定性分析难以确定学校民主治理与学生创新能力之间的关系。因此，本研究将基于三个子研究的具体目标，使用不同的研究方法展开探索。

总体上看，本研究分为三个阶段，阶段一是学校民主治理的理论和结构研究，其目的是了解学校民主治理在本土化的基础教育学校情境中的具体表现维度。袁方认为，对于民主相关问题的研究，统计调查资料的有效性不如实地研究。③ 因此，定性研究的方法更加适用于此问题，研究的第一阶段将基于演绎的方式，分析描绘现实的情况，探索学校民主治理的维度以及具体内容。

阶段二包含子研究二和子研究三共两个部分，是对学校民主治理和学生创新能力的现状研究，力图呈现学校民主治理以及学生创新能力的外在表现，因此将基于实证研究中定量研究的方法，尽可能收集并且呈现准确、客观的数据，同时辅以定性研究中访谈的数据，以和定量研究的结论形成互证。

阶段三是对于学校民主治理与学生创新能力的关系研究，其目的是尽可能地还原事物之间的因果关系，其认识论基础是偏向于客观主义的，因此采用定量研究的方式，分析变量之间的关系。

(二) 研究方式

许多社会科学研究者认为，采用混合研究方法进行研究的原因之一是

---

① 尤莉. 第三次方法论运动：混合方法研究60年演变历程探析 [J]. 教育学报, 2010, 6 (3): 31-34, 65.

② 朱迪. 混合研究方法的方法论、研究策略及应用：以消费模式研究为例 [J]. 社会学研究, 2012, 27 (4): 146-166, 244-245.

③ 袁方. 社会研究方法教程 [M]. 北京：北京大学出版社, 1997：110.

社会科学的研究对象是多层次、多视角的。从研究层次上看，本研究属于微观研究中个体与组织互动的关系研究，研究的是组织和学生个体之间的关系。

从研究动机上看，本研究属于应用研究，希望通过研究，解答什么样的学校教学和管理方式能够培养学生创新能力这一实践问题，为学校教学和管理的改进提供参考。

从研究的类型上看，三个阶段的研究类型不尽相同。对于阶段一，其研究内容是学校民主治理的界定和分析，属于探索性研究，其目的是初步了解学校民主治理的相关变量。虽然探索性研究不一定足以圆满回答问题，但是可以为获得准确答案和后续研究提供线索[1]，这正是学校民主治理结构研究的目的所在。对于阶段二，包含两个子研究，分别为学校民主治理和学生创新能力现状的分析，该阶段属于描述性研究，其目的是将测量到的事实尽可能准确地呈现出来。对于阶段三，学校民主治理与学生创新能力的关系研究属于解释性研究，研究冀图探索从学校氛围的角度分析发现学生创新能力可能的培养路径，探索通过提升学校民主治理，发展学生创新能力的路径。

二、具体研究方法和技术

博格曼（Bergman）认为在混合方法研究的使用上，需要对两类问题进行阐释和区分，一是对"数据收集的方法"进行介绍和区分，比如是结构访谈或半结构访谈，还是有结构化问题的调查研究；二是对"数据分析方法"进行区分，比如是采用扎根理论分析，还是进行回归分析，或建立结构方程模型等。[2] 本研究将按照这一原则介绍资料收集和分析的具体方法。

（一）资料收集的方法

本研究采用的资料收集方法有访谈法、观察法和问卷调查法。

1. 访谈法

子研究一的访谈对象为C区公办学校的师生，其中教师群体选择的对象

---

[1] 艾尔·巴比. 社会研究方法 [M]. 第11版. 邱泽奇, 译. 北京：华夏出版社, 2009, 2：91.

[2] Bergman, Manfred Max. The straw men of the qualitative-quantitative divide and their influence on mixed methods research [M] //Bergman M M. Advances in mixed methods research: theories and applications. Los Angeles, London, New Delhi, Singapore：Sage, 2008.

是班主任，因为班主任既有授课任务，又有学生管理的任务，在学校中比普通教师承担更多的责任，与学生接触最多，对学生影响更大；考虑学生独立思考问题的水平和表达能力，以及焦点访谈的可操作性，学生群体选择小学4~6年级的学生，暂时不访谈1~3年级的学生。在抽样方法上，采用滚雪球抽样的方法，在C学区办学水平不同类型的5所学校，每所学校抽取在4~6年级任教的3名班主任，共计15名班主任进行访谈，班主任兼顾不同性别、教龄以及不同学科。同时访谈班主任所任教班级的3~6名学生，抽取学生时兼顾学生的性别、年级、是否为班干部等因素，共计抽取53名学生，共计68位访谈对象（见表3-1）。

表3-1 子研究一的访谈对象

学校代码	班主任编号	学生数目
JS	L6	3
	M6	3
	W6	3
YL	W5	3
	H5	3
	L5	3
NM	G4	5
	C5	6
	Z5	6
JD	Z4	3
	J5	3
	L5	3
CZ	T5	3
	L5	3
	Z5	3
合计	15名教师	53名学生

子研究一的访谈内容主要围绕学校民主治理的概念内涵展开。采用半结构式访谈提纲，针对学生的访谈采用焦点团体访谈的形式，对一个班内的3~5名学生展开谈话，询问学生在学校治理中的参与性和自主性情况。

在访谈的大部分时间，访谈人员不直接询问关于民主的问题，而是根据文献中学校民主治理的相关内容，询问学生的感知程度，同时引导学生结合自己所在班级和学校的情况进行补充。在访谈最后，访谈人员再提出"民主"概念，并让学生自由陈述学校中的民主治理特征和行为。

为了较为充分和全面地了解哪些关键因素能体现学校中的民主治理特征以及现实情况，获得互证性结果，研究同时对学生所在班级的班主任开展访谈。访谈内容主要集中在教师对于学校民主治理的理解上，了解教师日常的管理和教学行为。

子研究三的访谈对象为C区公办学校的教师，采用方便取样的方式，在C区2所学校访谈4~6年级的教师和学校领导，其中，中层领导干部3名，普通教师15名，共计18名访谈对象。子研究三访谈的内容为学生创新能力的现状，访谈法作为量化研究的补充使用，其目的是帮助研究者更全面地了解学生创新能力的现状以及当前学校对学生创新能力培养的重视程度和培养方式。

2. 观察法

采用目的取样的方式，选取B市C区一所学校，使用非参与式观察的方式对该学校进行实地观察。该学校属于普通学校中较为优质的学校，在前期调研中发现，该校在管理中既具有民主的体现，又具有不民主的表现。学校中既具有非常优质的教师，也有教学能力一般或者薄弱的教师，具有资料的丰富性和多样性，因此观察对象具有一定的代表性。观察的目的是全面了解学校中民主性的具体表现，以及学校培养学生创新能力的其他途径。

在观察过程中，研究者是"作为参与者的观察者"，以公开的研究员身份加入学校组织中进行观察。采用的是无结构观察方法，在观察过程中，随时将观察到的与研究问题相关的现象记录下来，并力求记录的准确性。关注教师的课堂、教师的管理以及学校管理的日常，具体来说，包括三个方面：①教师课堂教学过程，观察的课堂既包括语、数、外等基础学科，也包括美术、科技、体育等艺术体育类学科，对于课堂观察的记录，采用随堂记录和录音文本转录相结合的方式；②集体活动中学校以及教师对学生管理的方式，主要采用随记和反思的方式；③其他与研究问题相关的现象，主要采用随记和反思的方式。

3. 问卷调查法

问卷调查法的对象是T市中小学生，采用分层概率比例规模抽样的方式，在T市根据教育发展水平优质、一般、薄弱的不同层次选取3个区县（以A区、B区、C区代称），在每个区县抽取15所义务教育学校。小学和中学的比例设定为3∶2，每个区县按照办学质量和学校规模分层抽取9所小学、6所初中，三个区县共抽取45所学校。每所学校选择两个年级，考虑毕业班升学压力大，排除了六年级和九年级学生，小学选择四年级和五年级，初中选择七年级和八年级，每个年级随机抽取两个班的全体学生发放问卷。学校和年级抽样见表3-2。总共发放问卷6 012份，有效问卷5 154份，考虑建构模型的适合度，将有缺失值的个案全部删除，最终纳入分析个案数为3 511份。

表3-2 问卷调查的学校数、班级数和各类学校问卷数目

		学校数	班级数	问卷数
A区	中学	6	24	494
	小学	9	34	573
B区	中学	6	24	653
	小学	9	36	672
C区	中学	6	24	551
	小学	9	34	568
合计	中小学	45	176	3 511

问卷法的研究工具包括：

（1）学校民主治理调查问卷。对于学校民主治理的测量，采用子研究一编制的学校民主治理调查问卷，主要包括平等性、自由性、参与性和协商性四个二阶因子。其中，平等性包括师生平等和生生平等两个一阶因子，自由性包括表达自由和行动自由两个一阶因子，参与性包括参与活动和参与决策两个一阶因子，协商性包括管理协商和教学协商两个一阶因子。量表编制的过程和信效度指标详见第四章。

（2）中小学生创新思维调查量表。根据威廉斯创造力测量包（Willianms, 1980），学生创新能力在内容上可以分为创新人格和创新思维。在测量方式

上，可以分为最佳表现测验和典型表现测验两类。最常用的最佳表现测验是图形联想测验和远距离联想测验这两类发散思维测验，此类表现测验适用度广、信效度良好，但是实施起来有一定难度，量表得分容易受到受测者当天状态和其他环境因素影响。限于测量方式、测量时间以及统计难度，本书在测量创新思维时，没有采取大部分研究者所采用的测验的形式，转而结合已有创新思维的自评量表对学生的创新思维进行测量。

对于创新思维水平的自评式测量，本研究采用改编自 Abedi 于 2000 年开发的创新思维自评量表（Abedi Test of Creativity，ATC）的中小学生创新思维调查量表，从流畅性、灵活性、独创性和精细化四个方面考查学生的创新思维水平。该量表共有 56 个题项，每个题项下有三个选项，被试选择最符合自己情况的一项。其中流畅性有 17 道题目，典型的题目如，"如果让你参加一个测验，其中的一道题目是要求你迅速想出以字母'J'打头的单词，越多越好，你会表现如何？"灵活性有 13 道题目，典型题目如，"完成复杂任务时你会采用几种方法？"原创性有 16 道题目，典型题目有，"人们是否认为你能想到与众不同的点子？"精细化有 10 道题目，典型的题目有，"当你对某件事情感兴趣时，你会花多少注意力关注它的细节？"这些题目其实是对创新思维测试的直接转换。本研究根据该量表编制的基本原则，形成改编量表，改编后的量表共计 14 道题目，量表达到了较好的信效度水平，其详细说明见本书第六章。

（3）中小学生创新人格调查量表。本研究使用的中小学生创新人格调查量表改编自威廉斯创造力测量包中的创造倾向量表（英文原文为 Divergent Feeling）。该创造性倾向量表有 50 个题项，包含好奇心、想象力、冒险性和挑战性四个维度。原量表的题项较多，经过与专家和一线教师讨论，删减题目，最终形成分属于上述 4 个维度的 12 道题目。修订后的中小学生创新人格调查量表的信效度说明详见本书第六章。

（4）创新自我效能感量表。创新自我效能感量表采用波兰学者 Karwowski 等人编制的创意自我简明量表中的创新自我效能分量表，共 6 个项目，采用 5 点计分法，得分越高表明学生的创新自我效能感越强，即对自己的创新能力评分更高，认为自己具备较好的创新思维水平和创新人格倾向。

（二）资料分析的方法

本研究对于访谈资料的分析，主要采用文本分析法中类属分析和情境分析的方法；对于问卷数据的分析，主要采用数据统计分析的方法。

1. 类属分析和情境分析方法

所有访谈资料均进行现场录音，并且全部转录为文本，所有的观察资料均为现场观察笔记，对质性文本分析的方法主要是类属分析法和情境分析法。

类属分析是以问题为导向的分析，在类属分析过程中，具有相同属性的资料被归入同一类别，并且以一定的概念命名。其中，"类属"是大的意义单位，而"码号"是较小的意义单位，一个"类属"中可能包含几个相关的码号。[①]

本书使用的文本分析软件为 Maxqda12.0。在学校民主治理的理论建构研究中，首先，对文本资料进行类属分析，将收集到的有关学校民主治理的访谈文本和观察记录进行全面阅读；其次，结合理论维度，确定符合逻辑的类属分类标准，建立资料分析框架，并将对应文本编码列入其中，形成对资料的整体性和系统性认识；最后，结合具体数据与文本来源学校，进行学校间的差异性比较，利用三级编码系统，基于我国教育实践，自下而上地获得有关民主氛围的题项和维度，形成学校民主治理调查问卷，使之更加本土化，符合中国国情。

情境分析是指将资料放置于研究现象所处的自然情境当中，把握情境前因后果的故事线，对情境进行详细描述的过程。[②] 在本书中，分析实地观察记录时采用情境分析的方法，详细陈述民主型学校和非民主型学校教学和管理过程的故事线以及学生创新能力培养等事件的前因后果的故事线，力图对学校民主治理和学生创新能力的现状进行细致、全面地描绘。

2. 数据统计分析方法

本研究在量化研究部分使用的工具主要为自编量表和修订量表，因此需要对量表进行项目分析和信效度分析。具体包括，通过 SPSS 软件进行项目分析，删除区分度降低的题目；进行探索性因素分析，确定学校民主治理各维度的项目；通过 AMOS 软件进行验证性因素分析，以检验学生创新能力与学校民主治理的理论模型，完善研究框架；通过 SPSS 软件进行内部一致性检验，计算各量表的内部一致性系数。

在描述研究工具信效度的基础上，本研究将对问卷调查的数据进行描述统计分析。一方面，通过频数分析描述样本学生的个体特征、学校民主治理

[①] 陈向明. 质的研究方法与社会科学研究 [M]. 北京：教育科学出版社，2000：290.
[②] 陈向明. 质的研究方法与社会科学研究 [M]. 北京：教育科学出版社，2000：292-294.

现状、创新能力发展水平；另一方面，通过独立样本 t 检验、方差分析与卡方检验推断中小学生学校民主治理与学生创新能力的差异情况，包括分析不同区域发展水平、不同学校类型学校民主治理水平的差异以及推断学生创新能力在不同性别、年级、是否班干部、学校类型等方面的差异。

为了研究学校民主治理与学生创新能力的关系，研究将通过线性回归分析和结构方程模型，检验学校民主治理对学生创新人格和学生创新思维的影响效应。结合已有研究，本研究引入创新自我效能感作为中介变量，进一步考察学校民主治理对学生创新能力的影响机制。

第四章
学校民主治理的结构研究

本章首先通过理论研究阐明学校民主治理所遵从的民主范式,以为学校民主的结果铺设认识论基础,辨析学校民主中的正向功能,以明晰在学校中实行民主氛围的合法性;其次,在理论研究基础上开展质性研究,探索学校民主治理的维度及在学校的具体表现内容,设计学校民主治理量表的初始题目;最后,通过量化验证验证学校民主治理量表结构的合理性,确立学校民主治理的基本结构。

第一节 学校民主治理的理论探索

一、学校民主治理遵循的民主范式

虽然在追求平等、自由,要求参与、协商方面,许多民主理论有其共同性,但是不同民主理论之间仍然存在很大争议,一种理论所阐释的民主,在另一种民主理论看来可能是非民主甚至是专制的。总结来看,民主理论争论的主要议题包括直接民主与代议民主之争,程序民主与实质民主之争,规范民主与描述民主之争等,这些方面也是不同民主理论产生分歧的关键所在。对学校民主治理的结构进行探索之前,应当首先明确学校治理中的民主所应当遵从的民主范式,具体来说,学校民主治理遵从直接民主而非代议民主范式,遵从实质民主而非程序民主范式,遵从描述民主而非规范民主范式。

(一) 更偏向于直接民主

在国家治理范畴内,直接民主是指人民直接表达自己的主张,参与公共事务的管理和决定,不通过委托他人或他人代理的形式进行。代议制民主也被叫作间接民主,是人民通过选举自己的代表来行使参与决策权利的方式,其是管理国家事务的一种方式。

在古希腊城邦时期,民主是指全民参与的民主,所有公民都对国家事务有决策权,其中很重要的原因是古代城邦规模比较小,全民参与的成本不高、难度不大。随着国家规模的增大,全民参与的民主几乎变得难以实现,在这种情况下,密尔(退而求其次地)明确提出了代议制民主理论。他指出,"显然能够充分满足社会所有要求的唯一政府是全体人民参加的政府;即使是参加最小的公共职务也是有益的……但是既然在面积和人口超过一个小市镇的社会里,除去公共事务的某些极次要的部分外所有的人亲自参加公共事务是不可能的，从而就可得出结论，一个完善政府的理想类型一定是代议制政府"。① 达尔同样从团体规模方面，通过民主决策的效率分析了直接民主与代议制民主，"如果我们希望民主的统治体制能为公民参与政治决策提供最大的机会，那么，小规模的政体中，公民大会式的民主确实更为优越；但是，如果我们希望的是最有效地处理与公民密切相关的各种问题，那么，一个范围更大、代议制的政体往往效果更佳"②。如果说密尔和达尔是受制于国家规模的现实条件，考虑到民主的可行性与效率问题而（被迫）选择了代议政府的形式，熊彼特则（主动地）将这种形式推向了极端，他否认全民参与的直接民主制度，认为普通民众是不具备理性能力的，无法做出正确的判断，国家应当由少数精英统治。熊彼特的理论因此也被称为精英民主理论，这种理论其实更接近于柏拉图的专家治国论，即"监护者作为统治的专家，他们在知识上高人一等，对什么是普遍利益，如何利用最好的手段实现这种利益，他们知道的较常人为多"③④。必须承认的是，选举民主是许多大规模民主国家的特点，精英主义民主理论的存在有其合理性，但也有一些批评的声音甚至认为这不是民主，而是所谓的选主。⑤ 由此可见，将民主仅作为一种程序，尤其是精英选举的程序是非常片面的，民主有更加丰富的含义。

本书倾向于认为，在可能的情况下，民主仍然需要更广泛地参与。如强势民主的代表人巴伯（Barber）所言，"在做出基本决策和进行重大权力部署的时候，他们必须经常充分地和详尽地参与"⑥。应当使得每个利益相关者都尽可能平等地参与决策。按照密尔和达尔的观点，在公共组织规模允许的情况下，采取直接民主的方式；在规模过大，且非常讲求决策效率的情况下，退而求其次选择代议民主的形式似乎是更加理性的选择。

学校民主治理更应遵循直接民主方式，不考虑代议民主的方式。学校中的民主是需要全体学生参与、以学生为中心的直接民主，这是因为无论是在班级还是在学校中，都不是一个规模过大的社会，学校治理面向的对象是每个学生个体，学生个体的发展是不能被代表的，所以在测量学校民主治理时，

---

① 密尔. 代议制政府 [M]. 汪瑄, 译. 北京：商务印书馆 1982：55.
② 达尔. 论民主 [M]. 李相光, 林猛, 译. 北京：商务印书馆, 1999：119.
③ 达尔. 论民主 [M]. 李相光, 林猛, 译. 北京：商务印书馆, 1999：77.
④ 叶剑锋. 民主理想目标可能又可欲：罗伯特·达尔的分析 [J]. 理论建设, 2010（6）：43-46.
⑤ 王绍光. 选主批判 [M]. 欧树军, 译. 北京：北京大学出版社, 2014.
⑥ 本杰明·巴伯. 强势民主 [M]. 彭斌, 吴润洲, 译. 长春：吉林人民出版社, 2006：180.

采用的全是个体感知的民主，属于直接民主的范畴。

(二) 更偏向于程序民主

程序民主和实质民主同样是民主领域的一个争论焦点。程序民主理论侧重于将民主外化为一种可操作的、可测量的制度或步骤，当国家或团体按照这种制度安排或步骤开展决策时，程序民主理论家即认为该团体是具备民主性的，其民主的程度可以通过测算符合这种制度的水平来测量。实质性民主侧重于关注民主内在的价值，如主权在民的根本价值、自由平等的精神体现等。

熊彼特可被认作程序民主理论家的典型代表，他认为"民主方法就是那种为做出政治决定而实行的制度安排，在这种安排中，某些人通过争取人民选票取得决定的权力"[①]。亦有理论家更注重民主的实质，强调民主的根本内涵即主权在民。如贝茨认为，平等的投票权在数量上体现出来的公平，从来不会确保产生实质上民主的投票结果。在他看来，一个真正具备"质的公平"的民主体制，要有一套优先的"公正的立法"体系，因为不能仅仅寄希望于平等的投票权产生公正的结果。[②] 从发展脉络上来说，早先的民主理论家如卢梭、洛克等侧重于探索民主的实质，强调人民主权，自由、平等等价值，现代民主理论家开始探索民主的程序化表现，如亨廷顿完全采用经验和实证的方法对三波民主化浪潮进行了分析，探索了民主化的进程。[③]

关于二者的关系，可以这样来看，仅遵循程序的民主是不完善的，甚至是不理性的。程序民主理论家认为通过投票，获取人们"偏好的聚合"，即可获得最优或者最理性的结果，社会选择理论家对这一观点进行了有力的反驳，较为著名阿罗不可能定理阐述了将偏好聚合得到最优解的悖论。当有A、B、C三个选项，甲、乙、丙三人的偏好顺序如下：甲，A>B>C；乙，B>C>A；丙，C>A>B。如果对比A和B，聚合三人偏好得到A>B；对比B和C，聚合三人偏好得到B>C；对比C和A，聚合三个偏好得到C>A。如此一来，无法分辨A和C哪一个是最符合理性的决策。简单说，投票的顺序不同，通过聚合得到的最终偏好的决策也会不同，甚至会违反偏好的传递性，产生所谓的孔多塞悖论。所以至少可以说，把民主等同于投票，甚至是公平公正地投票

[①] 熊彼特：资本主义、社会主义与民主 [M]. 吴良健，译. 北京：商务印书馆，1999：395.
[②] Beitz C. Equal opportunity in political representation [J]. Equal opportunity, 1988：155-74.
[③] 塞缪尔·亨廷顿. 第三波：20世纪后期的民主化浪潮 [M]. 欧阳景根，译. 北京：中国人民大学出版社，2013.

的程序，是不理性、不全面的。

从另一个方面来说，仅有实质没有程序的民主是不具备可操作性的，如果只是宣扬民主的平等、自由，主权在民，但是却不明确说明哪些外在表现可以体现民主的内核，那么民主就失去了意义，只能变成一个空的口号，成为飘于空中的理想国，幻想中的乌托邦。因此对于民主的程序化设计和操作性界定是十分必要的，需要警惕的是不能从单一维度、单一方面来对民主进行界定，而是要多维、综合性地界定，并且慎重考虑结合民主的价值。协商民主的诞生正是为了做到这一点，通过协商，人们可以将偏好赋分，或者通过讨论进行偏好的转化，从而回应社会选择理论对民主的批评。[①] 在一定程度上，正是由于民主的概念十分复杂，使得程序性民主很难表征出推崇实质民主理论家所描绘的民主图景，理想状态下，好的程序性界定同样能够表征出好的实质性民主，实质性民主应当与程序性民主合二为一。

在程序性民主与实质性民主的争论中，本书测量的是遵循实质民主要义的学校民主治理，并不十分注重民主的程序性，如投票选举等。仅仅遵循程序民主的教育，很有可能落入形式主义的陷阱。因为本书中的学校民主治理注重学生在校期间收获的真实感受，而非履行的程序。

（三）更偏向于描述民主

规范性民主注重的是分析"民主应当是什么"，描述性民主注重的是探讨"民主实际是什么"。或者可以说，规范性民主所描绘的是理想状态的民主，而描述性民主描绘的是现实状态的民主。规范性民主与实质民主有相近之处，描述性民主与程序民主有相近之处。如果某种理论将人民的统治、人民的权力、人民的意志等抽象化的概念作为民主与非民主的区分，则属于规范性民主理论，如果将是否存在竞争性的选举制度等作为区分民主与否的标准，则属于描述性的民主理论。

古典民主理论主要是规范民主论，虽然洛克、卢梭等探讨了民主的主要要素，但是其描述更多的是基于理想情境的，因此仍然属于规范性民主理论。19世纪后，托克维尔、密尔等开始对民主进行描述性总结和分析，托克维尔详细地描述了美国的民主制度，而密尔则提出了代议制民主理论，二人的工作使得民主研究开始逐渐向描述性民主过渡。熊彼特的竞争性民主理论的提

---

① 谈火生.民主审议与政治合法性[M].北京：法律出版社，2007：180.

出，标志着西方民主理论从规范性民主向经验性民主理论的重大转折。[①] 之所以出现规范与描述之间的争论，归根结底还是在于民主的概念过于复杂，以至于萨托利认为，"在（民主的）事实和名称之间很少相似之处。民主虽有明确的字面意义，但并不真正有助于我们理解民主实际上是什么。以描述为准，一个名称可能有误，但出于规定的目的却需要它。规定的重要性并不亚于描述。民主制度的建立是价值压力的产物。民主是什么与民主应是什么是分不开的"[②]。人们期待的总是理想中的民主，在这种民主中，既有广泛而平等的参与，又有自由、尊重和友爱，同时还能获得对公共事务最为理性的决策，得到帕累托最优解。人们得到的却只能是现实中的民主，在现实的民主中，不存在完全的平等和自由，无法保证正确的决策，可能存在意识或偏好被操控的现象。对比来看，对现实民主的研究会更加复杂，且更有意义。

在规范性民主和描述性的民主的争论中，在理论研究部分，本书推崇规范性的协商教育民主模式，在实证研究部分，本书试图尽可能客观地描述学校教育民主的现状。通过访谈和观察，以及对已有量表的总结分析，本研究找到了学校民主治理的具体行为表现以供学生感知和评分。也就是说，通过将民主转化为学生感知的方式，学校民主治理在本研究中成为可以进行测量和比较的描述性民主。

学校民主治理所遵从的民主范式总结见图4-1。

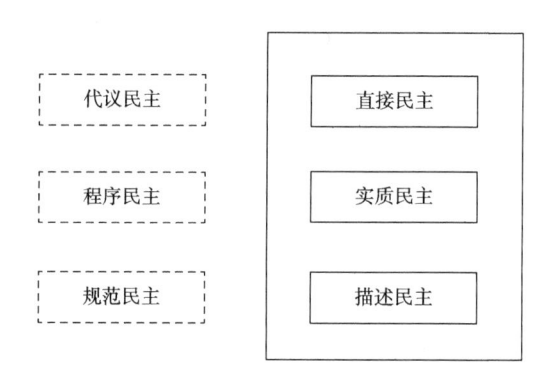

图4-1 学校民主治理遵循的民主范式

[①] 陈炳辉. 西方民主理论：古典与现代 [M]. 北京：中国社会科学出版社，2016：498.
[②] 乔万尼·萨托利. 民主新论 [M]. 冯克利，阎克文，译. 上海：上海人民出版社，2017：27.

二、协商民主学校治理的正向价值

民主的概念诞生于政治公共领域，虽然已经成功迁移到各类组织管理理论中，但在教育领域的迁移却面临着许多质疑，主要集中在民主是否应当遵从教师的专业主义，民主是否适用于未成年学生，民主的选票逻辑与教育性是否矛盾，民主的可错性与教育的不容出错性的矛盾等方面。因此，在呈现调研结果之前，有必要进一步阐释在中小学中推行民主原则的正向价值。

通过区分偶发性知识与非偶发性知识，采用隐含论证、累积论证、时间论证三种论证方式，讨论民主原则应用在学校教育中的功能和正当性，为在学校中创设以协商民主理论为基础的学校民主治理展开合理性辩护。

（一）民主的平等性与教师的专业主义

对于教育民主的第一个猛烈批评，在于教师具备丰富的专业知识，而学生需要学习大量知识，两者在知识储备和决策能力上无法匹配，因此身份也难以平等，不具备实行民主的基本条件。

如科恩就明确指出，教师和学生的身份基本上是不平等的，并且指出在学校教育领域民主是不适当的，或只能在有限的程度上或特殊情况下才可实行。科恩提到，"课堂是这样一种社会，一般课堂中，不允许有充分的民主，即使某些决定对学生的利害关系等于或大于对教师的关系。如果师生之间差异很大，如小学的课堂，课堂上做决定时实行民主，我们就会认为大部分是荒谬的。如师生之间差距偏小，如哲学研究生班，我们必然会认为大部分民主是合理的"[1]。在科恩的假设里，具备平等条件的社会才应当尊重每个成员的发言权，才可以实行民主，而教师和学生组成的社会不具备这样的条件。这显然是由于科恩对于教育学、对于学生的研究不够深入所造成的，在基础教育阶段，师生之间缺乏平等的关系，或者低估儿童的主体意识，在目前看来都是不符合教育规律的。

当然，必须承认的是，具备不同能力的人不会具有同等接近真理和做出完美决策的能力，正如必须承认经验丰富的水管修理工比普通人更懂得如何维修水管，经验丰富的教师的教学专业能力也应当得到认可，这并不是民主的反面，而是如古特曼协商民主教育理论所说，在民主中遵循教师的专业

---

[1] 科恩. 论民主 [M]. 聂崇信, 朱秀贤, 译. 北京：商务印书馆；1988：250-251.

主义。

用民主理论家达尔对于专家的看法来考虑教师的专业性也是合理的。"公共政策（学生的教育和发展问题）总是非常复杂（而且可能会逐渐越变越复杂），以致如果没有一些知识渊博的专家的帮助，肯定不能做出满意的决定。在一些私人性的决定上或者一些重要事务上，我们也会依赖专家的指导意见，让专家代替我们做决定，比如治病；而民主政府怎样才能最好地满足民主的标准，把政治平等维持在一个令人满意的程度，而同时，制定法律的时候又借助专家以及他们的知识，是一个非常重要的问题。"①

基于此，为了完成教育的目的，培养未成年人学生，尊重教师的专业主义是必要的，专业知识的丰富度差异会导致信息不对称的局面，除非能在需要做出决策之前通过培训和对话等达到信息对称的结果，否则对专业主义的信奉，也许有助于更好地决策。由此可见，在学校中，聆听教师的指导是必要的，学习数理化公理以及普遍的社会认可的道德和价值准则是必须的，尊重教师在学科知识和教育教学上的专业性，并不是不平等的体现，也并不违反民主的原则，如果对于受过更多相关专业知识和技能训练的人没有尊重，那才是走向了平等的对立面。

从另一方面来说，尊重并不意味着让专家、让精英取代民众。对教师专业主义的尊重也不意味着让教师代替学生本人做出所有决定。达尔同样认识到了这一点。他指出，"把某些次要的决定权交给专家，与把重大决定的最终控制权交给专家，不可同日而语"②。让专家提出指导意见，并不意味着把决策权完全让给专家，在教师和学生身上这一道理同样适用，在学习知识的过程中，学生需要听取教师的建议，但是学生自身却掌握着对自己命运的决定权。

此外，教师知识和学生知识间的差异并不能一概而论。迈克尔·塞沃德（Michael Saward）将知识区分为偶发性知识与非偶发性知识，在偶发性知识领域，掌握相关技能的人比其他人更加擅长做出最优决策。③ 这与古特曼的教师专业主义的旨趣不谋而合。除此之外，还有另外一类非偶发知识，指不局限于任何一个共同体作用领域内的知识，学生的健康状况、家庭情况、性格

---

① 达尔. 论民主 [M]. 李相光, 林猛, 译. 北京：商务印书馆, 1999：86.
② 达尔. 论民主 [M]. 李相光, 林猛, 译. 北京：商务印书馆, 1999：77.
③ 迈克尔, 塞沃德. 民主理论与民主化指数 [M] //比瑟姆. 界定与测量民主. 上海：上海人民出版社, 2016：6.

习惯等都含括于此，在需要以此类知识为基准进行决策的情境下，学生不仅应有言说的自由，还应在决策中发挥更大作用。

即使在一线教师看来，教师的专业性与师生平等之间也并不存在矛盾。有老师提到："你在讲东西的时候他有不同的意见，你允许他发表他不同的意见，也许他指出其他同学或者你的一些错误，所以这就是平等。但平等不代表毫无底线，所以你该传达的知识还是可以传达的。这个并不矛盾。"（DJDTW5）

即使是信息不充足的人，同样具备说话的自由。从哲学层面看，根据易错论，无论哪类知识，真理从来都不是绝对的，而是摇摆不定甚至是易错的，不懂下棋的人反而有可能会解开最难的残局。对于教师和学生这一学校教育场域而言，尊重教师的专业能力和保证学生的言论自由是同样重要的。

（二）民主的适用对象与学生身份的独特性

对于教育中实行民主原则的第二个猛烈批评，在于学生是否具备民主的条件或适用性。[1] 在民主制度的许多论述里，民主的对象是已经成年的公民，在教师或员工管理层面，教师是已经具有民事行为能力的公民，但是在学生管理层面，中小学生是尚不能履行民事责任的未成年人，这成为民主原则不适用于中小学生的一个重要依据。

事实上，已经有研究表明，即使很小的儿童也对课堂公平、学生评价等学校生活的主要方面有着比较成熟的看法。[2] 学生虽然不具备成年人的公民身份，但是学生对于民主的理解和感受是不亚于成年人的。笔者在研究过程中曾经对小学四、五年级的学生进行访谈，以了解我国小学生对民主的认知情况，并以此作为确认研究是否能够顺利开展的依据。结果是出乎意料的。调研发现，许多学生对于民主有着自己的理解，一些学生对于民主的看法已经非常成熟，甚至有能力辩证地理解民主。一位四年级的学生谈到民主时说道："我觉得不能过于民主了，如果咱们班纪律不好的学生居多的话，他们肯定是形成了统一的想法：玩的时间再长一点。所以不能过于民主，这样会让他们的学习更加不好，我认为这个民主要适量。"（DNMSL5）

可以看到，即使是四五年级的小学生，也有很多具备了理性思考的能力，具备了审辩式的思维方式。假使不考虑民主的目的价值，不关注民主所带来

---

[1] 程红艳，周金山. 论民主在学校教育中的作用与局限 [J]. 教育学报，2018（2）：65-72.

[2] Thorkildsen T A, Nolen S B, Fournier J. What is fair? Children's critiques of practices that influence motivation [J]. Journal of Educational Psychology, 1994, 86（4）：475-486.

的结果，仅考虑民主的过程，在教育中推行协商民主也同样有其合理性。在民主过程中，给予学生实质性的权力，学生会逐渐意识到自己应为所主张的论断提供依据、肩负责任，就会迅速地意识到自己需要更多的知识和信息。[①] 民主本身是有教育功能的，"通过民主中参与过程的教育功能，参与制度可以维持下去。参与活动发展和培育了这一制度所需要的品质，个人的参与越是深入，他们就越具有参与能力"[②]。由此，学习过程会自觉地由被动转为主动，学生也更容易成长为具有独立意识的公民。

（三）民主的选票逻辑与教育性

民主中的"选票逻辑"会导致多数人的暴政，这是反驳教育民主的第三个依据。单纯地投票可能有违教育性之根本，如若学生没有任何理由地投票认为勾股定理是错误的，那么这个定理真的就不正确吗？如果班级的学生每次都选举固定的某一位同学成为班委，作为班主任，希望采用班干部轮流任职制度让更多的学生得到锻炼，违背了学生的多数选举的结果，是否有违民主原则呢？[③]

对于选票逻辑的警惕绝非无的放矢，然而，除了前文所述教育民主与教师的专业主义并不矛盾外，这种警惕更加根本的错处在于将民主等同于一种程序。民主绝不是单纯的投票过程，希特勒成为德国政府总理时，他就是作为获得多数票党的党魁，在国会大选中通过正当的程序当选的，然而没有人认为德意志第三帝国是民主国家。[④] 民主的选票逻辑，在于过于依赖程序，忽视民主的实质，剥离实质的民主不是真正的民主。

不少尊重民主实质的哲学家都试图将多数人的暴政与民主区别开来，按照卢梭的理论，民主是寻找公意——大家的公共利益，而非众意——所有人意志之和的简单加总。民主的实质是关注民众的力量，但这种力量并不是多数人的暴政，而是人人平等、自由、有表达意见的权利。民主的程序是民主的必要不充分条件，民主应当有民主过程并且在平等自由的条件下允许理性的审议，这样的民主才具备合法性。由此可见，协商民主原则可以通过转换偏好的方式来获得共同的善。

---

① 本杰明·巴伯. 强势民主 [M]. 彭斌, 吴润洲, 译. 长春: 吉林人民出版社, 2006: 234.
② 卡罗尔·佩特曼. 参与和民主理论 [M]. 陈尧, 译. 上海: 上海人民出版社, 2006: 39
③ 石中英. 教育中的民主概念：一种批判性考察 [J]. 北京大学教育评论, 2009, 7 (4): 65-77.
④ 安东尼·阿伯拉斯特. 民主 [M]. 第3版. 孙荣飞, 段保良, 文雅, 译. 长春: 吉林人民出版社, 2005: 4.

由此，协商民主原则与教育性并不对立。教育的最根本目的是人的目的，首要任务是培养人，服务于人的发展。基于这一基本立场，可以从民主原则是否有利于学生发展的角度，考虑教育民主的合法性。访谈发现，小学生对此也有深刻的理解，"民主在大部分时候是投票选举，比如获得选票多的人可以当选班干部，但是（在学校的学习过程中）有时候未必少数服从多数，比如一道题正确答案是B，少数人选的是B，多数人选的是C，（这时）你不能说少数要服从多数，你不能说正确答案向错误答案屈服。也就是说，学生做的决定未必是全对的。要尊重我们的意见，但是有时候也得让老师做决定"。（DCZST51）

协商民主原则尊重每一个参与者的自主权，要求相关人员对议题进行有理有据的讨论，在过程中对他人的批评和建议保持开放的态度，做好随时修正自己原初想法的准备，最终达成一个大家有共识的结果。此过程可以理解为形成公意的一个合法途径。在民主协商过程中，学生能够意识到各人的主张需要有其根据，也意识到自己的论断会被他人所评判。比如在探讨班级管理决策时，类似"我不希望选择A同学作为班长"这样的话语，可以转变为辩论的形式，变成"根据以往的经验，选择A同学做班长后，他可能会偏向男同学"这样基于理性决断而非情感的主张。这种基于证据的辩论有助于促生理性和公正的品德。

如此一来，实行民主的过程也是教育的过程，民主与教育性并不矛盾。此外，协商民主的优势在于，其既有民主的实质价值，要求解放和挖掘学生自己的力量，体现了平等、自由等核心要素，又有一定的程序价值，对于学校的教师有启发指导的作用。

(四) 民主的可错性与学校教育的发展性

还有一部分反对的声音在于，教育过程的对象是学生，这一对象的特殊性使得我们不允许有错误的结果存在，而民主的决策可能是不正确的，尤其是当一群看似缺乏理性的学生进行民主投票的时候，学生极易被煽动、被操纵，导致出现缺乏理性的结果。在访谈中，我们也发现了这样的现象。比如有一位曾经当过班长的女生，在新一轮班委选举时，就被一个"好事"的男生给从班长位置上拉了下来。学生是这么形容的，"好像是有一个男生带头专门把她投下去的。因为有一次王豪带动全班说话，然后刘珊专门批评了王豪，后来那次选班长，王豪说了一句不要选，然后就没有人选了（DCZST5）（均为化名）"。这看似是民主导致的一个不理性结果，但实际上，通过深入访谈我们发现，其实学生的选票并非因为单纯的"煽动"，一位学生提到，"我记得（班长刘珊）在一年级还拿教鞭打人手来着"（DCZST5）。类似的"煽动"事件足以引起许多人对民主的质疑，认为民主会与学校教育促进学生发展的目的相违背。

事实上，民主的确不能保证得到所有最合乎理性的结果。希冀学校的（不民主的）教育体制完全正确，或者寄希望于教师所有的决定都是正确的同样也是不现实的。事实上，没有哪种决策方式可以保证获取完全正确的结果，每一个民主体制都要承受人们犯错误的风险。

民主的优势在于可以避免专断所带来的最坏的结果，而且具有自动纠错功能，可以帮助修正教育环节中可能出现的错误。如果在这一点上人们达成共识，就可以意识到民主原则在学生身上同样适用。塞沃德提供了两种论证方式对此进行说明：一是累积论证，在某时刻，只有个体才能了解自己利益的总和，教师了解学生的部分利益，但不能了解全部。假设学生了解自己，且具有良好的推断能力，教育中的民主协商能提供机会，让学生在教师面前自陈，帮助教师了解学生；假设学生并不具备独立推断的能力，民主协商可以为教师提供新的信息，为教师的判断增加变量。二是时间论证，教师即便在 X 时刻是了解学生的，在 X+1 时刻仍可能变得不了解学生。面对学生的转变，遵循民主原则的教师，能够倾听学生的故事，采取更加恰当的方式应对。比如，遇到学生近期常无法按时完成作业的情况，按照传统方式，教师会在放学后留其加班加点写作业，或者罚其抄写；但如果教师给予学生民主协商机会，聆听学生声音，则可能发现其正经历家庭变故，对他而言，现阶段最重要的事情，是阻止自己最爱的父母离婚。

综上所述，在学校教育过程中运用协商民主原则，可以尽可能帮助教师了解学生，从而与学生一起做出最适合学生的决策，而在决策实施的过程中，如果发现不当之处也能即时调整。

第二节　学校民主治理的维度及内容

学校民主治理中的民主概念有不同于一般民主的特殊性，比如它不是一种死板的政治制度，必须考虑到中小学生作为未成年学习者的特殊身份，不得违反一般的学校教育规律等。如果不把民主仅作为一种竞争选举的政治制度或手段来看，而是将民主依据杜威的观点看作是一种生活方式，可以发现学校民主治理的维度与民主的维度存在高度契合之处。由此一来，就可以在教育实践场域中寻找体现民主价值的外显表征因素，从而对学校民主治理进行测量。

本章将采用先质性研究、后量化研究的顺序性混合研究模式，探索和验证我国中小学学校民主治理的结构。首先，通过对访谈资料的类属分析，建构学校制度结构的初始模型；其次，根据已有理论，验证模型维度的合理性；再次，结合已有量表和对访谈的情境分析，演绎学校民主治理各维度的具体题项；最后，结合量化研究的项目分析和信效度指标，调整量表结构，形成学校民主治理的调查问卷。

一、学校民主治理的维度及其内涵

在理论研究基础上，学校民主治理的维度由对访谈和观察的类属分析形成，并结合已有理论进行验证和阐释。

（一）质性资料的收集

1. 访谈内容

在本研究中，采用的是半结构化访谈的形式，设计访谈对象先回答自己较为熟悉的问题，尽可能激发访谈对象的倾诉欲，当访谈对象所述问题与研究主题较为契合时，采用适时追问的方式，以获得对主题深入细致的了解。当访谈对象所述问题与研究主题无关时，在共情的基础上，抛出与研究内容直接相关的问题。

根据已有文献，学校民主治理主要在学校中的教学和管理的事务上体现。因此对于班主任的访谈内容，主要询问班主任个人的教学和管理情况，了解在班级层面的教学民主和管理民主，辅以询问班主任眼中学校对于学生的管理方式。

对于学生的访谈内容，一方面，了解学生感受的班级管理民主和教学民主情况，与班主任所谈内容进行验证对比分析，以获得互证性的结果，提升研究的效度；另一方面询问学生感受到的学校管理民主，以获得更加准确的学校管理方式资料。

2. 访谈对象

访谈的教师涉及不同教龄、不同性别和不同学科。具体的基本情况见表4-1。

表 4-1 访谈教师的基本情况

序号	性别	教龄	所教科目	任教年级	序号	性别	教龄	所教科目	任教年级
1	女	23	数学	6	9	女	5	数学	5
2	男	20	语文	6	10	女	16	语文	4
3	女	33	语文	6	11	女	28	数学	5
4	女	22	数学	5	12	男	6	数学	5
5	女	12	包班	5	13	女	26	语文	5
6	女	21	包班	5	14	女	3	数学	5
7	女	10	语文	4	15	女	5	数学	5
8	男	23	数学	5					

访谈的学生为上述班主任班级中的 3~5 位学生，包括 25 名男生和 28 名女生，有 33 人在班级中担任班干部职责（包括小组长等），20 人没有担任班干部，受访学生年龄段分布在 9~11 岁（见表 4-2）。

表 4-2 访谈学生的基本情况

	类别	数目
性别	男生	25
	女生	28
干部	学生干部	33
	非学生干部	20

3. 访谈实施程序

研究者首先向调研学校提出受访对象的基本要求，到达学校后，与课题组研究助手一起开展访谈，并依据学校的具体工作安排灵活调整访谈顺序。在征求受访者同意后，将访谈全程进行录音。访谈结束后，研究者对本次访谈的组织安排、主要内容等进行反思，在保证访谈主体框架不变的情况下对访谈加以改进。对于教师的访谈，采用一对一的形式，保证回答问题时互不干扰，形成 15 个访谈文本；对于学生的访谈，是以班级为单位展开的焦点团体访谈，同样形成 15 个访谈文本。

（二） 质性资料的分析

研究对访谈所形成的 30 个录音文本全部转录，每个文本的时长在 35 分钟左右，平均每个教师访谈文本的字数在 1 万字左右，学生访谈文本的字数在 1.2 万字左右。对于所有文本建立编号，对各文本按照"访谈/观察主题代码—学校代码—教师或学生区分代码—教师或学生编号代码—年级代码"进行编号。编号的首字母 D 代表访谈主题为民主氛围，学校代码由学校两位首字母缩写组成，第四位代码 T 表示教师，S 表示学生，第五位代码为教师个人代码或教师班内的学生代码，第六位代码为年级。比如编号"DJSTL6"表明该文本是在学校民主治理主题访谈中，JS 学校的 L 教师，任教 6 年级，与之对应编号"DJSTL6"则代表受访对象是 JS 学校 L 教师班级的学生。

1. 开放式编码

研究对从质性资料中提取的，与学校民主治理相关的内容，进行反复阅读和提炼，通过三层编码进行类属分析，同时撰写备忘录。首先对文本进行开放式编码，尽量采用访谈者自述的原始语句进行编码；其次进行核心概念编码，提取关键概念；最后进行类属编码。通过上述三个步骤形成学校民主治理概念间的层次关系。

表 4-3 和表 4-4 呈现了开放式编码过程，表 4-3 是一位教师访谈编码的示例，表 4-4 是其所教班级学生访谈编码的示例。表格中，文本索引是对每个分析文本的被试编号和文本段落编号，第二列是转录后文本的具体内容，Q 表示提问的问题，A 表示教师的回答；对于学生的问题，S1, S2…分别代表该焦点访谈团体中的学生序号，第三列是初始编码，以及在备忘录中写入的总结和反思，对于追问的问题，也在此列标注。没有提取初始编码的文本用省略号代替，文本中出现的名字均为化名。[①]

表 4-3　教师访谈编码的示例

文本索引	访谈问题与内容	编码及备注
DCZTT6-18	………… Q1：今天的访谈希望了解您在关于教学和班级管理上有什么样的经验、困惑，可以随便聊一聊。您怎么看待您跟学生之间的关系？	师生平等

[①] 表 4-3、表 4-4 中文字根据录音整理，因是口语表达，整理中仅对明显的语法错误等问题略作处理，其他尽可能保持访谈录音原貌。

续表

文本索引	访谈问题与内容	编码及备注
DCZTT6-19	A：我跟学生之间的关系，无论我带哪一波孩子，我和学生之间的关系是平等的。我自我感觉，虽然我的年龄可能比他们家长要年长，但是我跟孩子们之间没有什么差距，我们之间能说的、能聊的全能聊。在课堂上我要求学生一定是严肃的，因为我们的课堂是学知识的，要有氛围，是严肃，不是严厉到不让他说话，在课堂里面孩子们是自主的，但是精神状态要紧张起来，因为你要学知识。一节课下来，我们课下可以随便地说，比如在家里面有什么快乐的事等，都可以跟我分享。尤其到了五年级、六年级，孩子内心有一点点的波动，孩子们会悄悄地跟我说，很有意思。我们在一起，学生觉得我累了，给我捶背，一边捶背一边聊，关系很好的。但是有的人可能认为，课间的时候老师跟孩子很随便，课堂上会不会严肃不起来。没事，如果这是我带的，孩子们已经习惯了，上课铃一响，马上进入学习状态，下课我们就放松下来了，就是这样。	师生平等 课堂纪律 课堂自主 交流分享 学习状态； 放松状态
DCZTT6-20	Q2：您有没有让学生对您的教学提出过建议？您认为可以在什么程度上听取学生的建议？	
DCZTT6-21	A：这就是老师的教育方法吧，有时候你必须按照学生的特点和喜好管理和教育。我接这个班是二年级，班级特别乱，我听过他们的课，课堂上活跃到老师在前面讲，后面有老师听课，孩子们还是互相逗乐，你一句我一句，无视老师。二年级我接这个班的时候内心挺抵触的，我觉得这样的班不好带，后来我接了班级之后觉得小孩很聪明，为什么他们上课会说话，因为他们觉得这个东西对他们没有吸引力。这个班普遍的习惯是喜欢看书，而且他们看的书超出他们这个年龄，二年级小孩一般看动画的，这个班级很多孩子已经读纯文字的书。发现这个特点之后，在我们班就有了公共的读书时间，比如中午、早读，因为这些孩子很聪明，他们不愿意进学校就进入学习的状态，他们愿意干自己爱干的事，就是读书。于是他们发现这个老师真好。我不限定孩子们读什么，你喜欢的书可以拿来看，还可以推荐给同学，因为我们有班会时间和中午时间，读完之后你可以推荐给同学，如果那个同学没有可以相互借阅，但一定要保护好别人的书，不要乱图乱抹。慢慢地习以为常，孩子们形成了阅读的习惯，然后孩子们就开始写读书笔记，开始把自己读过的东西记录下来。到三年级写读书笔记，写完之后我们交流，于是我们有读书交流会。慢慢地形成二年级、三年级、四年级，他们做手抄报，推荐自己读的好书。到了四年级第二学期，我们就在微信群里面，每天晚上7点半，每个同学准时朗读自己喜欢的文章，无论是诗歌、片段、故事都可以，可以配乐。孩子、家长和我在一起共同度过7点半的美好时光。这样，渐渐地，我们之间的关系融洽了，学生们也会认为老师是按照他们的喜好来安排他们的活动的。	学习兴趣 课堂活跃 学生兴趣 阅读自主 知识交流 师生融洽 学生兴趣

续表

文本索引	访谈问题与内容	编码及备注
DCZTT6-23	Q3：班级里所有学生都喜欢读书吗，会不会有一些不愿意坐在那儿的孩子？	对上述回答的追问
DCZTT6-24	A：个别爱动的孩子也没关系，我们有图书角，做图书管理员，我们有小孩特别喜欢做这个，因为有时候他读书很快，静不下来，不是所有人都能静下来，他喜欢做管理，有人读完书了，需要换书了，由他来做图书管理员，能够体现他的价值。	学生兴趣
DCZTT6-25	Q4：如果在考试评价中，学生的答案与考试答案的要求不符，这时候怎么办？	询问教师对评价的看法
DCZTT6-26	A：会的，因为我们考试的点，比如阅读这几个点，就跟套路一样，小学、中学和高中都是这样的，碰到这样的题怎么答，比如乐于助人，写几个点，什么有爱心、善良，我跟孩子们说考试是考试，我们平时面对他人的时候一定要说出自己的想法。我赞同孩子们不能完全为了考试在平时也要这样答题，这样不好，把孩子们固定在一个模式里面，对他们今后发展不好。考试的时候，你有自己的想法，但是你的想法不见得是标准答案，要想老师讲的几个点，乐于助人要写几个点，身残志坚的人又要写几个点。	不固定思维模式
DCZTT6-27	比如说昨天我看了一篇文章，是一个老师在家里面休息，她的孩子在旁边看书，这时候她接到一个电话说你的女儿在书店里偷我们的书，请您立刻过来交罚款把孩子带走。当我读到这里的时候第一感觉这就是一个诈骗电话，尤其我的女儿就在我旁边，我肯定给他挂了，或者不客气地回应两句，不会有任何后面的举动。但是不知道出于什么原因，这个老师心里想这会不会是我的学生，她会不会害怕，这个图书管理员会不会吓着她，等等。于是她把闺女安置在家去了书店，进了书店她看到一个小女孩，书店的工作人员问她你是谁，没任何理由的情况下，她说我是她的妈妈，交了罚款，把孩子带回了自己家，然后又把这个小孩送回到她自己家里去了。几年过去了，没有任何联系，后来小孩找到这位老师表示感谢，说当时您毫不犹豫地说您是我的妈妈，把我领回家，送给我书，没有让我走上犯罪的道路。对于这篇文章，孩子们的真实感受是什么？我们的感受一开始可能觉得这就是一个诈骗电话，如果是这样，后面的故事就不应该存在了。但孩子们不这样想，他们说这是一位老师在帮助别人，说明她非常善良，等等，从帮助别人的角度去考虑。它不会冲突，考试的时候他会想我怎样去解答。如果放下考试，没有考试题，我们就只对这个人物进行分析。 …………	对上述回答的解释：考试答案与学生冲突的例证

续表

文本索引	访谈问题与内容	编码及备注
DCZTT6-36	Q5：您对学生民主，尤其是小学生，他们年纪很小，对他们要民主这件事情怎么看，在教学和管理上可以怎么体现？	
DCZTT6-37	A：比如说一个单元结束了，用写作的方式、手抄报、思维导图的方式展示这一个单元的内容，让大家自己选择，我不会固定要求。孩子说老师，我不想用手抄报的形式，我们组用思维导图可以吗？可以。那一组说老师，我们用手抄报的方式，当然也可以。要根据自己组内同学的爱好、喜好选择方法。比如说这一组稍微弱一点，画得也不好，思维导图就更难了，他们说老师我们就总结出来可以吗？都可以。	不固定作业形式 按照爱好、喜好选择方法
DCZTT6-38	Q6：您刚刚讲到小组，我发现无论是写作业还是课堂发言，您都会分小组，这个小组是怎么形成的呢？	对上述回答的追问，对班级管理的提问
DCZTT6-39	A：先是自由组合，我们有5组，你认为这一组的同学非常合得来，在一起能够和谐相处的学习，就组成一组。如果这一组里的孩子跟谁能够和谐相处，那就可以自由结合组成小组。他们组完，先民主了，然后集中，集中到我这儿，我一定要看这一组同学是不是分出层次了，不能都是好的学生在一起，中等的学生在一起，不够好的学生在一起，那成绩不够好的学生可能就永远跟不上了，一定要不够好的、中等的和好孩子在一起。	自由组队；保证小组的异质性
	…………	
DCZTT6-48	Q7：请问咱们的班委是如何产生的？	
DCZTT6-49	可以自荐，也得竞选，够票数。比如说三个人都竞选卫生委员，看谁票高，大家赞同谁。可以轮，比如说有三个人，有三个票的档次，先由最高票的学生当，下一个月就轮到第二个人，再下一个月轮第三个人。	竞选产生班委； 轮流当班委
DCZTT6-50	Q8：您觉得他们做班干部是您的小助手，还是班级的管理者呢？您怎么看待班干部的定位？	对Q7的追问
DCZTT6-51	A：班干部在我们学校班级里任务挺重的，值周、班级管理，比如我不在，课间的时候由班干部来组织安排工作，学习委员要带学生读书、收作业。他们是老师很好的助手，同时，他们对同学也是一个帮助，比如说我们的组长，别看组长是班级里面最小的干部，但是组长的任务特别重，收饭费、收回执、每组收作业本、做值日、监管值日分配，都得做，但孩子们特别喜欢当。我原来认为可能小孩不愿意做组长，	参与班级管理 参与班级管理

续表

文本索引	访谈问题与内容	编码及备注
	我们有一篇作业写竞选宣言，很多小孩写我特别想做我们组的组长，如果我做组长会怎么样。我看到这个之后就跟原来的组长说，我们该换了，让这几个想当组长的小孩上来。我们班小孩特别让我感动，一个小男孩写得特别诚恳，想当组长，我说京圆（谐音）你特别想当组长，你们组也同意你当，你就当吧，他特别开心。	
DCZTT6-52	Q9：原来的组长本来在做这件事情，他会不会有被替换的感觉？	
DCZTT6-53	A：没有，原来的组长都是身兼数职的，组长的任务很重，比如李书也卫生委员，他要值周负责查眼操，还得负责填表格，他的任务已经很多的，再兼一个组长，比较累，正好京圆主动愿意当，他也很开心，而且这是经过本书同意的，我说你同意吗？他说同意。	对Q8回答的追问 征求学生意见
DCZTT6-54	Q10：您也问了组员的意见？	
DCZTT6-55	被访者2：对，我跟那个组长说，你们组有想当组长的，你能不能这一个月或者这一周不做了？	对Q9回答的确认
	…………	就职位与学生协商
DCZTT6-61	Q11：学生是怎么参与到学校的管理当中的？	
DCZTT6-61	A："学好儿童"、"三好生"、大队委，学校都有统一条例的，要给学生念，都得公示，公示完之后逐条念，孩子们脑子里就会有东西，所有学生都可以自荐，你认为条件符合了就可以自荐。然后上榜公示，可以吗，可以，写上名字。我们学校2个名额，得有差额，比如说需要2个名额就要有三四个候选人，同学可以推荐，在这里面老师是没有主导作用的，老师不能说我觉得谁谁挺好的，这种语言是绝对不能出现的。这样会误导孩子，孩子们就会明白老师是不是想选他，绝对不能这样。 …………	平等竞争 自荐 选举权 学生投票

表4-4　学生访谈编码的示例

文本索引	访谈问题	编码及备注
DCZST6-32	………… （热场，自我介绍，自己的年龄，班内的职务等） Q1：你当班长很久了吗？是怎么当上班长的？ S3：我从一年级就开始当班长，最开始是LC老师当班主任，当时没有投票，老师直接任命我当了。	Sn代表焦点团体访谈中的第N位学生 教师任命班长

续表

文本索引	访谈问题	编码及备注
DCZST6-33	S1：因为那时候我也想当班长，我记得特别清楚，老师问我们，你们谁想当班长，很多人举手，我看他们举手，我也举手了，老师就说陈一凡来当班长吧。	老师指定当班长（与老师表述矛盾）
DCZST6-34	S3：然后就这样一直持续到现在。	
DCZST6-35	Q2：（指向另外一位同学）你也同意了他当班长。	对Q1追问
DCZST6-36	S1：感觉不是特别在意，感觉他当的话也没什么事。	学生在意谁当班长
DCZST6-37	Q3：有没有人说我不太同意陈一凡当班长，我也想当？	对Q1追问
DCZST6-38	S3：当时没有，他们觉得班长很累，最开始事挺多的，那些人举手应该是他们想获得一个头衔，可能并不想管事，最后谁当了，其他人还有点幸灾乐祸：这事让她干了！	学生不愿意参与（与老师表述矛盾）
DCZST6-39	Q4：当时老师为什么选你当班长呢？	对Q1追问
	……………	
DCZST6-46	可能是我比较乖，不敢违抗老师的，从幼儿园开始就乖乖听从，从来没有抬杠的。	不违抗老师
DCZST6-47	Q5：有没有人觉得班长好像不错，我也想试一下？	
DCZST6-48	大家：没有。	
DCZST6-49	S3：后来我们按学号轮值过一个临时班主任。	轮值班干部
DCZST6-50	S1：老师先选一波人。	老师先指定
DCZST6-51	S3：每个人都有机会，后来就懒得管了，还是让我管了。	班长负责
DCZST6-52	Q6：你们感觉跟班主任，以及任课老师，是一种怎样的关系？害怕老师吗？	
DCZST6-53	S3：没有特别怕的，我们会怼老师。教我们班的任课老师和我们班的老师算是比较好的，上回四班的班主任赵老师看着我们做语文卷子，我们班有一个同学嘴里在叨咕什么，被提醒了好几次，最后老师	不害怕老师

81

续表

文本索引	访谈问题	编码及备注
	就让他站起来了,那个老师特别厉害的,经常在上操的时候听到他训他们班的同学,有一次还跟副班主任吵架,好几个老师去劝架。	训学生
DCZST6-54	Q7:你们怎么怼回去的?	追问
DCZST6-55	S3:他只是想那个字怎么写,因为我们经常会念出来那个字,可能会自言自语地说拟人的拟怎么写呢,好像是提手旁,那个老师就以为他在说话。	对上一个回答的解释
	…………	
DCZST6-65	S2:老师要撕他的卷子,他拿起来就往身后放。	师生对峙
DCZST6-66	Q8:这个同学有没有给老师解释?	对回答的追问
DCZST6-67	S3:他有解释,但是老师不听。	
DCZST6-68	Q9:为什么不听,因为他态度不好?	
DCZST6-69	S3:有可能,老师要面子。	老师的面子
	…………	
DCZST6-75	Q10:老师是否允许你们对他的教学提出建议?有没有什么教学活动是你们来安排,或者你们提议,老师采纳的?	
DCZST6-76	S3:老师也是要面子的人,有时候他说错了,我们跟他说您这块讲错了,他就会很生气,会把我们训一顿。	要面子 训学生
DCZST6-77	S1:有一天老师说我走神,是因为他在讲课的时候我在计算竖式,我觉得他好像算错了,我想再算一遍,老师就说讲的时候不要写。老师问我他在讲什么,我不回答,是为了给老师面子,这个太简单了。	指出教学错误 老师的面子 不与老师沟通
DCZST6-78	Q11:咱们班的活动有没有同学自己组织策划,或者建议的?	
DCZST6-79	S3:有建议的,比如说要建个图书角,要放点书,我们大队委候选人会向学校交提案,应该在班级的图书角多放点书。	向学校交提案 参与学校管理

续表

文本索引	访谈问题	编码及备注
DCZST6-80	Q12：这个提案是你们班班委写的吗，还是你们自己写的？	Q11追问
DCZST6-81	S3：我们大队委会写，这些提议也有可能是我们自己写的。会问问班级里的人，比如有男生吐槽说男厕所味太大，就会写到提案里。后来有改善，比如说往图书角里多放点书，学校后来就提供了很多书。	学生表达意见 学校听取意见
DCZST6-82	Q13：大队长是怎么选出来的？	
DCZST6-83	S3：我觉得大队长是老师指定的。主管这部分的大队委都是指定的，而且很神奇的一点，这些大队长都在前一年他五年级的时候已经代表少先队员发过言。	
DCZST6-84	Q14：我问你们一个比较难的语文题，你们知道民主是什么含义吗？	直接抛出民主概念
DCZST6-85	S3：有些老师直接指定班干部，这是不民主的，比如说我们选三好生、好儿童，那就是民主投票，谁选就在黑板上画上"正"字。	学生投票 选举权
DCZST6-86	S1：我觉得比如要选课代表，老师会选几个人问大家同意不同意，不同意的就不要举手，选人数最多的那个。但是我觉得有1/3的人觉得这个好，有2/3的人觉得那个好，最后2/3的人同意的候选人当选，这1/3的人就挺憋屈的。	质疑单纯地少数服从多数
DCZST6-87	S3：有时候未必少数服从多数，一道题的正确答案是B，少数人选的是B，多数人选的是C，你不能说少数要服从多数，你不能说正确答案向错误答案屈服。	得票多数不意味正确
DCZST6-88	S1：要尊重我们的意见，但是有时候也得让老师做决定。	师生交换意见
DCZST6-89	S3：学生做的决定未必是全对的。 …………	

续表

文本索引	访谈问题	编码及备注
DCZST6-90	Q15：你觉得现在班主任管大家是民主的吗？	
DCZST6-91	大家：挺民主的。	
DCZST6-92	S3：有一些重要的决定都是我们来做的。	学生做决定
DCZST6-93	Q16：比如说呢？	追问
DCZST6-94	S1：我们中午写完作业之后，鲁瑞星去求谭老师让我们中午出去玩。	
DCZST6-95	S3：那一段时间，不是期末，是中段时间，我们可以出去玩。瞎逛，有些人觉得傻，就可以自己回来，现在是期末了就不能去了。有时候老师会问，鲁瑞星说想出去玩，你们谁想待在这里，谁想出去玩，谁想去图书馆，大家举手投票。	投票参与决定
DCZST6-96	Q17：那照你们的理解，现在课堂上民主吗？	
DCZST6-97	S1：我们的课堂整体上还是比较轻松的，很宽松的氛围，听懂了之后，我们想写写小说、画画，都挺自由的。	学生课堂自由
DCZST6-98	Q19：学校的规章制度你们了解吗？	
DCZST6-99	S2：学校的规章制度一般是J老师拿话筒在广播里叨叨。	
DCZST6-100	S3：丁老师是非常严厉的，特别严厉，万一犯了什么错会被狠狠地训一顿。	教师严厉
DCZST6-101	Q20：丁老师天天在广播里讲的，是征集了大队委的意见吗？	
DCZST6-102	大家：有。	
DCZST6-103	S3：有的是提案里面出来的，有的提案会有意见反映，比如食堂饭不好吃。	提出建议

2. 关键概念的提取

将原始编码进行初步的整合，获得能够涵盖表达原始编码内涵的、关于教师教学和管理以及学生学习的一些关键概念，表4-5列出了这些关键概念的名称。

表4-5　关键概念表

关键概念	关键概念	关键概念
教师权威	学校活动自由	参与学校活动
师生平等	学习自主	参与教学活动
生生平等	交往自由	参与班级管理
教师严厉	学校活动纪律	参与学校管理
师生作为朋友	听课姿态统一	参与选举
害怕老师	答题规范	提出建议
喜欢老师	自由发言	采纳建议
偏向对待	自由提问	班级事务讨论
平等参与活动	课堂纪律	学校事务讨论
公平参加评选	思维限制	师生知识交流
尊重学生个性	参与班级活动	学生小组讨论
课间活动自由	参与小组合作	课堂讨论
表达自由	参与活动	教学协商
行动自由	参与决策	管理协商

3. 类属编码

对关键概念进行类属编码，获得类属编码为生生平等、师生平等、表达自由、参与决策、参与活动、管理协商和教学协商。其中，生生平等、师生平等属于平等性维度，表达自由属于自由性维度，参与决策、参与活动属于参与性维度，管理协商和教学协商属于协商性维度。平等、自由、参与和协商的维度名称均由已有关于民主理论提取而来，将在下一节展开陈述。各类属所包含的关键概念列表见表4-6。

表 4-6 类属编码所包含的关键概念

类属	包含的关键概念
师生平等	教师权威，师生平等，教师严厉，害怕老师，喜欢老师，师生作为朋友
生生平等	生生平等，偏向对待，公平参加评选，平等参与活动，尊重学生个性
表达自由	自由发言，自由提问，规范答题，课堂纪律，思维限制
行动自由	课间活动自由，学校活动自由，学习自主，交往自由
参与决策	提出建议，建议采纳，参与选举
参与活动	参与班级活动，参与学校活动，参与教学活动
管理协商	学校事务讨论，班级事务讨论
教学协商	课堂讨论，师生知识交流，学生小组讨论

4. 编码的信效度说明

为保障研究结果的真实性和可靠性，特对研究的信度和效度做出说明。为了验证编码的信度，笔者请了一位受过质性研究训练的硕士生进行编码。采用霍尔斯提（Holsti）公式，当两位编码者编码时，编码的信度为

$$R = \frac{2M}{N_1 + N_2}$$

式中，M 为两位都同意的编码数，N_1 为第一评判员所提取的编码数，N_2 为第二评判员所提取的编码数。计算发现，编码的信度为 0.76。一般认为，对于探索性的研究 0.7 以上的信度属于可以接受的信度，因此本研究的主轴编码具有较好的信度。

研究采取几个方面的措施保证编码的效度。首先受访者都是一线教师和学生，信息真实可靠，访谈录音完整，且进行逐字逐句转录，通过教师和学生分别谈话，内容互不干扰，以保证研究的描述性效度。

通过在编码时尽可能使用原话，力图真实报告受访者的原意，以及通过了解师生对同一问题的看法，对比互证，区分教师所倡导的理论和实际行动，及学生所宣称的内容与实际行动，以保证研究的解释性效度。

通过在编码过程中反复阅读民主相关理论，以及在半结构访谈中对于教师和学生悬置偏见的不断追问，尽可能保证研究的理论效度。

(三) 学校民主治理各维度的内涵

不少协商民主理论家对于协商的要素做出过总结，如约翰·埃尔斯特提

出，决策要想获得合法性，必须是自由、平等而理性的公民共同审议的结果[1]，提及自由、平等、理性和协商四个要素。蒂利（Tilly）认为民主的要素包括广泛性（所有公民可参加）、平等、保护（有法律保护专断行为）、相互制约的协商等。查普尔（Chappell）在论述协商民主过程时指出，好的协商过程，是基于理性对话形式基础上的，这个对话形式中，每个人都有平等的发声权，都可以自由发言，并且诚恳地与其他人交换自己的意见或主张。[2] 查普尔所描绘的协商民主过程包括了平等、自由、对话等要素。[3] 我国学者张继亮指出，协商体系的关键要素在于诸如平等、相互尊重、自由、给出理由、道德自主等诸多协商式德性以恰当的方式展现在不同阶段的协商主体或协商制度、活动之中。[4] 可以看出，自由、平等、对话等要素是几乎所有民主理论家共同认可的要素。

教育民主理论家对于教育中民主的认识，与民主理论家之间并无太大差别。《儿童权利公约》中，有一些适用于教学过程的民主原则，如尊严和安全（谩骂和嘲弄不再出现，教师不挖苦学生，不滥用权力，同时也有自身尊严权）；参与，这种参与包括选择、责任和协商；自由，言论自由、凭良心行事的自由等。[5] 邵晓枫在解读教育民主时，认为教育民主包含平等、自由、尊重、差异化教学等要素。[6] 胡白云在探讨教学民主时，提出了主体性、参与性、平等性、差异性四个要素。[7] 李希贵通过对学生的调查，发现学生喜欢的优秀老师应当具有"尊重信任学生，公正地对待每一位学生，知识渊博，善于与学生交流，有幽默感"等特质[8]，这些特质在一定程度上体现了教育的平等性。柳谦在反思教育民主时，认为民主的三个核心是平等、自主、公共参与。其中"自由"是民主理念的内核和根基，民主的其他理念都因有助于自

---

[1] Elste J. Realizing deliberaive democracy as a mode of inquiry: pragmatism, social facts, and normative theory [J]. Joumal of speculative philosophy, 2004 (18): 23-43.
[2] Chappell Z. Deliberative democracy: A critical introduction [M]. New York: Palgrave Macmillan, 2012.
[3] 蒂利. 民主 [M]. 魏洪钟，译. 上海：上海人民出版社，2009：12.
[4] 张继亮. 发展和完善协商民主：基于协商系统理论的启示 [J]. 南京社会科学，2018 (8): 74-79.
[5] 奥斯勒，斯塔基. 变革中的公民身份 [M]. 王啸，黄玮珊，译. 北京：教育科学出版社，2012：176-178.
[6] 邵晓枫. 解读教学民主 [J]. 教育发展研究，2007 (z1): 99-102.
[7] 胡白云. 教学民主论 [M]. 福州：福建教育出版社，2015：34-35.
[8] 李希贵. 为了自由呼吸的教育 [M]. 北京：高等教育出版社，2005：111.

由而重要。[1] 万红霞在探讨班级管理民主性时，提出了四个主要特征，即"尊重、自由、法治、协商精神"。[2] 可以看出教育民主与民主的维度在本质上是相似的，都强调平等与尊重自由与自主、参与和交流等要素。通过阅读，笔者认为，这些推论的主要依据是两位将教育和民主结合起来的理论家——杜威和古特曼的论述，二人都十分详尽地阐释了在教育领域民主原则如何发挥价值。简单地说，在杜威看来，民主生活是一种联合生活，自由平等、合作参与、交流反思是联合生活的本质体现。[3] 古特曼认为，协商民主教育应当遵循不压制和不歧视的原则，其中不压制可以理解为人具有选择的自由，他人无权以强制的手段迫使教师或者学生必须做出某种选择；不歧视原则可以理解为人与人之间没有威权，不管什么样的学生，都在教育中拥有平等的身份。可以通过表格更为直观地看出民主中不同关键要素出现的频次。见表4-7。

表4-7 不同文献中所列举的民主要素统计表

平等	自由	参与	协商	协商民主和教育民主理论中民主的要素
√	√		√	自由、平等而理性的公民共同审议（Jon Elste）
√		√	√	广泛性（所有公民可参加）、平等（不同公民享有平等权利）、保护（有法律保护专断行为）、相互制约的协商（Tilly）
√	√		√	平等发声、自由发言、对话（Chappell）
√	√		√	平等、相互尊重、自由、给出理由、道德自主（张继亮）
√	√	√		尊重和安全，自由，参与（儿童权利公约）
√	√	√	√	自由平等、合作参与、交流反思（杜威）
√	√			不压制、不歧视（古特曼）
√	√			平等、自由、尊重、差异化教学（邵晓枫）
√	√	√		主体性、参与性、平等性、差异性（胡白云）
√	√	√		平等、自主、公共参与（柳谦）

[1] 柳谦. 反思教育民主 [J]. 教育学报, 2010, 6 (4): 29-36.
[2] 万红霞. 论中学班级民主管理及其路径 [D]. 武汉: 华中师范大学, 2014.
[3] 邹红军, 杨伦, 柳海民. 教育: 个体建构意义世界的民主生活: 杜威教育哲学的生活之维 [J]. 教育理论与实践, 2018: 3-7.

可以看出，学校民主治理最重要的四个外显特征的确可以归结为平等性、自由性、参与性和协商性，这与质性研究的结果基本一致，质性研究得出的类属概念处在上述四个概念的下位。这四个要素不仅可以在民主理论家的理论中找到原始的根据，同样可以在教育家的论述中那里找到直接依据。

1. 平等性

以协商民主理论为基础的学校民主治理必须尊重学生个体的身份地位，形成生生平等、师生平等的氛围。"（如果学生）尚未学会彼此意识到对方思想感情的内心技能，那么，民主制度就一定会失败，因为民主制度的基础是尊重和关怀，而尊重和关怀的基础是将他人看作人，而不是简单的看作是对象。"[①] 平等并不意味着相同，强调师生平等、生生平等，并不是说教师完全放弃自己的权威。学校中的平等意味着没有威权，没有凭借所谓的身份地位而一定享有的某种"威信"或威权。教师不因自己是教师而处处凌驾于学生之上，学生也不因为自己是"班干部"而享有特权，这是教育民主中"平等"的真实含义。关系平等是师生、生生之间展开基于理性的交流对话的前提，有助于保护学生的自尊心，培养学生的效能感。

2. 自由性

基于协商的民主学校中还应当尊重学生选择的权利，给予学生自由发言和自由行动的空间。杜威认为："公立学校创始于自由民主的精神。"[②] 我国学者冯建军指出："政治民主倡导自由，自由是民主的前提。教育也需要自由，包括教师的教学自由和学生的学习自由。但教育中的自由是有限度的。教师应传授社会所认可的主流价值观。"[③] 这一论述点出了教育民主中自由的特殊性，即教育民主中的自由需要在教育的价值观之内，不能违背社会主流价值。在教育教学领域中，强调给予学生自由的空间，并不是说对学生放任不管，任学生想做什么就做什么，这是不负责任的教育，不是民主的教育。

学校民主治理中的自由应当是在教学或管理过程中给予表达自我的权力，让学生说出自己内心的声音，同时赋予学生选择的权力，允许学生根据自己的实际情况选择最适合自己发展的教学或管理选项，体现教育教学的差异性以及对学生的尊重和信任，让学生产生对于自身的把控感和自主感，承担自

[①] 玛莎·努斯鲍姆. 功利教育批判：为什么民主需要人文教育 [M]. 肖聿，译. 北京：新华出版社，2015：8.

[②] 杜威. 学校与社会 [M]. 赵祥麟，等，译. 北京：人民教育出版社，2005.：299.

[③] 冯建军. 论教育民主的特殊性 [J]. 中国教育学刊，2015（2）：29-33.

主选择的后果，体验权利与责任的统一。比如：在课堂上提出问题时，不提或者少提唯一做法的死要求，如"阅读第一自然段"，转而请学生阅读自己最为欣赏的段落；在开展班会时，放手让学生结合近期班级中的典型事件，自行选择班会的主题等。这种自由或自主虽然反对教师的专制，但却建立在教师引导的基础之上。教育教学中的自主选择、创设自由的环境有助于激发学生的内在学习动机，让学生的学习过程更多源于内生动因，而不是限于外部压力。

3. 参与性

基于协商的民主学校中，必须有参与的成分。诺丁斯认为教育民主的第一要义在于参与。

在民主的众多核心要素中，"参与"是相对来说比较容易操作化的概念，不少研究者都对教育过程中的"参与"进行过程度上的划分。有研究通过访谈调查了教师对于学校中民主的理解，发现班主任和科任教师对民主的理解，主要指参与决策过程。[①]胡白云借鉴科恩对民主测量的方式，将学生参与区分为参与的广度和参与的深度两个方面，并认为参与的广度是指学生参与的频率，参与的深度是指学生能否全身心投入教学活动，能否获得有益发展，能否对教学事务充分发表自己的意见。[②]这些分类对于教育民主的参与有很大启发。

本研究中的"参与"借鉴了已有研究中对于参与的认识，不同的是，本研究认为教育民主中的"参与"并不局限于学生参与决策，还包括学生参与各类活动，如教学和管理活动中的各类事务。在参与决策方面，包括影响学校或者班级工作的建议，对课程设置或者教学安排出谋划策；在参与活动方面，包括在班级中负责卫生管理、负责后勤保障、参与课堂活动等。

4. 协商性

最后一个要素同样也是最重要的一个要素是协商。在基于协商理念的民主学校中，不能仅满足于参与的成分，而是要具备通过协商讨论形成决策的过程。"协商"对应的英文单词是"deliberation"，无论是在亚里士多德、密尔那里，还是在杜威、哈贝马斯那里，协商强调的都是公开讨论、相互证明

[①] 贾烨瑾. 参与式民主理论视角下学校管理中的教师参与［D］. 北京：北京师范大学，2010：47.

[②] 胡白云. 教学民主论［M］. 福州：福建教育出版社，2015：35.

的过程。① 协商的优势在于能通过理性的争辩，改变参与者的决策偏好。参与决策的个体在协商的过程当中，通过有理有据地争辩提升理性认识水平，激发想象力，产生出更好的决策。

学校民主治理中的协商被强调为师生之间或者生生之间的"对话"或"沟通"，在学校的教学和管理两方面均可以有所体现。惠特曼认为，具有协商民主精神的教师，应当鼓励学生、指导学生发展协商式思考。杜威强调在民主的联合生活方式中，应当有交流沟通的成分。沟通既能改变言说者，也能改变倾听者。在这样的对话过程中，言说者无论是教师还是学生，都需要找到合适的方式表达自己，而且所言说的内容也必须要对倾听者产生意义。② 协商民主提供机会，培养每个学生质疑权威以及理性推理的能力，以及在遇到不同意见和问题时折中妥协的态度，从而达成彼此都能接受的决策。总体来说，学校民主治理中的协商包括师生就某一话题沟通讨论，并且根据理性推理达成共识两个阶段。

具体来看，学校教育中的协商指学生和教师共同讨论学校中和班级中的事务。在针对学生的管理中实行协商，是指在诸如制定班规或校规，开展社团活动，组织班会、家长会等管理过程中，充分给予空间，让学生发表有根据的、合理的主张，在教师与学生通过平等对话充分交换意见的基础上进行决策。在教学过程中践行协商原则，是指在让学生习得知识时，不通过灌输式的、单向传授的方式进行，而是通过师生对话或生生对话，引导和启发学生理性思考，类似于协商民主中转变个体偏好的方式，转变个体学生的原有认识，提高学生认知水平。

需要承认的是，协商式的教学无论是从实践性上还是从研究性上来说都更加困难。从教育实践上看，诺丁斯提到，即使在有利的情况下，能够让学生参与通过协商而进行的教学也绝非易事。如今在有许多反对意见的情况下，这种教学就更加艰难了。③ 当前教育体制下，师生面临巨大的考试压力，教师的授课任务以及学生的学习任务都非常繁重。许多教师迫于压力延续着传统的教学方式，很少进行教学方式的改良。从学术研究方面看，相对于"参与"

---

① 谈火生. 民主审议与政治合法性 [M]. 北京：法律出版社，2007：4.
② 内尔·诺丁斯. 21世纪的教育与民主 [M]. 陈彦旭，韩丽颖，译. 北京：人民出版社，2015：18.
③ 内尔·诺丁斯. 21世纪的教育与民主 [M]. 陈彦旭，韩丽颖，译. 北京：人民出版社，2015：31.

而言,"协商"的概念在教育教学中更加难以程序化,我国的研究者在研究教师的民主教学时,也很少对教学中"协商"的因素进行测量。

5. 小结

通过对协商教育民主各个分维度的分析,可以进一步加深对学校民主治理中平等性、自由性、参与性以及协商性四个概念的理解。总结来看,平等性主要是指学校中教师和学生、学生和学生之间不存在权力的过度集中,不存在歧视与不被尊重的现象;自由性主要是指学生在学校中表达自由以及行动自由,在教师教学或者管理过程中具备选择的权力,而不只是唯教师之命是从;参与性主要是指在平等和自主的基础上,在不减少公共福利的前提下,学生尽可能多地参与班级或学校的管理以及在决策中发挥作用;协商性是指在管理和教学过程中,学生与教师通过平等对话、理性推理来形成既顺应教育规律,又有助于集体福祉最大化的共识性决策。这四个维度的内涵用表4-8可以更加清晰地表示出来。

表4-8 学校民主治理各维度内涵介绍表

维度	内容
平等性	师生平等
	生生平等
自由性	表达自由
	行动自由
参与性	参与决策
	参与活动
协商性	管理协商
	教学协商

二、学校民主治理各维度的具体内容

从对协商民主教育理论研究的角度可以了解到,协商民主学校治理的核心要素体现在教学和管理的平等性、自由性、参与性和协商性四个方面。通过对学生和教师的访谈以及在学校中的观察,本研究试图挖掘出在学校治理实践中能够体现出协商民主原则的具体表征,也就是说,教师或者学校具体的哪些做法,才会让学生感觉到平等、自由、参与或者协商。结合国内外学校民主相关量表中测量学校民主的题项的表述方式等来产生量表的具体题项，以保证量表的构想效度，使得量表的题目与理论尽可能贴近，以此来实现理论和实践的互动，尝试将学校民主治理更为精准地程序化。

（一）学生和教师眼中的学校民主治理

通过对某区5所学校中15位老师和53位学生的访谈以及在CZ小学两个月的观察，笔者从教育教学实践中探索民主的不同维度在学校中可能的表现形式，明确学校民主治理的外延。

1. 师生眼中的平等

学校中平等的氛围意味着师生关系的平等和生生关系的平等两个方面。一方面，师生关系的平等在协商民主教育中非常重要，构成协商民主教育的基本条件和前提。老师们自己也认可应当对学生更加平等，尤其是因为学生对于教师已然有天生的尊重感，也就是说教师已经具备了一定的专业权威。比如有老师提出："大部分老师应该跟孩子的关系更加平等一点。因为孩子本来对老师就有一个天生的尊重感，所以权威这个就不必要再强加给老师更多的了，所以课堂上更多的是平等，学生才能更相信你。"（DJDTW5）师生的平等还体现在教师对于学生的关心和耐心上，认真对待学生可能出现的各种问题，帮助剖析问题产生的原因，给予学生合适的帮助。"比如有学生说，老师我今天头疼，这个时候老师就得赶紧过去问，头怎么了，是感冒了还是遇到什么不高兴的事了？因为孩子头疼不见得都是感冒，他有心理上的一种烦恼。老师要及时了解情况，还有的时候学生比如说没有及时完成作业，你说生气不生气，这个时候你还要问他为什么没写，有什么情况，（学生说）老师我昨天晚上家里有什么情况，还有的说由于一些意外的事情，如果不是这些，老师还得具体问题具体分析，有的就是贪玩，贪玩就不对，要耐心地跟他讲。"（DJSTW5）

在教师来看，师生的平等并不是放弃自己的权威，而是应当更加合理地运用自己的权威，对学生开展有益的指导，在平等与权威中寻找平衡。教师提出："平等地对待每一个人。首先每个人都是平等的，要平等地对待每个学生，学生和老师之间是平等的，在发生矛盾的时候，处理之前大家先平等地沟通，心平气和地沟通这件事，沟通完了以后，可能谁都认为自己有理，这时候老师就是权威，来评判一下到底谁是错的、谁是对的。"（DJDTL5）当学生自己无法进行理性交流或者道德判断时，教师就必须通过引导的方式帮助学生形成正确的价值判断，提升学生的认识水平，这是对于教师权威的合理运用。

另一方面，学生之间的关系也必须平等，首先应当体现在权力不能集中于个别学生身上。权力的集中对于学生来说并不是一件好事，中小学生由于思维维度比较单一，非常容易产生滥用权力的现象。"她在上面看班，就会威胁一些人，如果不给她写好人好事，就把他记到那个（纪律不好的学生的）本子上，或者是（通过班级设立的意见箱）投诉他。"（DJDTW51）一些比较有经验的教师看待此问题更加长远，认为打破集中权力于某些学生不仅有利于其他学生感受到平等，同时对拥有权力的学生自身也有益无害。有老师提出："对于一些学生，权力比较集中（在他个人身上），就需要给他分开，这样对这个孩子有好处，要不这孩子将来长大后会人缘特别不好。班里面也有这样的孩子，从那么小他就握着好多的权力，以后，他就学不会和同学平和地交流，虽然他能力很强，但是大家都很讨厌他。"（DJSTZ6）可见尽可能分散学生权力对学生的发展是有利的。

此外，学生之间的平等也可以体现在权力分布之外的方方面面。比如教师的奖励和惩罚。"我们班平等地做事体现在，比如中午吃饭每个人分一份之后剩下一些酸奶、水果、糕点那些东西，按学号奖，就是每个人都有获奖的机会；每一次放学做值日也是每个同学要做的，老师也会尊重所有人的意见。"（DJSSJ6）"有时候我觉得不平等是因为好学生就不用写很多作业，但是我们（成绩不太好的学生）放学之后还要留下来写作业。（DYLSG5）"再如每个学生个体是否有尊严和权利。"无论是学习好还是学习不够好的同学，每人都会有一个自己的意见，他有权利发表出去，他有权利让所有人都知道，他有权利维护自己的尊严，每个人都是相互平等的，这样就是很公平的。"（DNMSG5）

2. 师生眼中的自由

学生认为，在学校中的自主选择本质上就是让学生体验到自由感，就是有一定可以做自己想做事情的权力。在针对一所学校的学生进行焦点访谈中，就有学生将民主理解为自由。"S1：（民主就是）自己想做的一些什么事，就是自由的权利，有自己的权利。S2：对，有自己的权利。S3：有自己的一个空间和选择，不是老师不让你说话，非要控制你，没有自己的自由那种（DYLSL5）。"可以将自主选择分成两部分来理解，一是行动的自主，二是表达的自主。针对行动的自主，一所学校的学生举出了实例，即当有学生希望上操场上玩耍时，就能去玩耍，而不是非要禁锢在教室里，或者有的学生不想去操场上玩耍时，就可以在教室里休息，而不是必须一同外出。关于表达的自主，另外一所学校的学生说："假如说上课的时候，老师问的问题，有的同学对老师的观点有不同的看法，老师也不会说你，不会说你的看法不对，一般都会让我们说出来自己的看法（这样就是民主中的自由）。"（DNMSG5）

在教师看来，民主中的自主选择这一要素是需要审慎对待的，并且学校中禁令的存在也是合理的。比如有老师提出："在学校当中，在楼道里追跑打闹老师要及时制止，甚至要严厉地大声制止，因为楼道里人比较多，这种制止我觉得反而是你对学生的一种尊重，对学生的一种爱护，因为你确实为他的安全、他的学习，以及以后一生的发展负责任。"（DJSTW5）大部分老师认为，传统的价值观是需要宣扬的，是不能改变。"我们培养学生的时候要有一些这样的标准，也有一些大家都认可的品德。优秀品质自古以来就有，如正直、善良、有正义感，有同情心。这是我们公认的，它是不能变的，再比如勤劳，不爱慕虚荣，诚实。"（DJSTW5）对于学生的要求，也应当在统一与松散中达到一个平衡。"大的教育宗旨肯定不会变的，在具体的小的措施上面一定得有变化，因为个体不一样，那采取的方式一定不一样，但是也要让其达到这个班的大致的一个水平，你不能老不一样，是吧？就是我既要分层，还要注意一个统一，就是辩证统一那种。我要提出不同，我还要有相同，否则的话就没法对这部分同学说话。"（DJSTZ6）

不仅是教师，也有学生辩证地看待自主与自由的概念。"每个人的天性里面都含有玩，但是不能每天都玩，不能每天都释放自己的天性是吧？天天不学习，就躺在家里什么都不干，看电视，这就天性。天性就是懒，每个人的天性都有好的有坏的。但是不能不学习，所以有时也需要老师管教。"（DYLSG5）

因此我们认为，通过对教师和学生的访谈可以发现，自由作为民主的核心要素，在教育中的运用是需要慎之又慎的。即使是针对成年人来说，自由也是有限度的，针对未成年学生来说，这种自由限度还应当窄化在教育的范围之中。因此本研究并不提倡对于学生的放任不管，任学生在学校中随心所欲，而是将教育民主中的自由，程序化为拥有一定的自主学习和自主管理的权利，并且在学习过程和学校生活中有一定的选择权。比如在课上解决问题的过程中，可以尝试表达一下与老师不同的想法；在班级收集意见时，可以发表与他人不同的间见解，等等。

3. 师生眼中的参与

谈到民主中的参与时，老师和学生的看法比较一致，包括参与管理的过程、参与教学的过程等。参与的广泛性非常重要，老师和学生都认为应当尽可能地让更多的学生参与到学校的公共事务中。比如有学生提出："每个同学都有自己的职务，平时在班里的话每个人多多少少都有职务，负责擦窗台，负责擦门，负责擦黑板，就是各种职务每个人基本上都有。"（DJSST6）教师也指出，应当尽量让更多学生都能当上班干部，参与集体管理，锻炼提升自己的能力。"等到这个班相对稳定以后让那些班干部最好能够轮换轮换，使那些本来胆就小的孩子也有机会去锻炼锻炼，要不然六年里他们都没有机会为大家服务，那这个孩子的能力就没有在这个集体里边得到一个提高。所以首先要把班上的班务分散开，让每个孩子都有为集体做工作的机会，在这个机会当中锻炼他的能力，也调动了他其他方面的积极性。在这个过程当中确实有能力稍微强一点的学生，有的时候事比较多，就可以让他们去做，然后再有其他孩子协助一下，让大家都动起来，别让那些孩子一直觉得反正我不行，什么都不管，那这个班就没法管理了。"（DJSTL6）在管理的参与方面，不少学生提到"三好学生""班干部"投票选举，以及在班会中对班规的制定发表意见等也属于参与管理的范畴。"民主就是（在管理的时候）以民众的建议为主。以大家的一些建议为主，然后根据大家的建议来策划某件事情。比如刚刚说过的一些，学生发言的那个意见，就是根据我们的意见来修改的。根据我们所有人的意见来改良学校的环境。"（DJDSM5）

　　教育民主中的公共参与不仅有管理的参与，还有关于教学的参与。有学生指出："在一些课上，可以让学生自己当老师，上去讲一些自己要选的课程，自己上去讲。自己搜集资料，自己做PPT，自己讲。"（DJSTZ5）有语文老师在语文课开头"让学生介绍自己假期去过的地方，每个学生轮流讲，每个人都有在班级同学面前发言的机会"（DCZTG4）。通过课堂观察笔者还发现，一些课堂上，只有少数学生通过回答问题的方式参与到教学过程中来，而且学生提出的建议不会被教师采纳；在另一些课堂上，全班大部分学生都可以通过回答问题的方式参与教师的教学，且答案往往被老师采纳。两种课堂上学生的公共参与程度具有明显差异。

　　此外必须说明的是，一些学生和教师也表达了对于公共参与的质疑。比如对于投票的质疑。有学生考虑到管理过程中少数人的权益："比如要选科代表，老师会选几个人问大家同意不同意，不同意的就不要举手，选举手人数最多的那个。但是我觉得有1/3的人觉得这个好，有2/3的人觉得那个好，（最后被2/3的人选的那个当选），那这1/3的人挺憋屈的。"（DCZSZ5）也有学生考虑到教学过程中知识学习中的客观规律。"比如一道正确答案是 B，少数人选的是 B，多数人选的是 C，（这时）你不能说少数要服从多数，你不能说正确答案向错误答案屈服。"（DCZSZ5）

再比如对于参与管理活动的质疑。有老师提出："我认为（学生）当了班干部以后会把以前的坏毛病都改掉了，那是不现实的，一个人毛病的形成'冰冻三尺非一日之寒'。一个人好习惯的养成需要很长时间，一个人坏习惯的形成也需要时间，并不是说一下就变坏了，是不是？所以我就觉得（选择班干部）就是要有一定的标准。这也是一种民主，我们在优秀的人当中选，比如说我推荐三个人，选班长的时候先把标准提出来，同学们再看看符合这个标准的有谁（再进行投票）"。（DJSTZ5）笔者并不完全认同这位教师的观念，尤其是认为小学生的"坏毛病"无法更改的部分，但是对于教育中的民主是一种有条件的民主这一观点是认可的。有学生也提出："就是什么条件下再民主，比如说面前给你摆了很多种东西，给你几种选择，都是好的，这样我可以用民主去选择。但比如说是给你两种选择，一种是好的，一种是坏的，我就觉得肯定是都选好的了。"（DNMSG5）其实学生所谓的"好"，在本质上就是符合教育性的含义，即教育中的民主首先要遵从的是教育性，服务于学生的发展。

设置参与教育公共事务的条件本身无可厚非，但是设置什么样的条件，通过怎样的程序设置条件，是值得深入思考的问题。访谈中有位同学提出："评选三好生就可以投票，对于三好生是有成绩要求的，尤其是体育学科有要求，但是我和我们班另一个同学，我们俩每次成绩都够，但是每次都卡在体育上，以前良好就可以评，但我去年好不容易到良好了，结果（体育成绩的标准）又提到优秀了。"（DJSSL6）如果一个评选条件的设置，其目的更多是筛选和比较，而不是学生的发展，则可以确认它是违反教育民主原则的，因为这种条件既违背了民主性，更违背了教育性。

4. 师生眼中的协商

教育民主中协商的过程要求学生能够跟老师或者其他同学交换自己的意见。在协商民主的课堂上，学生们发表自己的意见并且互相交换："我觉得在课堂上，一个人发表了一个自己的意见，另一个人又发表了自己对他的意见，这样的话，让有一些题变得更灵活，比卷子上那些题都要灵活。所以我觉得民主就是要听从别人的意见，不能自己觉得好，就不让别人说什么了"。（DNMSG5）一些高度民主的课堂上，教师的提问只起到一个抛砖引玉的作用，而学科知识的获得则是通过同学之间的争辩和讨论。如人教版小学四年级的数学课讲到除法中的"约分"，一位同学在回答问题时提出，"60除以30相当于6除以3，因为60和30后面都有'0'，可以把'0'去掉"。另一位同学则对他的观点进行了质疑，"为什么有'0'就可以去掉呢，那100里面有两个'0'，是不是100除以50的时候也要把100的'0'全部去掉呢？"通过讨论，大家发现分子和分母在约分时是应当去掉同样位数的'0'，要除以相同的公约数。在此环节中，教师没有灌输式的传授知识，但学生的认识水平和理性能力通过讨论均得到了提升。

更为重要的是，协商的过程其实能够体现教师的专业权威。在"参与""平等"等要素中，都强调弱化教师的作用，教师只需要做一个辅助者或者服务者即可，但教育民主中"协商"的要素则对教师提出了更高的要求。在协商的框架下，教师要能跟学生有理有据地辩论，通过类似苏格拉底产婆术的方式，引导学生接纳社会所公认的价值观和知识体系。比如在选举班委的时候，老师希望选举优秀的人来当选时，可以向学生陈述理由。"我们班班干部三年级的时候选一次之后，可能每学期或者每年换一次。在换的过程当中，比如有那么三两个孩子总是能当选，这个情况也会形成矛盾，其他孩子说为什么老选他们，我会说老师不愿意老选他们，因为班上的活是不是大家都在干，你可以跟他们竞争。你各方面都比他们优秀的时候，马上就可以把他们换下来换成你。"又如针对学生课间追跑打闹的现象，教师也可以放弃大声喝止的方式，转而采用劝说的方式："平时淘气的学生，有时候老师稍微不注意他就追跑打闹，其实这是他的一种娱乐，老师得理解他。这时候老师要引导他：你给别人一拳头，你说这是和他人的交往。同学之间不能以这种方式去交往。你们可以聊点别的，聊聊天，唠唠家常，拿本书讲讲故事，这些都是交往。"（DJSTZ5）

在协商的氛围下引导学生对教师有多方面的要求。首先教师需要掌握多方面的信息，以便在说服学生的时候获得充分的论证；其次教师需要了解学生的心理，从而在引导学生的过程中选择最佳的方式；最后教师还需要有足够的耐心，相较于直接的压制来说，循循善诱确实要花费更多的时间。从另一方面说，在初始阶段，民主地开展教学或管理确实很难，但如果克服了最初的混乱，充分发挥学生的能动性，建立起良性的民主运行机制，教师将会在今后的教学和管理中更加从容。推行教育民主的教师张鹏飞在《民主在班级》一书中详细描述了自己如何通过民主协商的方式促使学生早到班级上早读一事，对教师和管理者有很大的启发。①

（二）题项来源小结

结合民主与教育民主的相关研究，本研究确立了学校民主治理的研究框架，结合已有实证研究中的量表题项以及本研究中对于教师和学生的访谈，编制了适用于我国中小学生的学校民主治理的调查问卷（初始版）。初始版问卷共有48道题目，原初版量表尝试涵盖学校中所有体现协商民主的领域。为了让读者对题目来源有更直观的感受，部分题项及其来源整理如表4-9所示。

表4-9 量表题目的表述及其来源（部分）

初始题目	题项来源	原题目/现象
学校里的规则对每个人都是公平的	民主氛围量表原题（individual perception of democratic school climate）	The rules in this school are fair
学校中有尊重不同学生个性的氛围	民主特征量表题目改编（Features of democratic administration in schools）	There is respect for individual personality
即使与老师的意见不同，我也会轻松地表达自己的想法	开放课堂量表题目改编（openness of the classroom environment）②	students feel free to express opinions in class even when their opinions are different from most of the other students
我有机会在课堂小组讨论中给出我的想法	课堂环境量表 WIHIC	I give my opinions during class discussions.
学校中有很多禁令	1. 李希贵《为了自由而呼吸的教育》一文中的描述 2. 学校观察	原学校有许多规章制度，但针对学生的条款大多是以"不准"和"禁止"开头的③；在对学校的田野观察中，发现大部分学校都贴有非常醒目的"禁令式"标语

---

① 张鹏飞. 民主在班级 [M]. 北京：红旗出版社，2017：45.

② 量表来源：The center for information and Research on Civic Learning and Engagement (CIRCLE). University of Maryland, School of Public Policy, 2101 Van Munching Hall, College Park, MD 20742. Tel: 301-405-2790; Web site: http://www.civicyouth.org.

③ 李希贵. 为了自由呼吸的教育 [M]. 北京：高等教育出版社，2005：36.

续表

初始题目	题项来源	原题目/现象
犯同样错误时，老师对成绩好和不好的学生惩罚不同	学生访谈	对学生访谈时，学生提出"当成绩好的学生回答错问题时，老师就让她先坐下；如果是成绩不好的学生回答错了问题，老师就让她站着"
班会上我提出的意见会被采纳	教师访谈	不少教师提到会采纳同学们在班会上的建议，"在班会上，会先让同学们提一些建议，然后再归纳同学们的建议"

第三节　学校民主治理的结构验证

本研究通过专家讨论的方式对量表进行了修正，通过主观试测的方式对量表进行了调整。经过信效度检验，修正后的三个量表均具有合理的结构和信效度。

一、量表成型与改进

根据理论基础和访谈文本的提炼形成学校民主治理的4个高阶维度后，开始与具有量表编制经验的专家团队进行磨合编制量表，研究者首先形成一个包含通过观察和访谈形成的题目以及国外已有的相关题目的量表集，然后与专家团队讨论每个题项质量，根据专家对全部题目的评价，继续查找文献资料，回看访谈记录，力求准确删除无关或表意不清题目，寻找更加合适的题目进行替换，如此反复，经过5轮修改，最终获得一致认可的题目。初步形成的量表共计48道题目。

对形成的量表初稿进行主观试测。因本量表的发放对象是四、五年级和初一、初二年级的学生，其中四年级学生作为年龄最小的学生，能否理解量表的题目对研究至关重要。研究对两所学校的12位四年级学生进行了主观试测，发现学生答题状态较好，在答题过程中，仅有1位学生对于1道题目的表征提出了疑问，因此修改了该题表述方式。对主观试测问卷回收统计时，发现有 6 道题目区分度不高，学生选择全部一致，因此予以删除。主观试测采用方便取样的方式。

对形成的量表在 A 区进行试测，研究首先假设学生可以有效区分出班级治理民主、学校治理民主以及教学民主三个不同的内容，但是初测样本发现，学生个体难以有效区分班级管理民主、学校管理民主和教学民主三类不同事务，从学生感知的测量角度上，三类事务的共线性较大。因此在修订问卷和划定新的维度时，本书不对上述三类事务进行区分，在高阶因子上仅在一个维度上拆解，即将学校民主治理的二阶因子分为平等性、自由性、参与性和协商性。

根据访谈结果，将平等性二阶因子分为生生平等和师生平等两个二阶因子，将自由性分为表达自由和行动自由两个二阶因子，将参与性分为参与活动、参与决策和投票选举三个一阶因子，将协商性分为讨论沟通和理性推理两个一阶因子。根据初试的探索性因素分析和验证性因素分析结果，"投票选举"这一从访谈中提炼的一阶维度在"参与性"二阶维度上的载荷低于 0.40，访谈中也发现有部分学生提到投票选举不一定能带来参与感，而本研究中的民主氛围关注的是实质性的民主，因此，将"投票选举"这一维度删掉。另删除其他因子载荷低于 0.4 的题目，共获得 28 个有效题目。

二、量表的信度与效度

在形成问卷后，研究者带领 8 人一行的课题组赴 T 市展开正式调研。共计调研 T 市 3 区 45 所学校。问卷发放过程管理严格，要求课题组成员亲自将试卷交入学生手中，每人负责两个班问卷的发放，发放过程中，课题组人员每人负责 1~2 个班的巡视工作，以最大程度减轻在场教师的干扰，让学生尽可能真实地作答，同时解答学生可能出现的各种问题。问卷当场回收，以保证学生作答的有效性。问卷回收后，在最短时间内对所有问卷按照"学段号-区域号-年级号-班级号-学生编号"的格式进行编码存档，以免遗漏。

（一）研究对象

正式测试的研究对象为 6 012 人，为了建立关系模型，将填答量表题项时所有有缺失值的个案删除，得到有效分析样本数为 3 511 份。性别、学生干部、是否本地生源、独生子女和户口类型等人口统计学特征由学生填答，可能存在缺失值；班级、年级、学段和学校所属区域和特征等由问卷编码所得，没有缺失值。样本的具体情况见表4-10。

表4-10 正式测试样本的分布

	分类	样本量	百分比（%）
性别	男	1 691	48.16
	女	1 734	49.39
	缺失	86	2.45
是否学生干部	是	1 234	35.15
	否	2 184	62.20
	缺失	93	2.65
是否本地生源	是	2 594	73.88
	否	869	24.75
	缺失	48	1.37
是否独生子女	是	1 735	49.42
	否	1 773	50.50
	缺失	3	0.08
年级	四年级	833	23.73
	五年级	980	27.91
	七年级	830	23.64
	八年级	868	24.72
学段	小学	1 813	51.64
	初中	1 698	48.36
学校所处区域	发展优质	1 067	30.39
	发展一般	1 325	37.74
	发展薄弱	1 119	31.87
城市/农村校	城市学校	2 392	68.13
	农村学校	1 119	31.87

（二）项目分析与信度

首先对题目做项目分析，将所有题项按照得分进行高低分组，将得分在前27%的分为高分组，得分在后27%的分为低分组，使用独立样本 t 检验测量高低分组得分差异的显著性，将未达到显著性的题项予以删除。结果显示测试题项的临界比率均在0.01水平上显著，因此保留所有题项。通过探索性因素分析，对于3道因子载荷较低的题目予以删除。

最终版问卷总量表及各分量表的信度如表4-11所示。一般来说，α 系数表明量表中不同题项之间的相关性[1]，体现的是量表测量的可重复性。本研究中学校民主治理量表以及各分量表的信度见表4-11。其中，各分量表的信度超过0.7，总量表的信度超过0.8。量表的信度在可接受的范围内。

表4-11 学校民主治理量表的信度

量表名称	克伦巴赫 α 系数	项数
平等性	0.727	7
自由性	0.714	6
参与性	0.734	6
协商性	0.784	6
学校民主治理	0.893	25

（三）效度分析

将分析的全部个案使用SPSS随机分成两组，一半做探索性因素分析，一半进行验证性因素分析，通过探索性因素分析删除因子载荷过低的题项，通过AMOS软件对题目进行验证性因素分析，建立一个一阶8因子二阶4因子模型，模型的标准化因子载荷结果如图4-2所示。观测变量的载荷值在0.45以上，大部分在0.5以上，说明观察变量的解释率较高。表4-12呈现了学校民主治理一阶因子的标准化载荷。

---

[1] 伯克·约翰逊，拉里·克里斯滕森. 教育研究：定量、定性和混合方法 [M]. 马健生，译. 重庆：重庆大学出版社，2015：132.

表 4-12　学校民主治理一阶因子的标准化载荷

题项	师生平等	生生平等	题项	表达自由	行动自由	题项	参与活动	参与决策	题项	管理协商	教学协商
C1	0.56		C18	0.62		C22	0.50		D7	0.54	
C3	0.52		C20	0.60		C23	0.57		D10	0.67	
C5	0.62		C21	0.77		C27	0.61		D11	0.74	
C10	0.49		C12		0.54	C28		0.71	D12		0.62
C4		0.57	C14		0.52	D4		0.78	D13		0.69
C6		0.72	C19		0.58	D5		0.45	D14		0.76
C8		0.73									

使用 AMOS22.0 统计建模软件对量表的维度进行验证性因素分析，其中，χ^2 值偏大，但考虑到样本量超过 200，且根据 Rigdon（1995）理论，即使用真实数据来评价理论模型时，卡方统计一般的实质帮助并不大，因为其受估计参数及样本数量的影响很大，所以，主要以其他适配度指标作为维度建构是否合理的主要依据。一般而言，在验证性因素分析中，*TLI*>0.9、*CFI*>0.9、*NFI*>0.9、*RFI*>0.9，则表明模型可以合理匹配。上述 4 个指标越接近 1，模型匹配度越好。此外需要汇报的模型匹配度指标还包括 *RMESA*，一般情况下 *RMESA*<0.8 则表明模型可接受，*RMESA*<0.5 则表明模型匹配良好。[①] 表 4-13 显示，学校民主治理量表的 *RMESA*=0.042<0.5，*TLI* 和 *CFI* 指标均大于 0.9，且 χ^2/df=4.100 小于 5，在可接受范围内，因此量表的维度构建较为合理（见表 4-13）。量表的验证性因素分析载荷图见图 4-2。

表 4-13　学校民主治理的验证性因素拟合指数

	χ^2	*df*	*P*	χ^2/df	*TLI*	*CFI*	*RMESA*
总量表	1 168.793	285	0.000	4.100	0.916	0.926	0.042

[①] 吴明隆. 结构方程模型：AMOS 的操作与应用 [M]. 重庆：重庆大学出版社. 2010：10.

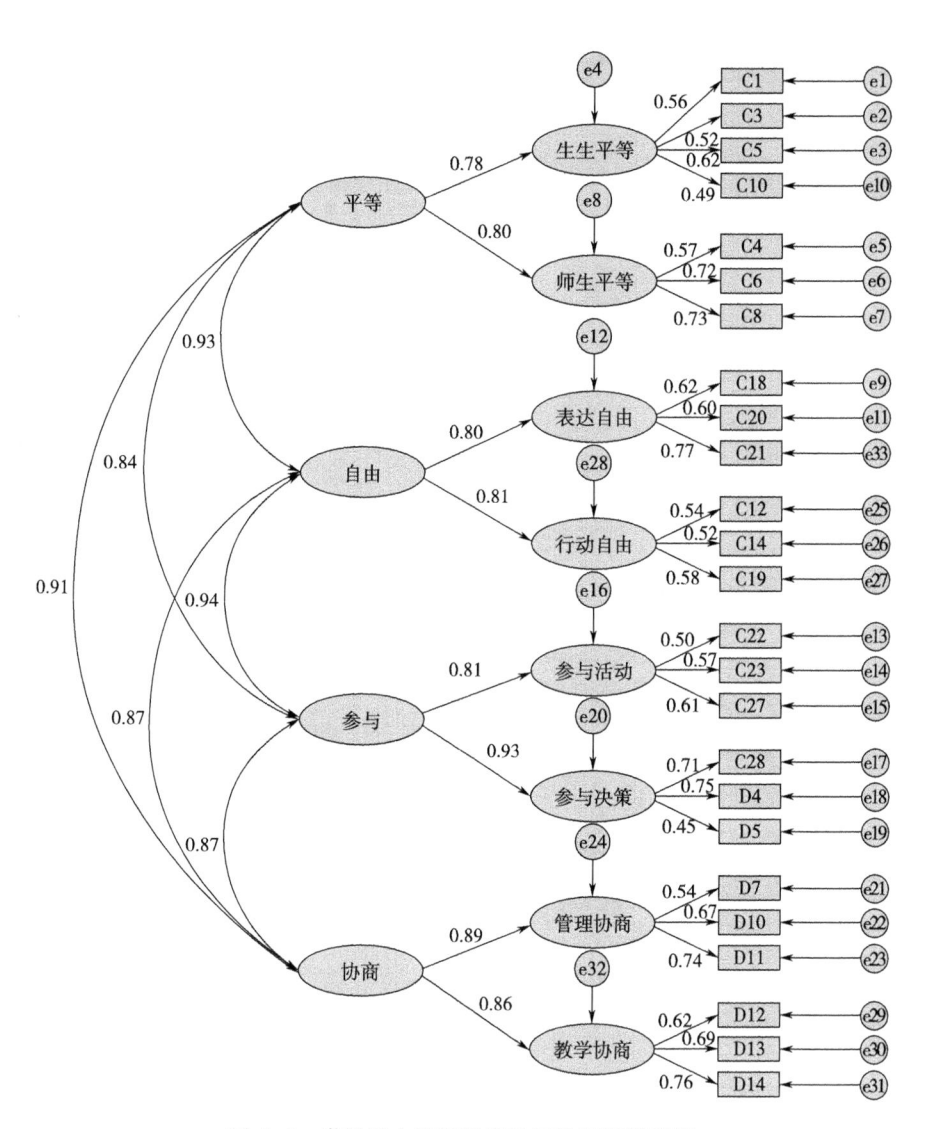

图 4-2 学校民主治理量表验证性因子载荷图

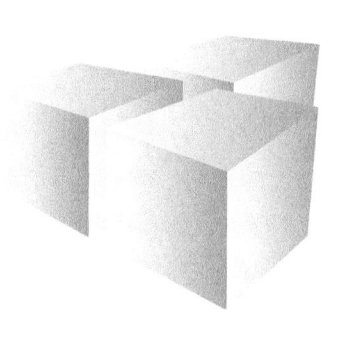

第五章
学校民主治理的特征

本章将结合访谈内容，介绍学校民主治理的整体水平以及各个维度的得分情况；通过差异分析，呈现不同特质的学生对于学校民主治理的差异性，以及不同学校特征下学生对于学校民主治理的不同理解。

从学生的感知来看，当前学校民主治理得分总体上处于中等水平。在二阶因子上，得分最低的维度为自由性维度，3.150分，得分最高的维度为平等性维度，3.815分。在一阶因子上，得分最高的是生生平等因子，平均分为4.166分，其次为教学协商，得分为3.718分，得分最低的是参与决策，平均分为2.943分，次低为行动自由，得分为3.008分，各个量表的得分差异均在合理的范围内（见表5-1）。

表5-1 学校民主治理各维度得分情况汇总

		MIN	MAX	M	SD
平等性	生生平等	1.00	5.00	4.166	0.835
	师生平等	1.00	5.00	3.348	0.967
	维度总分	1.00	5.00	3.815	0.751
自由性	表达自由	1.00	5.00	3.256	0.949
	行动自由	1.00	5.00	3.008	1.059
	维度总分	1.00	5.00	3.150	0.835
参与性	参与活动	1.00	5.00	3.296	1.101
	参与决策	1.00	5.00	2.943	0.960
	维度总分	1.00	5.00	3.216	0.907
协商性	管理协商	1.00	5.00	3.112	1.063
	教学协商	1.00	5.00	3.718	0.964
	维度总分	1.00	5.00	3.415	0.884
总量表		1.00	5.00	3.405	0.690

第一节 平等性的特征

一、生生平等：得分最高

从现状看，生生平等这一维度的得分比较高，是在各一阶因子中唯一得分超过4分的维度，学生感受到自己在学校中被平等对待，说明教师和学校非常注重教育教学中的公平公正。访谈和实地观察的结果与问卷所收集的数据是契合的,在针对学生的访谈中,也发现教师在教育过程中大多都贯穿着"平等"的理念。比如有学生:"有时候老师上课对我们说,对那些学习不好的学生,其实你们都是一样的,平等的,(学习好)就是多加一份努力。"(DNMSG5)在针对教师的访谈中,教师也表示需要平等对待学生以树立威信。如有教师提出:"(虽然有时候作业要分层),但是也必须保证公平公正地对待学生,要不你没法跟另外一部分同学说,说不了话。"(DYLTH5)学校在管理上也要求对所有学生都一视同仁,比如荣誉称号的评比中要求透明公开。"学校有规定,每年9月份9月底10月初这个段要重新选中队长和大队委。"(DJSTW6)尤其是"三好学生"等关键荣誉称号的评选,学校遵循严格的程序正义,保证公平公正的原则,一部分原因其实在于家长的压力,有老师提出:"因为这件事情涉及学生的升学问题,如果不公正选举的话,有时候家长会那个(到学校来找老师、找校长等),那时候就不好说了。"(DJDTZ5)

对生生平等维度进行 t 检验,结果显示,学生干部与非学生干部、男生与女生、本地生源与非本地生源、小学生与初中生之间在生生平等维度的得分有较大差异,学生干部的得分极其显著地高于非学生干部,男生得分显著低于女生,小学生的得分低于中学生。单因素方差分析的结果显示,教育水平优质地区得分极其显著地高于一般地区和薄弱地区,具体差异情况见表5-2。

表5-2 生生平等得分在人口统计学变量上的差异

背景变量	分类	均值	均值差	t值/F值
性别	男生	4.101	−0.132***	−4.644
	女生	4.233		
学生干部	是	4.294	0.088***	3.105
	不是	4.101		
本地生源	是	4.1981	0.107***	3.283
	不是	4.0909		
独生子女	是	4.211	0.088	3.105
	不是	4.123		

续表

背景变量	分类	均值	均值差	t值/F值
年级（四）	五	3.308	-0.104***	10.134
	七	3.526	-0.224***	
	八	3.324	-0.125***	
学段	小学	4.1087	-0.118***	-4.199
	初中	4.2266		
发展水平优质	一般	4.2581	-0.092***	17.897
	薄弱	4.0563	0.109***	

注：*** $p<0.001$，** $p<0.01$，* $p<0.05$。

第一，班干部和非班干部的感知不同。访谈发现了教师的一些"偏向"行为，主要体现在优待班干部，或者"偏向"女生。比如有的老师在学生看来"偏向班长"，有学生提出："我们班的L老师，他特别好玩，他偏向我们班那个连任班长，他还特别跟我们说，他不是偏向那个连任班长。"（DJSSL5）还有的学生对于教师"偏向"与否比较敏感，从教师对待学生的用词中，可以看出端倪。一位学生提出："比如说我是老师，他（指其中一个成绩好的学生）如果答错的话，他就会说不对（客观的评价）。如果是别的学生话，他就会说，你怎么答错了（不耐烦的语气）。"（DJDSJ5）

第二，男女生之间的感知不同。访谈发现，有的男老师对男生比较严苛，"一般老师对男生的惩罚可能会重一些"。当被问到惩罚男生什么时，学生回答道："踹，一顿爆揍。"笔者本以为这只是老师在形式上吓唬学生，但问学生疼不疼时，学生回答道"疼"（DJSSL5）。这或许只是极少数情况，但访谈中发现这一现象确实存在。

虽然存在一定差异，但是该维度得分较高，总体来看，教师基本能够平等地对待学生。在学校要求以及家长的监督之下，教师基本意识到自己应当平等地对待每个学生。在面对形形色色的学生时，作为普通人，教师必然也有自己的喜好，比如喜欢干净整洁、举止得体、聪明机敏、才思敏捷、成绩优秀的学生。面对一个"鼻涕虫"，普通人的第一反应都是抗拒或不喜欢，但是教师应当具备使用第二反应去对待学生的能力，反思自己的态度，明确育人使命，帮助学生成长。

二、师生平等：仍未实现

从问卷调查数据看，学生感知到的师生平等的得分为 3.348 分，低于生生平等的认可得分。结合访谈内容发现，当前教师和学生之间对于师生平等的认可程度存在较大差别。

一方面，教师认为自己的威权比之前显著降低，有些教师认为自己已经成为学生的朋友。"老师跟学生的关系，原来都是老师讲课，还有各方面都是学生的楷模，可能就会让学生感觉距离比较远或者说老师高高在上，但是最近这一段时间已经转变了，老师和学生的关系是非常平等的，老师非常尊重学生，和学生建立了朋友之间的那种关系。"（DJDTZ4）有些教师主动和学生成为"平等"的关系，但有些教师却是迫于无奈，以至于抗拒和学生具有平等的身份。

另一方面，在学生看来，教师还是让他们敬畏甚至害怕的。"不敢"和"害怕"两个词汇在每次学生访谈中都会出现。有学生解释道："在老师讲过的情况下，但还是没有明白，之后再讲，讲完之后，真的不会了，（老师）音量就会放大一些。"问当事人的感受时，学生回答道："就会吓一跳的感觉。"（DNMSZ5）可见由于所处位置不同，学生和老师对于老师管理平等的感受也有很大差异。

将该维度进行独立样本 t 检验，结果显示，学生干部与非学生干部、男生与女生、本地生源与非本地生源、小学生与初中生之间在该维度的得分有显著差异，仍然是学生干部的得分极其显著地高于非学生干部，男生显著低于女生，小学生的得分低于中学生。单因素方差分析的结果显示，教育水平优质地区得分极其显著地高于薄弱地区，具体差异情况见表 5-3。

表 5-3 师生平等得分在人口统计学变量上的差异

背景变量	分类	均值	均值差	t 值/F 值
性别	男生	3.314	-0.077**	-2.337
	女生	3.391		
学生干部	是	3.531	0.099***	2.856
	不是	3.252		

续表

背景变量	分类	均值	均值差	t值/F值
本地生源	是	3.380	0.107***	2.607
	不是	3.282		
独生子女	是	3.395	0.094***	2.856
	不是	3.301		
年级（四）	五	3.309	-0.069	13.729
	七	3.526	-0.286***	
	八	3.324	-0.084	
学段	小学	3.277	-0.145***	-4.467
	初中	3.422		
发展水平优质	一般	3.430	-0.005	26.704
	薄弱	3.174	0.252***	

注：*** $p<0.001$，** $p<0.01$，* $p<0.05$。

在师生平等维度上，班干部的感知高于非班干部的感知，可能由于班干部所具备的个性往往是经过教师筛选后被认可的个性，更加容易受到老师重视。

本研究中的薄弱地区中的学校全部是乡村学校，发展水平优质的地区显著高于薄弱地区，说明师生平等理念在农村或者落后地区普及程度不高，跟城市学校仍然存在较大差距。在调研过程中笔者发现，一些农村学校仍然存在打骂和体罚学生的现象，部分学校教师威权严重。

第二节 自由性的特征

一、行动自由：不被接受

从问卷和访谈的结果来看，学生在校的行动自由受到较大限制。一方面，学校的管理纪律要求严格，在"我可以自由地使用学校的资源（比如图书馆、实验室等）"一题得分为2.60分，有70.1%的学生未选择"符合"或"非常符合"。在笔者调查的学校中，有些学校操场的功能是做操和上体育课，课间或午休时没有学生玩耍，学生在课间也不能随意交谈。访谈中的一些学校老师也表示，课间需要让学生在教室休息或者写作业，即使交谈也要求轻声交谈。这种要求便于管理，但是违背了学生天性，不利于学生的身心健康成长。

在教师看来，纪律和规矩是非常重要的，通过对教师的访谈可以更为清晰地理解教师的心理。当教师被问到课堂上的自由性时，教师的第一反应都是不能忘记纪律问题。个别教师表现出对于"自由"的抗拒。比如当被问到如何看待教学民主时，有教师说："绝对的自由？绝对的自由在这个世界上有吗？如果我们都是随心所欲的，那我们这个社会不就乱成一团糟了。那么这个社会是这样，一个班级呢？……你要有秩序，就要有原则、规矩。"（DJSTL6）"我觉得对学生的要求，严格是对的，我觉得必须得有要求，要不太涣散了，谁想干什么就干什么，那怎么行。那没办法，得有那种秩序，我觉得这挺关键的。"（DYLTW5）

但是这种纪律和规定应当细化到一个什么程度，很少有教师深入思考，比如有老师提出："坐姿呢，我要求孩子，要听课的时候坐直了，老这样趴着，我觉得对脊柱不好，我就让他们坐直了，手背后面，腰板挺直。"（DYLTW5）笔者所观察的学校要求低年级学生在认读时"右手扶书，左手指字"。这两个要求的背后有一定的合理性，比如坐直是保护脊柱，用左手指字可以促进学生右脑的发育。但是教师在采用这些规范时仍然是盲从的，比如教师是否思考过在学生坐直时，为什么要把手背在后面？为什么不能把手放在桌上？比如是不是已经有右脑比左脑发达的同学，可以"左手扶书，右手指字"？偏大的班额和过重的负担，使得教师热爱一刀切式的、效率极高的规范式教学，但是没有给予学生自由和自主的空间。

对行动自由维度进行独立样本 t 检验，结果显示，学生干部与非学生干部、本地生源与非本地生源、小学生与初中生之间在该维度的得分有显著差异，男生与女生间的得分不存在显著差异。具体差异情况见表5-4。

表5-4　行动自由得分在人口统计学变量上的差异

背景变量	分类	均值	均值差	t 值/F 值
性别	男生	2.988	-0.054	-1.489
	女生	3.042		

续表

背景变量	分类	均值	均值差	t 值/F 值
学生干部	是	3.139	0.231***	6.470
	不是	2.942		
本地生源	是	3.038	0.106**	2.544
	不是	2.932		
独生子女	是	3.124	0.231***	6.470
	不是	2.893		
年级（四）	五	2.890	−0.136***	40.256
	七	3.194	−0.440***	
	八	3.209	−0.455***	
学段	小学	2.828	−0.374***	−10.622
	初中	3.202		
发展水平优质	一般	3.132	0.031	65.784
	薄弱	2.715	0.448***	

注：*** $p<0.001$，** $p<0.01$，* $p<0.05$。

第一，初中生的得分显著高于小学生，其原因可能在于，学校一般认为小学生的自控能力较差，需要更多管束，而初中生的自控能力有所增强，可以给予更多的信任。

第二，小学四年级学生的得分显著低于初中一、二年级学生的得分，而初中二年级学生的得分显著低于初中一年级学生的得分。这可能是因为初中二年级的学生即将面临中考的压力，教师的压力较大，因此给予学生的自由也相对较少。有的教师也表达了在低年级阶段要首先树立规矩的想法。"我觉得现在倡导的是老师是一个指导者，小学的孩子，是一个（规矩）从无到有的过程，首先在低年级的时候，就要给帮他养成一个习惯，在养成习惯之后，以后的学习当中，才会有更多自主的空间。我觉得自由都是有规矩的，他是在一个规矩当中才会有自由，所以我在低年级的时候，就给他们养成习惯。"（DYLTM5）

第三，行动自由与区域教育发展水平存在比较密切的联系。不同区域发展水平下，学校管理的自主选择性存在较大差异。以"我可以自由地使用学校的资源"一题为例，单因素方差分析发现，在该题的得分上，教育发展水平优质地区极其显著地高于一般地区和薄弱地区，教育发展水平一般地区的得分也极其显著地高于薄弱地区。通过对不同地区学校的观察，可以发现学生能够自由使用资源与资源的丰富程度存在紧密联系，薄弱地区的资源非常有限，图书馆、实验室资源都很宝贵，因此很难让学生自主使用。但是在发达地区，相关资源则非常丰富，一些资金实力雄厚的学校也不担心设备的磨损甚至损坏，因此可以让学生自主使用。在笔者走访的学校中，有三所学校在一楼大厅摆放着钢琴，其中在两所非常优质的学校中，钢琴可以随意使用，课间时就有学生前来弹奏一番，当作消遣；而在另外一所普通优质学校中，虽然也有钢琴，但是蒙上了厚厚的防尘布，其功能仅供参观者观赏，而不是供学生使用。

二、表达自由：难以普及

学生的表达自由是指有机会表达自己的真实感受和想法，学生的自由和真实表达有助于教师更好地理解学生。学生表达自由维度的得分是3.256，其典型题目如"当我的想法与老师想要的答案不同时，我会回答自己的真实想法"，得分为3.46。课堂上学生的自由表达除了与学生自身的个性特质有关外，还与教师管理的严格程度，以及教师教学设计的多样程度有关。

当教师管理很严格，学生对教师产生畏惧心理时，往往不敢说出心中所想，而是需要猜测老师所想。在学生访谈中，笔者就问卷中的典型题目进行了询问，当问到学生"你是觉得自己必须回答正确答案，还是希望自己只要回答问题就好，错了也没事？"，学生委婉地表示，"如果是老师的话，肯定是想听一下不同的答案，每个同学从不同的角度回答这个问题。但我不想当老师。"当笔者继续追问，"那你现在是希望回答成什么？有没有勇气回答出不一定老师想要的答案？"时，学生坦白地回答，"没有"。（DJSTL6）

将该维度进行独立样本 t 检验，结果显示，学生干部与非学生干部、男生与女生、本地生源与非本地生源、小学生与初中生之间在该维度的得分有较大差异，仍然是学生干部的得分极其显著地高于非学生干部，男生显著低于女生，小学生的得分低于中学生。单因素方差分析的结果显示，教育水平优质地区得分极其显著地高于一般地区和薄弱地区，具体差异情况见表5-5。

表 5-5　表达自由得分在人口统计学变量上的差异

背景变量	分类	均值	均值差	t 值/F 值
性别	男生	3.303	0.007	0.216
	女生	3.296		
学生干部	是	3.501	0.320***	9.193
	不是	3.181	0.065	1.681
独生子女	是	3.335	0.080*	2.378
	不是	3.255		
年级（四）	五	3.263	0.049	0.586
	七	3.287	-0.025	
	八	3.316	-0.004	
学段	小学	3.285	-0.017	-0.513
	初中	3.320		
发展水平优质	一般	3.298	0.066	5.765
	薄弱	3.221	0.143***	

注：*** $p<0.001$，** $p<0.01$，* $p<0.05$。

教育发展水平优质地区，学生的表达自由显著高于薄弱地区。通过课堂观察了解到，这是因为学生的表达自由与教师的教学方式密切相关。

在教师课堂设计结构单一时，学生更难有机会去表述心中所想。课堂观察发现，不少教师设计的问题都预设着唯一固定的答案，由于缺少对于学生生成的预设，如果教师心中的答案没有被学生"猜中"，学生没有回答出那一个"关键词"，教师会不停地请其他学生继续回答，并且通过语言和肢体进行暗示，否则就会不知道如何进入到下一个阶段，这种情况下，教师的问题局限于唯一答案。只有当教师的提问不局限于固定的答案，学生不用去"猜"老师想要的答案到底是什么时，才有机会表述自己通过思考所认为的答案。

教育发展水平优质地区，有更多的教师对课堂进行精细设计，在最新教育理念的带动下，已经有部分教师开始关注学生思维的多样性，让学生思维自由发散，而不必猜测教师预设的"唯一答案"，但是在教育水平发展薄弱地区，一些教师仍然采用传统的教学方式，如在一节英语音标课上，教师通过让学生抄写音标的方式进行教学。在这样本该让学生说出来的语言课上，学生竟然没有发言的机会，更遑论自由表达自己的想法。

第三节 参与性的特征

一、参与活动：面向全体

学生参与活动是指参与学校或者班级组织的活动，得分为3.296分。其典型题目如"我经常参与班级活动"，得分为3.38分。在访谈中，大部分学生表示自己经常参与活动，比如说研学旅行、春游等课外活动。学生提出："像这种春游就不是每年都可以去的，每年学校还会有那种去旅游、游学，然后就是每人发一个通知，同学们就去了。"（DYJSL5）

通过对参与班会活动情况的访谈，发现一些班级根本不开班会，学生更没有机会在班会课上发言，也不会有建议被采纳的机会。比如有一位学生回答道："我们班班会一般都改成语文课了。平时也是。"（DJSSL5）还有的学生回答道："班会（就是上自习），说是班会课，但是全是自习。也有的时候是班会。一学期两次左右。"（DJSSZ6）也有部分教师比较重视班会，放手让学生去组织班会，鼓励学生参与班级的活动。比如有老师提出："开班会，班会由学生自己去设计，然后我指导。平时班里边的问题，平时的班会课，可能说我只是一个引子，引出一这阵子咱们班出现的问题，然后都是学生自己去说，你自己去说你怎么改。平时班里边学校有什么活动的话，一般情况下我都是让孩子们自己决策，比如说我们班板报什么的，还有航空节、体育节，这些东西都是让孩子们自己去弄。像板报，有时候我都不知道是什么主题，然后他们就自己去写。"（DNMT52）

将该维度进行独立样本 t 检验，结果显示，学生干部与非学生干部、男生与女生、本地生源与非本地生源在该维度的得分有较大差异，单因素方差分析的结果显示，教育水平优质地区得分极其显著地高于一般地区和薄弱地区，具体差异情况见表5-6。

表 5-6 参与活动得分在人口统计学变量上的差异

背景变量	分类	均值	均值差	t 值/F 值
性别	男生	3.231	-0.140***	-3.728
	女生	3.371		
学生干部	是	3.616	-0.005	1.972
	不是	3.123		
本地生源	是	3.295	0.107***	-0.126
	不是	3.300		
独生子女	是	3.336	0.074*	1.972
	不是	3.263		
年级（四）	五	3.309	0.048	1.537
	七	3.265	0.092	
	八	3.255	0.103	
学段	小学	3.331	0.071	1.917
	初中	3.260		
发展水平优质	一般	3.303	0.096*	9.807
	薄弱	3.191	0.208***	

注：*** $p<0.001$, ** $p<0.01$, * $p<0.05$。

第一，本地生源的得分显著高于非本地生源，独生子女的得分显著高于非独生子女，猜测可能与学生家庭的支持情况有关，同时与学生自身的能力差异或自我效能感的差异有关，比如，一些非本地生源的学生对自己不够自信，在课堂上的参与不积极，或者说在参与过程中没有取到良好的效果。

第二，教育水平发展优质地区参与活动维度的得分显著高于发展水平一般的地区，极其显著地高于薄弱地区，教育水平发展一般的地区学校管理参与性极其显著地高于薄弱地区处。在农村地区的薄弱学校群体在参与活动维度上的得分最低。该现象可能有两方面的原因，一方面，教师的教学能力越强，则越敢于把班级还给学生；另一方面，教育发展水平更优质地区的学生，也会更有自信参与学校和班级活动。

第三，该维度中学生干部和非学生干部之间没有显著差异，在各维度中比较特殊，说明学生对于学校中教学和管理活动的参与感受不因是不是学生干部而不同，可以猜测参与活动维度已经较好地面向了全体学生。

二、参与决策：偏重"精英"

从问卷调查结果看，学生参与决策的得分为2.943分，在各个维度中得分最低（见表5-7）。这一结果在访谈中也得到了验证。从访谈看，大部分学生参与决策的渠道是不通畅的。

当被问到学生有没有参与学校层面活动甚至决策的时候，有老师的反应十分有趣。提问一位教师"您觉得学生如何参与学校层面的管理？"时，教师迅速回答道"说不好"。停顿了几秒之后，教师答道："我记得有心语栏。可以投递信箱，你对学校哪些事情有什么意见的话都可以投递。"（DNMZT6）笔者特意观察了该校的"心语栏"，发现上面已经蒙上了灰尘。或许学生的反馈更能说明问题。当被问到在学校的时候有没有途径跟老师表达意见时，学生回答："不敢。可能有的时候是怕写检讨。如果我们给学校反映了问题以后，学校可能会让我们班老师写检讨。"（DYLSL5）访谈中一位优等生的回答再次验证了该问题。当被问到，学校那哪些方面会征集大家的意见呢？学生提到："广播。就是每次广播之后都会说一句，如果大家有什么好的意见可以给我们提。"在追问是否有人提时，学生回答："有人说那个舌尖上的文化栏目，最好端上来一盆现成，但不是他说的。其实这个是可以征求大家意见的，但是没有一个人说。"

对参与决策维度进行独立样本 t 检验，结果显示，学生干部与非学生干部、男生与女生、本地生源与非本地生源、小学生与初中生之间在该维度的得分有较大差异。单因素方差分析的结果显示，教育水平优质地区得分极其显著地高于一般地区和薄弱地区，具体差异情况见表5-7。

表5-7 参与决策得分在人口统计学变量上的差异

背景变量	分类	均值	均值差	t值/F值
性别	男生	2.904	−0.094***	−2.864
	女生	2.997		
学生干部	是	3.174	0.083*	1.718
	不是	2.814		

续表

背景变量	分类	均值	均值差	t 值/F 值
本地生源	是	2.967	0.107***	2.204
	不是	2.884		
独生子女	是	2.976	0.056	1.718
	不是	2.920		
年级（四）	五	2.908	-0.071	7.333
	七	3.031	-0.195***	
	八	3.002	-0.166***	
学段	小学	2.875	-0.142***	-4.378
	初中	3.017		
发展水平优质	一般	2.919	0.127***	9.285
	薄弱	2.876	0.170***	

注：*** $p<0.001$，** $p<0.01$，* $p<0.05$。

一方面，在这一维度上，是否学生干部之间的得分差别极大，可见在参与学校决策的过程中，班干部比非班干部的确多了很多机会。普通学生对于班干部选举的影响力也很小。有学生在访谈中提出："（班干部的职务）之前是老师分配的，就是有的职位是不能变的，比如说班长、中队委，还有小组长，它是不能变的，然后英语课代表，品德课代表，还有劳动课代表，美术课代表，也不能变。"当问到为什么这些不能变时，学生的回答让人震惊："因为这些涉及任课老师，要换的话，老师有可能记不住。"（DYLSJ5）甚至有一些学生不满意的班长，也可能在老师的坚持下"连任"。"学生1：最开始那个班长，就是我们男生对他有意见。学生2：而且女生也有意见。学生1：最开始的第一任，他连任了三次还是两次。学生1：他连任了几次，后来就又评选另一个班长，但是那个班长也还是班长。现在就是两个班长在管。"当笔者追问为什么大家对他有意见，他还会连任呢？学生回答道："看他上课回答问题积极。"而男生的意见在于："那个班长只管男生，不管女生，我们男生觉得很不公平，就对他有意见，就不选他了。"（DJSSM5）虽然没有选他，班长管理的公平性也没有得到提升，但是班长仍然在老师的坚持下连任了。

分析学生的访谈的可见，不同班级之间的学生公共参与水平差距很大。比如，在班规的制定上，有的班级学生根本不知道班里有"班规"，当问到"我们班里面有没有班规时"，学生回答："没有定过。"另一位学生补充道："我们班班主任老是不让我们班同学追跑打闹什么的，但是我们班同学还是违反。老师不在的时候，我们有几个男生就会跑外面去追跑，上三层、四层，然后再跑下去。还有跑到操场上去了。"（DJSSL5）有的班级的班规是在老师宣读、同学同意的情况下制定的，这样的班规效果就会好很多。比如有同学说："（我们班的班规）是班主任和同学们一起定的，比如老师说早读的时候大家应该注意什么，然后同学们举手，同学们也觉得可以接受，老师觉得合适的老师就记下来，到时候发成电子版打印出来然后贴在墙上。因为都是同学们提出的，所以我们都觉得没问题"。（DJSSZ6）"有一次班会的时候，老师进来说，同学们，今天我们来说一下我们的纪律，因为我们有的时候纪律特别不好，这样下去可不行，我们下面来定制一个（班规），关于咱们班整个的纪律问题。然后就开始说，老师说了几条。学生：然后就让同学举手回答问题，怎么样才可以让我们班的纪律有所好转，讨论出来一个这样的条例。学生：这个是起作用了。学生：对，我们班的纪律，和原来相比，要好很多了。"（DNMSG5）

年级和学段对于学生参与决策的得分也有显著影响。教师在访谈中也提到了在管理中对待不同年级学生的差异。

第四节　协商性的特征

一、管理协商：萌芽初现

在学校领导或班主任就学校事务与学生进行讨论等协商行为方面，维度得分是 3.112 分，大部分学生都没有跟领导层面沟通交流或讨论的机会。只有个别中层领导能与学生友好交流，访谈中有一所学校的学生提出："邱老师是我们学校的主任，平时非常平易近人，像我们的朋友一样，所以说有什么事情，我们都跟邱老师说，我们讲的时候，他会倾听，邱老师会给我们一个满意的答复。"（DNMSC5）但是这仍然是少数现象，一些校长连教师的声音也不倾听，遑论与学生交流讨论了，学校中层以上干部与学生对话的窗口，对于学生来说似乎一直是关闭着的。

班级中教师和学生就一些事务上的讨论,有时可以对学校层面协商的缺失做出必要的补充。有学生在访谈中提出:"(学校一般不让午休的时候在操场上玩耍),那一段时间,我们中午写完作业之后,鲁瑞星(一位同学)去求班主任让我们中午出去玩。就是瞎逛去,有些人觉得傻,就可以自己回来,现在是期末了就不能去了。有时候老师会问,你们谁想待在这儿,谁想出去玩,跟我们商量这个事情。"(DCZST5)

对协商行为维度进行独立样本 t 检验,结果显示,男生与女生、本地生源与非本地生源、小学生与初中生之间在该维度的得分有较大差异,单因素方差分析的结果显示,四年级学生的得分显著低于高年级学生,具体差异情况见表5-8。

表5-8 管理协商得分在人口统计学变量上的差异

背景变量	分类	均值	均值差	t 值/F 值
性别	男生	3.052	-0.119***	-3.296
	女生	3.172		
学生干部	是	3.291	0.281***	7.466
	不是	3.010		
本地生源	是	3.109	-0.017	-0.401
	不是	3.125		
独生子女	是	3.100	-0.026	-0.710
	不是	3.125		
年级(四)	五	3.030	-0.012	11.750
	七	3.286	-0.268***	
	八	3.131	-0.113*	
学段	小学	3.024	-0.183***	-5.123
	初中	3.207		
发展水平优质	一般	3.061	0.080	2.527
	薄弱	3.146	-0.005	

注:*** $p<0.001$,** $p<0.01$,* $p<0.05$。

首先，四年级到七年级学生协商行为得分的提高是因为随着年级的增高，学生的理性增强，协商的行动力增强。而八年级学生得分有所降低可能是因为教师面临着中考的压力，转而开始向学生灌输知识点。

其次，协商行为维度在教育发展水平不同区域不存在显著差异，这说明无论区域发展水平如何，班级中都存在师生就事务讨论交流的氛围，而班主任也已经意识到应该给予学生更多表达自己见解的机会。与学生沟通班会的主题、了解其对班级管理的建议也有助于增进班主任对学生的了解，有利于班主任更好地开展班级管理工作。

二、教学协商：深度不足

从量表得分来看，协商对话维度的得分为3.718分，可见教师已经具备针对内容的协商意识。但是整理学生的访谈资料发现，师生对话协商可能由于学生的沉默而随时终止，也就是说，学生可能在教学过程的各个环节，因为看不到沟通的希望而停止与教师的交流讨论。比如在对话的发起环节，许多学生可能根本不会想到开展与教师的对话。当被问到"你们会不会有时候给老师提一些（建议），就是说老师你可以这样教我们，可能我们更能听懂，这种建议会提吗？"时，学生非常干脆地回答："不会。"（DJDSG4）有的时候教学协商终止在试图与教师沟通的初期，比如有学生提出："有时候，比如说老师留的（作业）太多了，我们班同学可能就会唉声叹气，我们班老师说你们如果再叹气我就再多留一点。"（DJSSL6）也可能终止在与教师进行交流之后，比如有两位学生在访谈中向研究者讲述了与教师交流后，放弃与教师争辩的情况。

"S1：上学期，老师说了一段话，表达了（课本上）这个人的一个感情，对什么什么的感情，但是我觉得还有另一个感情，然后我就说出来那个感情，然后老师就会给我们讲为什么老师说的那个更好。

问：那你认可了吗？

S1：表面上非常认可，心里有一些疑惑。

S2：我也是。

S1：有的时候老师讲的那个明明跟我说的不是一个意思，但是老师是那么想的，然后就有点别扭。"（DJSSW6）

从学生的表述可知，这位学生试图就教学内容与教师进行交流和争辩，教师也针对学生的回答进行了解释，但是教师的解释显然并没有扭转学生的认识，而学生也没有再继续表明自己的态度，只是"装作"接受了教师的解释，从而终止了这个本可以非常有意义的教学争论。

对教学协商维度进行独立样本 t 检验，结果显示，学生干部与非学生干部、男生与女生、本地生源与非本地生源、小学生与初中生之间在该维度的得分均有显著的差异，单因素方差分析的结果显示，不同年级和不同区域发展水平的学生的得分也存在显著差异，教育水平优质地区得分极其显著地高于一般地区和薄弱地区，具体差异情况见表 5-9。

表 5-9 教学协商得分在人口统计学变量上的差异

背景变量	分类	均值	均值差	t 值/F 值
性别	男生	3.685	−0.080**	−2.440
	女生	3.765		
学生干部	是	3.904	0.113***	3.566
	不是	3.621		
本地生源	是	3.755	0.107***	3.000
	不是	3.642		
独生子女	是	3.778	0.117***	3.566
	不是	3.662		
年级（四）	五	3.701	−0.125***	12.058
	七	3.854	−0.279***	
	八	3.746	−0.170***	
学段	小学	3.642	−0.156***	−4.819
	初中	3.799		
发展水平优质	一般	3.831	−0.043	36.660
	薄弱	3.518	0.270***	

注：*** $p<0.001$，** $p<0.01$，* $p<0.05$。

首先，男生的教学协商得分低于女生。有研究表明，女生在沟通技能上显著高于男生。[1]

其次，学生干部的教学协商得分显著高于非学生干部。这一原因可能与

---

[1] 李改. 中学生领导力：结构及其相关影响因素的作用机制[D]. 武汉：华中师范大学，2014.

学生干部的学习能力更强、更敢于在教学过程中与老师进行探讨有关。比如当问到"当老师出错的时候你会怎么办"时，有一位学生干部就提到"可以提醒老师这里写错了（做错了）"（DCZTZ5），而另一位非班干部学生则只是摇头笑了一下，拒绝回答这个问题。

最后，小学生的教学协商得分显著低于初中生，四年级的协商感知得分最低。八年级学生得分有所降低可能是因为教师面临着中考的压力，转而开始向学生灌输知识点。

总体来说，可以推断，教师已经意识到需要为学生创造表明主张和解释见解的机会，也意识到需要使用交流沟通的方式来增进学生的知识，在一些简单的问题上也尝试向学生解释，但是从访谈看对话协商的过程仍然不完整，并且随时可能会由于学生的沉默而中断。

第六章
学生创新能力的特征

21世纪的国力竞争归根结底是创新型人才的竞争。创新人才培养的关键在基础教育阶段，中小学生创新能力的现状如何，教育教学过程中的哪些因素可能影响学生创新能力的发展，是本研究关心的问题。本章将首先介绍测量学生创新能力的量表的修订过程以及结构指标，接着呈现学生创新思维和创新人格的现状与差异，最后探讨学生个体特征对学生创新能力的可能影响。

第一节 学生创新能力的构成及测量

创新能力不是一种单一的能力，培养创新能力的关键在于激发创新思维和养成创新人格两个方面。本研究采用自评量表的方式，以学生创新人格和创新思维两个因素为创新能力的操作性变量测量来学生的创新能力。其中创新人格采用修订的威廉斯创造性倾向问卷，创新思维采用改编的创新思维自评量表。

一、创新思维量表

创新思维过程是一种将个体所认知和所联想的所有元素重新整合的过程，创新思维是形成创造力产品的关键。对学生创新思维和创新人格的整合测量将更加全面体现出学生的创新能力水平。

（一）量表的改编过程

1. 采用自评量表代替测验的可行性

国内国外大部分心理学研究，多采用测验的方式测量学生的创新思维，这种测验类似考试，要求在规定时间内，让学生回答相应的问题，试卷回收后，对学生的回答从流畅性、灵活性、独创性、精细化四个维度进行评分，以获得学生创新思维的情况。在测验的分类上，这种测量方式属于最佳表现测验，认为学生在考试时的表现可代表其创新能力的生成。只有少部分的测量采用典型表现测验，用学生自评的方式测量学生的创新思维。

本研究采用自评量表测量学生的创新思维，原因如下：从现实情况看，开展测试的难度很大，如果进行最佳表现测试，则需要学生抽出一节课的时间回答问题，而且由于本研究的研究问题较多，试卷中还有其他的量表题目需要学生完成，如此一来，会导致试测时间过长，教师难以操作，可行性不高。此外，试测时间过长也会使得学生在答题过程中失去耐心，导致自变量量表部分信息不完整。从研究基础上看，已经有研究通过自评量表的方式测量学生的创新思维，并且取得了比较可靠的结果，因此使用自评量表测量学生创新思维是可行的。

2. 创新思维自评量表的题目来源

托兰斯将创新思维分为流畅性、灵活性、独创性、精细化四个维度[①]，这是创新思维测验中使用最广泛的分类方式。阿贝迪（Abedi）于2000年开发的Abedi Test of Creativity（ATC）是一个依据此维度进行分类的创造思维自评量表（虽然被误命名为测验），常用来测量西方国家青少年的创新能力水平。国内采用自评量表的比较少，主要是骆方和刘彩梅在2003年和2006年的学位论文中编制的创新思维自评量表，前者将创新思维划分为10个维度，后者将创新思维划分为17个维度。[②] 这两个研究的共同问题是量表维度过多，造成题目数量的膨胀，在验证过程中也存在困难；优势是其中的一些具体题项值得借鉴。

综合考虑量表维度的成熟性、量表题项的数量以及试测的难易程度，本书采用国际上最为流行的四个维度的划分方法，结合国内自评量表的题项，对ATC量表进行改编，获得初始的创新思维自评量表。

（二）量表的结构验证

创新思维初始量表编制完成后，组成专家组对量表进行讨论，之后选了12名学生进行主观试测。对12名学生理解有困难的题目以及全部选择一致的题目进行了剔除。使用SPSS进行探索性因子分析，发现B25、B30、B36的因子载荷低于0.4，予以删除，使用AMOS开展验证性因子分析对量表进行验证，发现B31的因子载荷低于0.4，予以删除。调整后的创新思维模型标准化载荷见图6-1，所有题目标准化系数在0.46~0.80，题项的解释力较好。

模型拟合指数见表6-1。一般而言，$RMESA$受样本量的影响较小，可以以该适配度指标作为维度建构是否合理的主要依据。[③] 一般情况下，$RMESA<0.8$则表明模型可接受，$TLI>0.9$，$CFI>0.9$则表明模型可以合理匹配。表6-1可见，各指数基本满足适配度要求，模型可接受。

[①] Torrance E P. Predictive validity of the Torrance Test of Creative Thinking [J]. The journal of creative behavior, 1972 (4): 236-262.

[②] 骆方. 中学生创造性思维能力测评问卷编制 [D]. 北京：北京师范大学，2003；刘彩梅. 中学生创造性思维能力量表的编制及相关研究 [D]. 北京：北京师范大学，2006.

[③] Marsh H W, Balla J. Goodness of fit in confirmatory factor analysis: the effect of sample size and model parsimony [J]. Quality and quantity, 1994, 28 (2): 185-217.

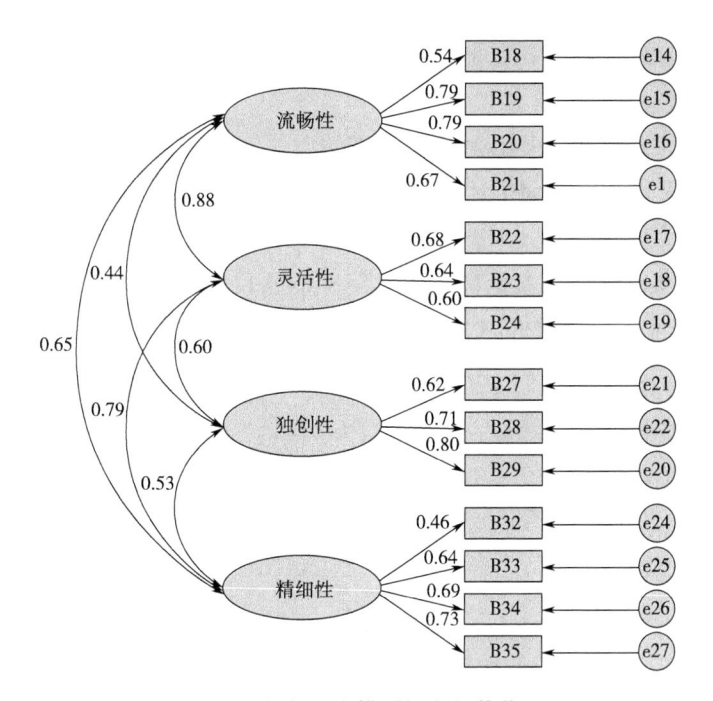

图 6-1 创新思维模型标准化载荷图

表 6-1 创新思维量表的拟合指数

	χ^2	df	P	χ^2/df	TLI	CFI	$RMESA$
创新思维	595.546	71	0.000	8.388	0.914	0.933	0.065

二、创新人格量表

（一）量表的修订过程

创新人格的量表题目来源于威廉斯的创造性人格倾向量表。因为在实际发放问卷的过程中，学生答卷时间不宜过长，否则难以操作，而本研究中所涉及的量表内容较多，因此需要对量表进行删减。

删减的方式是通过专家圆桌讨论。研究请了 5 位比较了解创新能力的研究人员对问卷进行投票，保留获得票数较多的题目。对票数较少的题目进行讨论，在不影响量表结构的前提下进行删除。原始量表的冒险性、挑战性、好奇心和想象力 4 个维度分别有 11、12、14、13 道题目，讨论后形成的量表共有 24 道题目，各维度分别由 6 道题目。量表形成后，问卷挑选了 12 名学生进行主观试测。对 12 名学生理解困难的题目以及全部选择一致的题目进行了剔除。剔除后的量表每个维度保留了 5 道题目，共计 20 道题目。

(二) 量表的结构验证

对量表进行初测，采用主成分分析的方法进行探索性因素分析，按照威廉斯的创新人格维度量表的维度数量，将维度固定为 4 个维度，发现其中部分题目的因子载荷过低，因此将 B4、B6、B11、B14 予以删除，删除后保留 16 道题目，将验证性因素分析中载荷偏低的题目删除，每个维度删减至 3 道题目，共 12 道题目。根据 M.I 值修正后，形成的量表的因子载荷和模型如图 6-2 所示。各因子的载荷均在 0.40 以上，量表具有较好的结构效度。

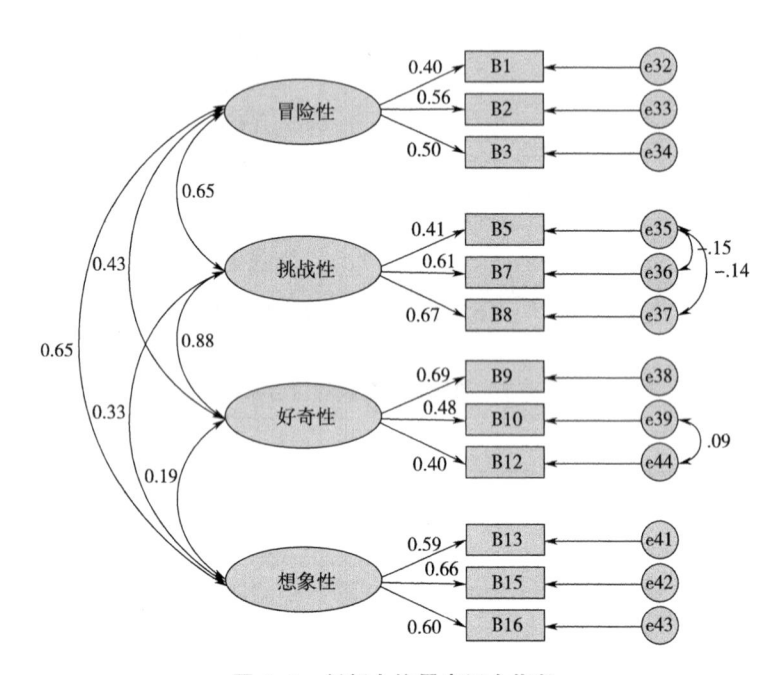

图 6-2 创新人格量表拟合指数

量表的拟合指数见表 6-2，其中 *CFI* 和 *TLI* 值均大于 0.9，*RMESA* 值小于 0.8，模型的匹配指数在合理范围内，量表具有较好的结构效度。

表 6-2 创新人格量表拟合指数

	χ^2	df	P	χ^2/df	TLI	CFI	RMESA
创新人格	434.917	47	0.0000	9.254	0.919	0.951	0.045

第二节　学生创新能力的现状与差异

根据本书的界定，学生的创新能力包括创新思维和创新人格两个方面，本节将分别介绍学生创新思维和创新人格的现状及差异。

一、学生创新思维的现状及差异

从数据情况来看，当前中小学生的创新思维得分处于中等略微偏上水平，平均分为3.383分，占创新思维总分满分的67.7%，也就是说在百分制测验中，中小学生的创新思维总分为67.7分左右（见表6-3）。作为一个新的量表，该得分在国内没有标准化常模作为参照。国外使用ATC3点式量表测验的结果的平均分在2.3分左右，达到总分的77%。[1] 排除5点式量表和3点式量表的得分差异，我国中小学生的创新能力目前还需提升。

表6-3　创新思维各维度及总分得分统计表

维度	MIN	MAX	M	SD
流畅性	1.00	5.00	3.478	0.870
灵活性	1.00	5.00	3.348	0.932
独创性	1.00	5.00	3.316	0.990
精细化	1.00	5.00	3.367	0.919
总分	1.00	5.00	3.383	0.710

通过独立样本t检验和单因素方差分析，探索学生的创新思维水平在不同性别、年级、学段、是否学生干部、是否本地生源、是否独生子女以及学校所属教育发展水平方面的差异，得到的差异结果摘要表整理如表6-4所示。

从性别的差异看，男生的创新思维得分显著低于女生（$t=-2.482$，$P<0.001$），从学段差异上看，小学生的创新思维水平显著高于初中生（$t=5.499$，$P<0.001$）。有关创新思维的性别差异与国外神经科学方面对于青少

---

[1] Auzmendi E, Villa A, Abedi J. Reliability and validity of a newly constructed multiple-choice creativity instrument [J]. Creativity research journal, 1996, 9 (1): 89-95.

年创新思维的已有研究结论相契合。①

表6-4 不同人口学变量创新思维水平差异

背景变量	分类	均值	均值差	t值/F值
性别	男生	3.356	-0.060*	-2.482
	女生	3.416		
学生干部	是	3.624	0.376***	15.424
	不是	3.248		
本地生源	是	3.402	0.061	2.200
	不是	3.341		
独生子女	是	3.445	0.120***	5.006
	不是	3.325		
年级（四）	五	3.436	0.024	11.750
	七	3.325	0.135***	
	八	3.307	0.153***	
学段	小学	3.447	0.131***	5.499
	初中	3.316		
发展水平优质	一般	3.412	0.092***	41.634
	薄弱	3.235	0.268***	

注：*** $p<0.001$，** $p<0.01$，* $p<0.05$。

分学段来看，不同性别学生的创新思维差异，在小学阶段男生显著地得分低于女生，在初中阶段男女生间没有显著差异，初中阶段男女生创新思维的差异不显著这一结论与刘桂荣博士论文中已有的研究结论相契合。②

从学段上看，小学生的创新思维水平显著高于初中生，具体到各年级，四、五年级学生的创新思维得分不存在显著差异，七、八年级学生的得分不存在显著差异，但七年级学生的得分存在明显下降。托兰斯对创新思维测验

---

① Abraham, Anna. Gender and creativity: an overview of psychological and neuroscientific literature [J]. Brain imaging and behavior, 2016, 10（2）：609-618.
② 刘桂荣．中小学生创造思维的发展特点及影响因素研究 [D]．济南：山东师范大学，2013.

的研究显示,学生的创新能力约在十二三岁时会出现下降。[1] 这一年龄阶段恰好是当前小学升入初中的关键年龄。

在上述分析的基础上,对年级与学生性别进行交互效应分析,结果显示,在初中阶段,年级与性别的交互影响不显著,在小学阶段,年级与性别存在交互影响,女生从小学升入初中,其创新思维水平的下降值极其显著地高于男生(见图6-3。其中年级1代表四年级、2代表五年级、3代表七年级、4代表八年级)。

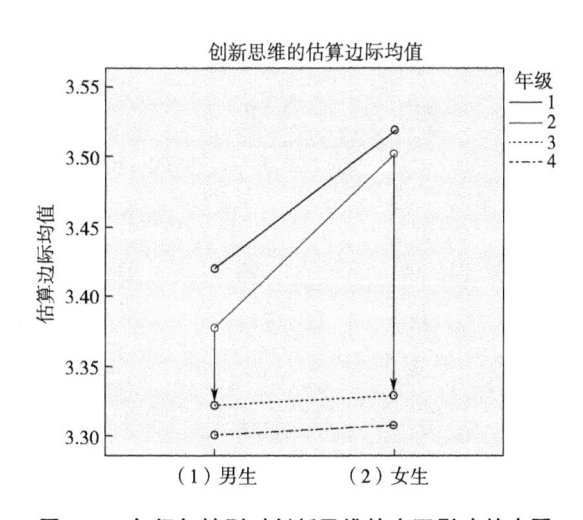

图 6-3 年级与性别对创新思维的交互影响效应图

(一)流畅性:男生更好

流畅性维度是创新思维的四个维度中得分最高的维度。其中得分最高的题项是"老师讲新知识时,我能很快联想到与之相关的旧知识",为3.52分,标准差为1.112。流畅性维度在人口背景变量上的差异性见表6-5。

表 6-5 创新思维流畅性维度在人口统计学变量上的差异

背景变量	分类	均值	均值差	t 值/F 值
性别	男生	3.518	0.073*	2.455
	女生	3.446		

---

[1] Torrance E P. Creativity and infinity [J]. Journal of research and development in education, 1971 (4): 35-41.

续表

背景变量	分类	均值	均值差	t值/F值
学生干部	是	3.777	0.467	15.596
	不是	3.310		
本地生源	是	3.508	0.106**	3.112
	不是	3.402		
独生子女	是	3.563	0.164***	5.567
	不是	3.399		
年级（四）	五	3.591	0.016	24.711
	七	3.364	0.243***	
	八	3.334	0.272***	
学段	小学	3.598	0.250***	8.580
	初中	3.349		
发展水平优质	一般	3.495	0.113**	28.516
	薄弱	3.332	0.277***	

注：*** $p<0.001$，** $p<0.01$，* $p<0.05$。

从差异上看，首先，流畅性维度是唯——个男生得分显著高于女生的维度（$t=2.455$，$p<0.05$）。虽然男生在创新思维的其他维度得分均显著地低于女生，创新思维的总得分也低于女生，但是如果不考虑质量，仅考虑速度，男生在"想得快"方面具有较大优势。这与许多老师上课时的感受相契合。"一般来说，男生比女生要活泼一些，他们敢说，敢表达想法，不管说得对不对，都要更勇敢一些。像我们班一些女同学，比较安静，就喜欢把问题从头到尾想清楚了再说话，这也是（男女生）性格的差异。"（CCZTW6）一个跨群体研究指出，性别与教育年限在流畅性维度上存在交互作用，其研究发现，在中小学阶段男生思维的流畅性高于女生，但是对于受过大学教育的人来说，女生创新思维的流畅性高于男生。[①]

学生干部的得分仍然极其显著地高于非学生干部（$t=15.596$，$p<$

---

① Matud M P, Rodríguez C, Grande J. Gender differences in creative thinking [J]. Personality & individual differences, 2007, 43 (5): 1137-1147.

0.001)。小学生极其显著地高于初中生（$t=8.595$，$p<0.001$）。可能随着年级的增高，学生越来越不注重思考的速度，转而开始注重思考的独特性和准确性。

发展水平优质地区学生的思维流畅性显著高于一般地区，极其显著地高于薄弱地区（$F=28.516$，$p<0.001$），说明学生思维敏捷性与教育发展水平存在显著相关。同时思维流畅性也受到家庭背景的影响，独生子女和本地生源家庭的学生思维流畅性显著高于非独生子女和非本地家庭的学生。

此外，性别和年级的交互作用显著（$F=3.984$，$p<0.05$）。在小学阶段，女生在流畅性维度的得分以微弱的优势高于男生，但是不存在显著差异（$t=0.375$，$p>0.05$），随着学段的变化，女生在流畅性方面得分下降的速度显著高于男生（见图6-4）。托兰斯的研究团队发现，儿童在6岁和13岁时创造性发散思维会暂时衰退，而学校相关环节尤其是学校中的规章制度等约束性可以解释这种衰退。[1] 本研究的结论对此结果进行了印证。

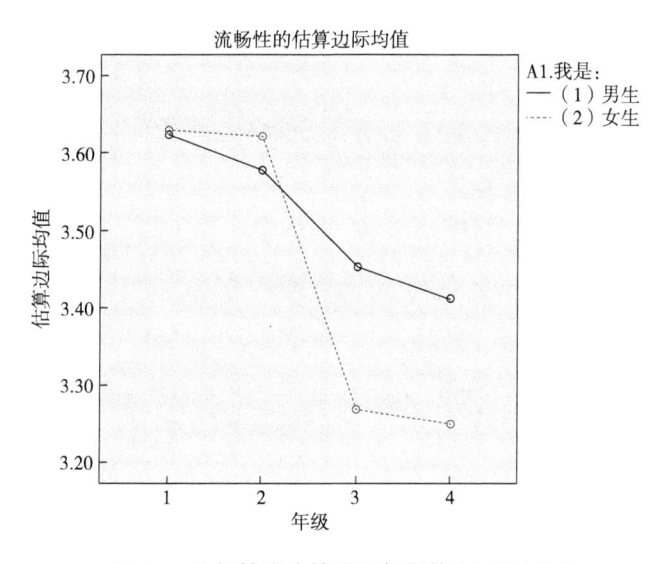

图6-4 流畅性维度性别和年级的交互作用图

（二）灵活性：随年级下降

在许多测量发散思维的测验中，有一种图形任务测验，测验者在测验纸

---

[1] Torrance E P. Creativity and intelligence：explorations with gifted students, by Jacob W, Getzels, Phillip W Jackson [J]. Wiley, 1962, 77 (1) .

上呈现出许多圆形图案,要求学生在有限时间内在圆形的基础上作画,并通过学生作画的数量和质量来评价学生的创新思维水平。灵活性维度有3道题目,其中,"看到一个圆形,我能联想出很多生活中的事物"一题即根据此测验过程改编,得分为3.52分,标准差为1.287;另外两道题目是结合学生在校的实际生活,对这一题目的延伸和演绎。

从差异上看,男女生在创新思维的灵活性维度上没有显著差异,教育发展水平优质和一般的地区学生创新思维的灵活性也不存在显著差异。

小学生的灵活性维度得分极其显著地高于初中生（$t=8.595$, $p<0.001$）,学生干部的得分极其显著地高于非学生干部（$t=10.810$, $p<0.001$）,独生子女显著高于非独生子女（$t=3.075$, $p<0.01$）（见表6-6）。

表6-6 创新思维灵活性维度在人口统计学变量上的差异

背景变量	分类	均值	均值差	t值/F值
性别	男生	3.348	−0.001	−0.019
	女生	3.349		
学生干部	是	3.572	0.353***	10.810
	不是	3.219		
本地生源	是	3.354	0.009	0.251
	不是	3.344		
独生子女	是	3.399	0.097**	3.075
	不是	3.302		
年级（四）	五	3.447	0.031	19.553
	七	3.261	0.216***	
	八	3.195	0.283***	
学段	小学	3.462	0.234***	7.498
	初中	3.228		
发展水平优质	一般	3.386	0.049	16.009
	薄弱	3.222	0.212***	

注: ***$p<0.001$, **$p<0.01$, *$p<0.05$。

在灵活性维度上,性别与年级也存在交互作用,无论是男生还是女生,灵活性得分都随年级的增高而下降,女生在初中阶段思维的灵活性维度下降速度更快(见图6-5)。

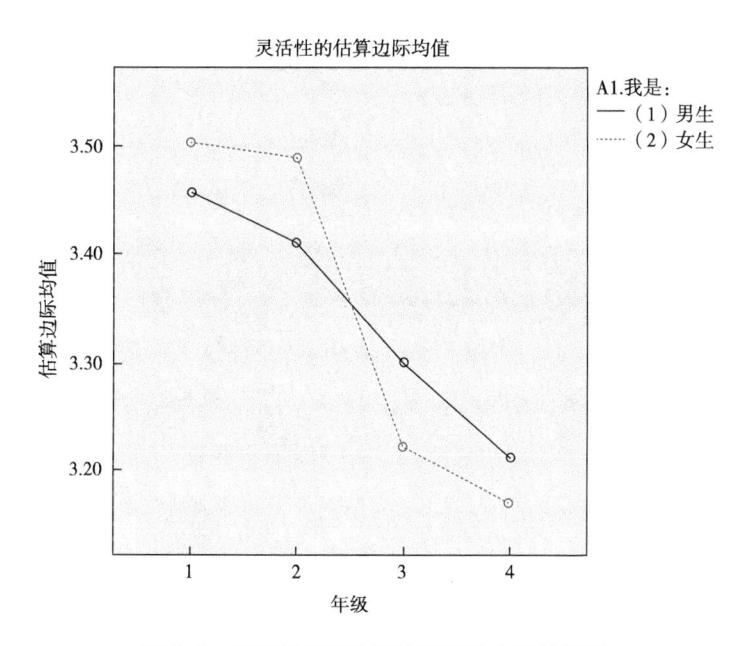

图6-5 灵活性维度性别和年级的交互作用图

(三) 独创性:亟待加强

在创新思维的四个维度中,我国中小学生在独创性维度上得分最低,这与我国采用测验方式测量学生创新思维的研究结果相契合。[①] 但在国外的类似研究中,独创性往往居于4个维度中得分靠前的位置。[②] 根据创新能力的规范性界定,创新能力是指生产出新颖且有用的产品的能力。其中"新颖"指产品的独创性。思维的独创性是创新思维的关键一环,在创新思维4个维度中最具代表性。因此,必须重视中小学生思维独创性水平的培养和提升。见表6-7。

---

① 任菲菲. 中小学生创造力的发展及其与家庭因素和自主性动机的关系模式 [D]. 济南:山东师范大学,2017.

② Auzmendi E, Villa A, Abedi J. Reliability and validity of a Newly Constructed Multiple-Choice Creativity Instrument [J]. Creativity research journal, 1996, 9 (1): 89-95.

表 6-7 创新思维独创性维度在人口统计学变量上的差异

背景变量	分类	均值	均值差	t 值/F 值
性别	男生	3.351	0.061	1.800
	女生	3.290		
学生干部	是	3.466	0.236***	6.736
	不是	3.230		
本地生源	是	3.336	0.071	1.843
	不是	3.265		
独生子女	是	3.357	0.082*	2.443
	不是	3.275		
年级（四）	五	3.258	−0.046	8.555
	七	3.378	−0.166***	
	八	3.421	−0.208***	
学段	小学	3.237	−0.163***	−4.890
	初中	3.400		
发展水平优质	一般	3.339	0.059	10.580
	薄弱	3.209	0.189***	

注：*** $p<0.001$，** $p<0.01$，* $p<0.05$。

虽然从创新思维的总分上看，小学生的得分显著高于初中生，但是在独创性维度上却是例外，初中生在独创性维度上的得分极其显著地高于小学生（$t=-4.890$，$p<0.001$）（见表 6-9）。在其他维度上则完全相反。这与学校中自由性维度的差异相一致，即都是小学生的得分弱于初中生的得分。这可能是因为小学生时期，学校和教师非常讲究纪律和统一，到初中阶段，学生的个性开始觉醒，开始追求与众不同，而教师针对学生发展的特点，在教学和管理上也更加尊重学生的意愿和个性。

在性别的差异方面，中小学生在独创性维度的得分不存在显著差异。但是性别与年级的交互作用显著（见图 6-6）。在小学到初中一年级的阶段，女生在独创性上的得分增长速度显著高于男生，在四、五年级和初一到初二学年之间，女生独创性得分的增长速度显著低于男生。整体来看，男生在小学到初中年级独创性的增长比较平缓。

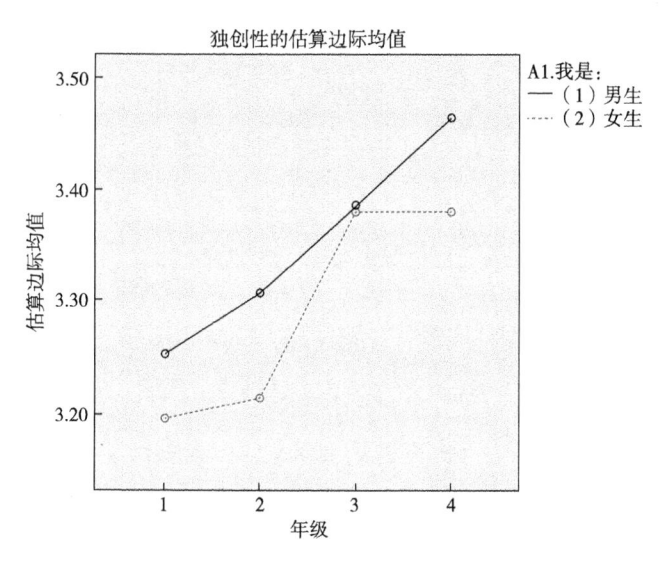

独创性的估算边际均值

图 6-6 独创性维度年级与性别的交互作用图

(四) 精细化：女生的天赋

精细化并不是所有创新思维测验中必备的维度，也是发散思维四个维度中诞生最晚的一个维度，由吉尔福特在 1967 年补充。我国许多创新思维的测验中没有该要素。但是在修改版的 TTCT 测验中，精细化模块从未缺失，因此本研究也保留该维度。精细化维度在人口统计学变量上的差异系数见表 6-8。

表 6-8 创新思维精细化维度在人口统计学变量上的差异

背景变量	分类	均值	均值差	t 值/F 值
性别	男生	3.202	-0.328***	-10.638
	女生	3.530		
学生干部	是	3.629	0.408***	12.778
	不是	3.221		
本地生源	是	3.381	0.047	1.318
	不是	3.333		

续表

背景变量	分类	均值	均值差	t 值/F 值
独生子女	是	3.428	0.123 ***	3.939
	不是	3.305		
年级（四）	五	3.405	0.081	9.780
	七	3.293	0.193 ***	
	八	3.278	0.208 ***	
学段	小学	3.442	0.156 ***	5.067
	初中	3.285		
发展水平优质	一般	3.402	0.128 ***	44.877
	薄弱	3.168	0.361 ***	

注：*** $p<0.001$，** $p<0.01$，* $p<0.05$。

独立样本 t 检验的结果显示，小学生在精细化维度上的得分极其显著地高于初中生（$t=5.057$，$p<0.001$），分学段来看年级差异，四年级和五年级之间在精细化维度上没有显著差异，七年级和八年级之间在精细化维度上也没有显著差异，该维度得分的下降过程主要发生在五年级到七年级之间。

学生干部的得分极其显著地高于非学生干部（$t=5.057$，$p<0.001$），男生的得分显著地低于女生（$t=-10.647$，$p<0.001$）（见表6-8）。从常识来看，女生一般比男生更加细心，更注意细节，研究的结论与常识判断基本一致。

访谈发现，教师往往要求学生在答卷和写作业时将步骤写详细，学生一般情况下会照做不误，尤其是在一些考试中，答题步骤也可以得分，因此许多学生可以做到。有时教师不仅对答题步骤有要求，对于审题的规范也有要求，许多教师要求学生在审题时，在重点的地方标注，尤其是数学题，重要数据、重要形容词上要画上不同的符号，简称"审题画批"。在没有要求的情况下，精细化的得分可能会有所降低。在讨论中，学生是否能够将自己的想法具体地阐释出来，可能与学校民主治理中的协商维度存在较为密切的联系，当教学中的协商氛围不够时，学生则难有阐述自己想法的动力。

二、学生创新人格的现状及差异

分析结果显示,中小学生创新人格总分为 3.554 分,处于中等偏高水平。其中想象力维度得分最低,为 3.229 分,挑战性维度得分最高,为 3.870 分,冒险性和好奇心维度为 3.516 分和 3.600 分(见表 6-9)。

表 6-9 创新人格各维度及总分得分统计表

	MIN	MAX	M	SD
冒险性	1.00	5.00	3.516	0.839
复杂性	1.00	5.00	3.870	0.817
好奇心	1.00	5.00	3.600	0.879
想象力	1.00	5.00	3.229	1.068
总分	1.00	5.00	3.554	0.615

通过独立样本 t 检验和单因素方差分析,探索学生的创新人格水平在不同性别、年级、学段、是否学生干部、是否本地生源、是否独生子女以及学校所属教育发展水平方面的差异,得到的差异结果摘要表整理如表 6-10 所示。

表 6-10 不同人口学变量创新人格倾向差异

背景变量	分类	均值	均值差	t 值/F 值
性别	男生	3.427	-0.073**	-3.460
	女生	3.499		
学生干部	是	3.548	0.134***	6.122
	不是	3.415		
本地生源	是	3.480	0.070**	2.884
	不是	3.410		
独生子女	是	3.493	0.065**	3.130
	不是	3.428		
年级(四)	五	3.433	-0.084**	16.887
	七	3.512	-0.163***	
	八	3.543	-0.193***	

续表

背景变量	分类	均值	均值差	t 值/F 值
学段	小学	3.395	-0.133***	-6.414
	初中	3.528		
发展水平优质	一般	3.489	0.025	17.622
	薄弱	3.370	0.144***	

注：*** $p<0.001$，** $p<0.01$，* $p<0.05$。

表6-10可见，整体而言，男生的创新人格得分显著低于女生（$t=-3.461$，$p<0.001$），学生干部的得分极其显著地高于非学生干部（$t=6.122$，$p<0.001$），本地生源和独生子女的得分显著高于非本地生源和非独生子女（$t=2.884$，$p<0.01$）（$t=3.130$，$p<0.01$），学生创新人格的得分随年级升高而升高（$F=6.414$，$p<0.001$）。

(一) 冒险性：有待提升

创新人格中的冒险性是指学生勇于面对失败或批评，敢于坚持并且践行自己的观点的人格特征。① 调研结果显示，中小学生冒险性上的维度得分低于量表的平均得分，这与其他对我国中小学生的调研结果类似。② 学生不畏失败敢于冒险的精神仍然有待增强。

从差异性上来看，学生的冒险性在性别、是否学生干部、是否本地生源、是否独生子女、年级、学段和不同教育发展水平学校之间均存在显著差异，差异系数见表6-11。

表6-11　创新人格冒险性维度得分在人口统计学变量上的差异

背景变量	分类	均值	均值差	t 值/F 值
学生干部	是	3.601	0.121***	4.088
	不是	3.479		

---

① 赵旭. 自主支持与创造力的关系：创意自我效能的中介作用 [D]. 济南：山东师范大学，2012.

② 王莹. 教师的创造力内隐观、创造性教学行为与学生创造性倾向的关系研究 [D]. 太原：山西师范大学，2016.

续表

背景变量	分类	均值	均值差	t 值/F 值
本地生源	是	3.544	0.089***	2.725
	不是	3.455		
独生子女	是	3.573	0.111***	3.897
	不是	3.462		
年级（四）	五	3.472	−0.121***	21.071
	七	3.640	−0.289***	
	八	3.603	−0.251***	
学段	小学	3.417	−0.204***	−7.270
	初中	3.621		
发展水平优质	一般	3.547	0.105***	38.210
	薄弱	3.348	0.304***	

注：*** $p<0.001$，** $p<0.01$，* $p<0.05$。

首先，对于性别差异，本研究发现，不同性别的中小学生在冒险性维度上不存在显著差异。考夫曼（Kaufman）总结了关于个体创新能力在性别方面的差异，发现在不同文化背景下、通过不同测量方式所得的性别差异莫衷一是，已有研究结果也存在较大出入。[1] 其中高夫（Gough）等人对个体创新人格性别差异的研究结果显示，男女之间只存在微小的差异。[2]

其次，低年级学生冒险性的得分较低，小学生的冒险性得分显著低于初中学生（$t=-7.270$，$p<0.001$），这与李小平等人早先的研究存在一定出入[3]，

---

[1] Baer J, Kaufman J C. Gender Differences in Creativity [J]. Journal of creative behavior, 2011, 42 (2): 75-105.

[2] Gough H G. Assessment of creative potential in psychology and the development of a creative temperament scale for the CPI [M]. Washington: Advances in Psychological Assessment. 1992.

[3] 李小平，张庆林，何洪波. 中学生创造性倾向发展的初步测试 [J]. 西南师范大学学报（人文社会科学版），2005, 31 (6): 65-68.

但与王莹近两年的研究结论一致。① 可以推论随着年级升高，学生的冒险性水平有可能随之提升。

最后，独生子女和本地生源的冒险性显著高于非独生子女和非本地生源（$t=-3.897, p<0.001$）（$t=2.725, p<0.001$），从已有文献来看，学生创新人格中的冒险性因素可能与家庭支持环境和创新环境相关。② 当家庭支持度较高时，学生具有更强的冒险性，更敢于坚持自己的想法。

（二）挑战性：得分最高

挑战性的含义是指能够在各种纷乱的可能性中理清头绪，去实践新奇的想法，探究事物的本真。挑战性维度的得分最高，达到3.870分，这与齐书宇等人的研究结果相类似，其研究发现高中生在挑战性维度上的得分较高，但冒险性和想象力得分一般。③

对该维度进行差异检验，发现学生的挑战性在性别、是否学生干部、是否独生子女、小学还是初中学段、不同教育发展水平学校之间均存在显著差异，差异系数见表6-12。

表6-12 创新人格挑战性维度得分在人口统计学变量上的差异

背景变量	分类	均值	均值差	t值/F值
性别	男生	3.908	0.068**	2.452
	女生	3.840		
学生干部	是	4.020	0.231***	8.035
	不是	3.789		
独生子女	是	3.937	0.132***	4.779
	不是	3.805		
学段	小学	3.897	0.055*	2.001
	初中	3.842		

---

① 王莹. 教师的创造力内隐观、创造性教学行为与学生创造性倾向的关系研究[D]. 太原：山西师范大学，2016.
② 唐光蓉，邹泓，侯珂. 家庭创新环境的特征及其与中学生日常创造性行为的关系：创造性人格的中介作用[J]. 心理科学，2014（5）：1125-1131.
③ 齐书宇，胡万山. 高中生创造力倾向发展现状及提高对策研究：基于对北京K中学高中生的调查与分析[J]. 基础教育，2016，13（3）：59-68.

续表

背景变量	分类	均值	均值差	t值/F值
发展水平优质	一般	3.929	0.007	21.557
	薄弱	3.739	0.197***	

注：*** $p<0.001$，** $p<0.01$，* $p<0.05$。

首先，从年级上看，不同年级之间的挑战性不存在显著差异，但是分学段看，小学生的挑战性水平高于初中生（$t=2.001$，$p<0.05$）。一些研究认为，中学生创新人格倾向随年龄的增长，其变动在平稳中也带有波动,[1] 本研究的结果对此结论有所扩充。

其次，学生干部在挑战性中的得分更高（$t=8.035$，$p<0.001$），说明他们更能在复杂性中解决混乱问题。结合本研究学校民主治理部分的研究，推测这可能与学生干部在班级中能够更多地参与决策相关。

再次，独生子女比非独生子女更能解决混乱问题（$t=4.779$，$p<0.001$），可能跟家庭环境对学生创新能力的影响相关。访谈中教师也指出："创新能力需要家长在学生成长的过程中给予关注，不要说孩子问个什么（问题）就觉得可笑、就打断，那样很容易让孩子丧失自信，不敢也不想去问了。"（CNMTL5）

最后，教育发展水平优质与一般地区学生的挑战性不存在显著差异，但显著高于薄弱地区（$F=21.557$，$p<0.001$），说明教育水平也许对学生创新人格的挑战性有显著影响。

(三) 好奇心：男生更强

好奇心是指学生对于事物的新鲜感和探索欲。在该维度上T市中小学生的得分是3.600分，在各维度中处于偏高水平，这与安敏、齐书宇等人的研究结果类似，二人的研究都认为学生在创新人格中好奇心维度的得分较好。[2][3]

从差异性上来看，学生的好奇心在性别、是否学生干部、是否本地生源、是否独生子女、不同教育发展水平学校之间均存在显著差异，在年级和学段

---

[1] 聂衍刚,郑雪.儿童青少年的创造性人格发展特点的研究[J].心理科学,2005,28(2):356-361.
[2] 安敏.初中生创造力的培养活动与实验[D].南京：南京师范大学,2011.
[3] 齐书宇,胡万山.高中生创造力倾向发展现状及提高对策研究：基于对北京K中学高中生的调查与分析[J].基础教育,2016,13(3):59-68.

上均无显著差异,差异系数见表6-13。

表6-13 创新人格好奇心维度得分在人口统计学变量上的差异

背景变量	分类	均值	均值差	t值/F值
性别	男生	3.645	0.082***	2.745
	女生	3.562		
学生干部	是	3.766	0.263***	8.491
	不是	3.503		
本地生源	是	3.625	0.089**	2.581
	不是	3.536		
独生子女	是	3.937	0.094***	3.146
	不是	3.805		
发展水平优质	一般	3.651	−0.011***	10.477
	薄弱	3.501	0.139	

注：***$p<0.001$，**$p<0.01$，*$p<0.05$。

首先,男生的好奇心得分显著高于女生($t=2.745$，$p<0.001$),这是创新人格四个维度中男生唯一具有优势的维度,对于事物充满好奇似乎是男女性别的本质差异之一,跨文化的研究结果也证明了男生的好奇心显著高于女生。[1]

其次,不同年级、不同学段的学生好奇心的水平不存在显著差异,这与李小平等人的研究结论相一致[2],在一定程度上说明好奇心与年龄之间不存在显著相关性。

最后,学生干部的好奇心显著高于非学生干部($t=8.491$，$p<0.001$),本地生源得分显著高于外地生源($t=2.581$，$p<0.01$),独生子女得分显著高于非独生子女($t=3.146$，$p<0.001$),说明创新人格中的好奇心特质与学生的学习环境和家庭环境存在密切联系。

---

[1] Ben-Zur H, Zeidner M. Sex differences in anxiety, curiosity, and anger: a cross-cultural study [J]. Sex roles, 1988, 19 (5): 335-347.

[2] 李小平,张庆林,何洪波. 中学生创造性倾向发展的初步测试 [J]. 西南师范大学学报(人文社会科学版),2005,31 (6): 65-68.

(四) 想象力: 不够丰富

想象力是指学生能够超越已有的经验和认知，凭直觉和联想构想未曾见过事物的能力。从现状看，当前学生想象力得分水平最低。该结论与聂衍刚等人的研究结果类似。[①] 在许多国内创新人格的调查研究中，想象力维度的得分均不占优势。但是想象力对于创新来说非常重要，访谈中一位老师犀利地指出："没有想象力怎么创新？"可见对未知事物的想象是创新的重要基础。

从差异性上来看，学生的想象力在性别、是否本地生源、年级、学段和不同教育发展水平学校之间均存在显著差异，差异系数见表6-14。

表6-14 创新人格想象力维度得分在人口统计学变量上的差异

背景变量	分类	均值	均值差	t值/F值
性别	男生	3.182	-0.107***	-2.943
	女生	3.289		
本地生源	是	3.260	0.111***	2.643
	不是	3.150		
年级（四）	五	3.049	-0.125**	69.901
	七	3.405	-0.480***	
	八	3.554	-0.629***	
学段	小学	2.992	-0.489***	-13.898
	初中	3.481		
发展水平优质	一般	3.233	0.052	3.175
	薄弱	3.170	0.115*	

注：*** $p<0.001$，** $p<0.01$，* $p<0.05$。

表6-14可见，第一，想象力随着年级的上升而发展，年级越高，学生的想象力越强（$F=-13.898$，$p<0.001$），这说明想象力可能与学生已有的知识经验较为相关。

第二，想象力维度在是否学生干部、是否独生子女方面不存在显著差异，

[①] 聂衍刚，郑雪. 儿童青少年的创造性人格发展特点的研究[J]. 心理科学，2005，28（2）：356-361.

推测教育环境与家庭环境对学生个体的想象力影响较弱。唐光蓉等人的研究也发现，家庭对于学生创新人格各维度的影响中，对于想象力维度的影响系数最小。[①]

第三，教育发展水平优秀地区的学生，其想象力显著高于薄弱地区的学生（$F=3.175$，$p<0.001$），但与一般地区并无差异。学生的想象力在是否班干部方面也不存在差异，推测学校教育对于学生的想象力的影响效应可能比较有限。

综合来看，学生创新人格的想象力维度可能是最难被外界因素所影响的一个维度。有研究指出，通过专门的培训课程对学生训练也许能够有效提升学生的想象力水平。[②]

[①] 唐光蓉，邹泓，侯珂. 家庭创新环境的特征及其与中学生日常创造性行为的关系：创造性人格的中介作用 [J]. 心理科学，2014（5）：1125-1131.

[②] Nightwine-Robinson D M. Developing third and fourth graders' imagination through creative writing with inspiration from the children's author, Roald Dahl [D]. Minneapolis: Capella University, 2008.

第七章
学校民主治理与学生创新能力的关系

学生创新能力的影响因素可以分为内部因素和外部因素,其中,内部因素是指与创造性显著相关的个人因素如个体效能感、已有知识经验等[1],外部因素主要指环境因素,如社会历史文化环境、组织氛围。对于学生而言,其所处的环境主要指家庭环境和学校环境。个体的个性特质具有相对稳定性,但激发创新的环境具有很大的差异性。[2] 由此,外部创新环境的转变对于学生创新能力的影响至关重要。

影响创新能力的外部因素可以分为宏观、中观和微观三个层面,从宏观层面上来说,主要指社会历史文化环境;从中观层面来看,主要指学校环境以及家庭环境;从微观层面上说,主要指课堂环境。[3] 在培养儿童青少年创新能力的过程中,学校比家庭具有更重要的意义。许多学者论证过学校民主性与创新能力的直接关系,国外如杜威、国内如陶行知等大家,均认为最好的学校是民主的学校。陶行知先生明确指出:"创造力最能发挥的条件是民主……如果要大量开发创造力,大量开发人矿中之创造力,只有民主才能办到,只有民主的目的,民主的方法才能完成这样的大事……只有民主才能解放最大多数人的创造力,并且使最大多数人的创造力发挥到最高峰。"

国外学者关于学校民主环境对于学生创新能力的相关研究表明,学校民主治理与学生创新能力可能存在直接关系。已有研究验证了多种环境因素对学生的创新行为的影响及其结果,其中,改进教育教学方法、改善师生关系(建立民主型师生关系)等,都是影响学生创新行为生成、促进学生创新能力发展的重要环境因素。[4] 如民主型的教学赋予学生独立思考的时间与空间,学生积极参与课堂活动,从而有利于提升学生的创造力。[5] 由此可以推断,学校民主治理可能对学生创新能力产生直接正向影响。

具体来说,首先,平等性可能影响学生创新能力。阿玛拜尔区分了控制型反馈和提供信息的反馈,前者是一种专制型的反馈,教师处于权威地位,后者是一种民主型的反馈,教师主要是为学生提供帮助改进的信息,在其中处于辅助地位。给学生提供信息的反馈假定,学生能够对自己的学习进行控

---

[1] Shalley C E, Gilson L L. What leaders need to know: a review of social and contextual factors that can foster or hinder creativity [J]. Leadership quarterly, 2004, 15 (1): 33-53.
[2] 葛广昱. 高中生班级组织创新气氛与创造力的关系研究 [D]. 南京:南京师范大学, 2011.
[3] 董奇. 儿童创造力发展心理 [M]. 杭州:浙江教育出版社, 1993.
[4] 褚宏启. 学生创新能力发展的整体设计与策略组合 [J]. 教育研究, 2017 (10): 23-30, 60.
[5] 程黎, 冯超, 刘玉娟. 课堂环境与中小学生创造力发展:穆斯(MOOS)社会环境理论在课堂环境中的解读 [J]. 比较教育研究, 2013 (4): 71-75.

制和评价。研究发现更民主的反馈方式，如提供信息型的反馈而不是评价型的反馈能促进学生创新能力的提升。[1]

其次，自由性可以影响学生的创新能力。弗利斯（Fleith）对学生的访谈研究发现，学生认为在自由轻松环境下参与更多形式的校园活动，例如，音乐绘画、写作、数学计算类活动和网上游戏等，能够使他们自身的创新能力得到更大程度的发挥。[2] 尼森贝格（Nissenberg）的研究发现儿童可以在轻松的环境和自由的时间这些没有任何限制的活动中不断地发展自身的创新能力。[3] 斯滕伯格（Sternberg）以96名高中生为被试，发现给予学生更多的自主性能有效提高他们的创新水平。[4]

再次，参与性同样可能会影响学生的创新能力。有研究表明参与决策对于学生的发展具有正向影响。霍尔曼认为在学校中，教师不让儿童参与，只让儿童跟着教师学习，不允许儿童表示异议或者提出建议等会阻碍学生创新能力的发展。[5]

最后，亦有学者认为，在教学中开展民主化的讨论，能克服传统教学中教师主宰课堂的弊端，培养合作精神，培养学生创新能力。[6]

根据界定，创新能力既包括创新人格，也包括创新思维。基于上述分析，本书将考查学校民主治理各维度对创新人格和创新思维两部分的影响效应。

第一节　学校民主治理对学生创新思维的影响

本章开篇已经介绍了学校民主治理及其各个维度对学生创新能力的影响。也有一些研究专门针对学校环境对于创新思维的影响进行研究。如田友谊认为，如果教师过于强调自己的权威，则会限制学生的发散性思维，压抑学生的创新思维，[7] 强调师生平等对于学生创新思维有积极作用。科斯特勒

---

[1] 斯塔科. 创造能力教与学 [M]. 刘晓陵，曾守锤，译. 上海：华东师范大学出版社，2003.
[2] Denise de Souza Fleith. Teacher and studentperceptions of creativity in the classroomenvironment [J]. Rosper review, 2000, 22 (3): 148-153.
[3] Kemple K M, Nissenberg S A. Nurturing creativity in early childhood education: families are part of it [J]. Early childhood education journal, 2000, 28 (1): 67-71.
[4] Robert Sternberg. Creative thinking in the classroom [J]. Scandinavian journal of educational research, 2003, 47 (3): 325-338.
[5] 张庆林, 创造性研究手册 [M]. 成都：四川教育出版社，2001.
[6] 潘泽南. 形成创新教学课堂氛围的"五大因素" [J]. 课程·教材·教法，2004 (2): 31-34.
[7] 田友谊. 国外课堂环境研究新进展 [J]. 上海教育科研，2003 (12): 13-17.

(Koestler) 指出了摆脱控制的自由的重要性，这种自由对于一个人拥有无意识的思维形式是必需的，这种思维能够产生创造性洞见，[1] 由此可以引出学校中的自由性对于创新思维的积极作用。我国学者的研究表明，课堂民主参与以及师生互动对于学生的创新思维有正向影响效应，[2][3] 指出了参与性和协商性对于学生创新思维的可能影响。在已有研究基础上，本研究提出以下假设：

H1：学校民主治理中的平等性对学生创新思维有显著正向影响。

H2：学校民主治理中的自由性对学生创新思维有显著正向影响。

H3：学校民主治理中的参与性对学生创新思维有显著正向影响。

H4：学校民主治理中的协商性对学生创新思维有显著正向影响。

此外，本研究希冀对比各维度对于学生创新思维影响效应的大小，考虑参与和协商维度能够锻炼学生的思维能力，研究提出假设 H5。

H5：在学校民主治理的四个维度中，参与性对学生创新思维的影响效应最大。

一、不同维度对学生创新思维的影响效应

(一) 平等性对学生创新思维的影响

在 SPSS 中使用分层回归分析，以师生平等的两个维度为自变量，创新思维的四个维度分别作为因变量进行回归分析。首先在第一层放入控制变量，包括性别、年级、是否班干部、独生子女、本地生源以及所在区域的虚拟变量，然后在第二层放入师生平等和生生平等两个自变量。得到回归方程的结果整理如表 7-1 所示。

表 7-1 平等性对学生创新思维的回归分析结果

	流畅性	灵活性	独创性	精细化
师生平等	0.167***	0.169***	0.157***	0.200***
	(0.018)	(0.017)	(0.019)	(0.017)

---

[1] Czarnocha B, Prabhu V, Dias O, Baker W. Creativity research and koestler [M]//Czarnocha B, Baker W, Dias O, Prabhu V. The creative enterprise of mathematics teaching research. Rotterdam：Sense Publishers, 2016.

[2] 胡琳梅. 创造性课堂环境与初中生创造性思维的关系研究：创意自我效能感和自主性动机的作用 [D]. 武汉：华中师范大学, 2016.

[3] 黄灵丽. 班主任互动风格、班级创新氛围与初中生创造力的关系 [D]. 上海：华东师范大学, 2015.

面向学生创新能力提升的学校民主治理研究：基于中小学的实证调查

续表

	流畅性	灵活性	独创性	精细化
生生平等	0.147***	0.190***	−0.025	0.169***
	(0.016)	(0.020)	(0.022)	(0.019)
性别	−0.148***	−0.060**	−0.091***	0.264***
	(0.028)	(0.031)	(0.034)	(0.029)
年级	−0.118***	−0.109***	0.074***	−0.082***
	(0.013)	(0.014)	(0.016)	(0.013)
学生干部	−0.382***	−0.250***	−0.209***	−0.261***
	(0.029)	(0.032)	(0.036)	(0.031)
独生子女	−0.021	0.016	−0.003	0.004
	(0.031)	(0.034)	(.037)	(.032)
本地生源	−0.090***	0.003	−0.021	−0.018
	(0.033)	(0.037)	(0.041)	(0.035)
区域	−0.089***	−0.067***	−0.066***	−0.139***
	(0.019)	(0.021)	(0.023)	(0.020)
调整后的 R^2	0.176	0.131	0.046	0.186

注：*** $p<0.001$，** $p<0.01$，* $p<0.05$。

表中所呈现的回归系数为未标准化的回归系数，括号中的数字是该变量在回归模型中的标准误。调整后的 R^2 代表自变量对于因变量的解释力度，在一定程度上代表模型的精确性。在自然科学领域，R^2 可能达到0.6以上，但在社会科学中，R^2 值往往偏低。教育统计研究中的 R^2（或近似 R^2）见于0.1左右，[1] 也有一些研究报告了更低的 R^2 值。[2] 有研究者认为 R 值在0.4以上，R^2 值在0.16以上即认为可以接受。[3] 判断模型是否成立，还需要同时考察 F 值的显著性，一般而言，F 值显著即代表模型有意义。统计结果显示，F 值全

---

[1] 张华峰,郭菲,史静寰.促进家庭第一代大学生参与高影响力教育活动的研究[J].教育研究,2017(06):33-44.

[2] Jeene M, Oorschot W V, Uunk W. Popular criteria for the welfare deservingness of disability pensioners: the influence of structural and cultural factors [J]. Social indicators research, 2013, 110 (3): 1103-1117.

[3] 张文彤,董伟.SPSS统计分析高级教程[M].北京：高等教育出版社,2013:97.

部在 0.01 的水平上显著，因此模型可接受。

回归分析结果表明，第一，师生平等对学生创新思维的四个维度具有极其显著的正向影响，生生平等对于创新思维中的流程性、灵活性、精细化三个维度具有极其显著的正向影响，与李海燕等人的研究结果一致。[①] 本研究验证了良好的师生关系和同伴关系有助于学生思维创新性的发展这一结论，假设 H1 成立。

第二，比较而言，师生平等和生生平等对于流畅性、灵活性和精细化的解释力度较高，调整 R^2 在 0.1 以上，对于独创性的解释力度偏低，调整 R^2 为 0.046，说明独创性可能更多受其他因素的影响。

（二）自由性对学生创新思维的影响

以自由性维度中的表达自由和行动自由两个因子作为自变量，对创新思维的四个维度分别进行回归分析，得到的回归模型结果摘要如表 7-2 所示。

表 7-2 自由性对学生创新思维的回归分析结果

	流畅性	灵活性	独创性	精细化
表达自由	0.308***	0.378***	0.287***	0.346***
	(0.016)	(0.017)	(0.019)	(0.016)
行动自由	0.012	-0.010	-0.028	-0.006
	(0.014)	(0.016)	(0.018)	(0.015)
性别	-0.113***	-0.018	-0.076**	0.303***
	(0.027)	(0.030)	(0.033)	(0.029)
年级	-0.112***	-0.098***	0.080***	-0.071***
	(0.013)	(0.014)	(0.016)	(0.013)
学生干部	-0.358**	-0.220***	-0.167***	-0.244***
	(0.029)	(0.031)	(0.035)	(0.030)
独生子女	-0.019	0.015	0.002	0.006
	(0.030)	(0.033)	(0.036)	(0.031)

---

① 李海燕，胡卫平，申继亮. 学校环境对初中生人格特征与创造性科学问题提出能力关系的影响[J]. 心理科学，2010（5）：1154-1158.

续表

	流畅性	灵活性	独创性	精细化
本地生源	-0.102***	-0.011	-0.022	-0.032
	(0.032)	(0.035)	(0.039)	(0.034)
区域	-0.081***	-0.060***	-0.062***	-0.138***
	(0.019)	(0.020)	(0.023)	(0.020)
调整后的 R^2	0.219	0.192	0.094	0.218

注：*** $p<0.001$，** $p<0.01$，* $p<0.05$。

结果显示，一方面，行动自由对于学生创新思维不存在显著影响。这说明学生行动和思维之间可能不存在直接的联系，在心理学研究中，行动和思维之间的关系往往通过中介变量起作用。[1] 因此该维度可能主要通过其他中介变量影响学生的创新思维。

另一方面，表达自由对于学生创新思维的四个维度具有极其显著的影响，说明学生表达和思维方式有直接联系，在学校中按照自己所思所想自由表达，而不是按照老师的预设进行回答，可以更有效地促进学生思维流畅性、灵活性、独创性和精细化的发展。表达自由对于学生创新思维流畅性、灵活性和精细化的影响模型解释力度较强，在20%左右；对于独创性的解释力度较弱，为9.4%，假设H2在表达自由维度成立。

（三）参与性对学生创新思维的影响

以参与性维度中的两个一阶因子参与活动和参与决策为自变量，对创新思维四个维度进行分层回归分析，控制变量后，所得回归模型摘要如表7-3所示。

表7-3 参与性对学生创新思维的回归分析结果

	流畅性	灵活性	独创性	精细化
参与活动	0.110***	0.160***	0.117***	0.172***
	(0.014)	(0.015)	(0.017)	(0.014)

---

[1] 胡琳梅.创造性课堂环境与初中生创造性思维的关系研究：创意自我效能感和自主性动机的作用 [D].武汉：华中师范大学，2016.

续表

	流畅性	灵活性	独创性	精细化
参与决策	0.209 ***	0.240 ***	0.145 ***	0.237
	(0.016)	(0.017)	(0.019)	(0.016)
性别	-0.144 ***	-0.059 **	-0.106 ***	0.264 ***
	(0.028)	(0.030)	(0.034)	(0.028)
年级	-0.115 ***	-0.104 ***	0.074 ***	-0.077 ***
	(0.013)	(0.014)	(0.015)	(0.013)
学生干部	-0.324 ***	-0.167 ***	-0.139 ***	-0.178 ***
	(0.029)	(0.032)	(0.036)	(0.030)
独生子女	-0.032	0.002	-0.005	-0.008
	(0.030)	(0.033)	(0.037)	(0.031)
本地生源	-0.104 ***	-0.014	-0.025	-0.035
	(0.033)	(0.035)	(0.040)	(0.034)
区域	-0.083 ***	-0.057 ***	-0.060 ***	-0.132 ***
	(0.019)	(0.020)	(0.023)	(0.019)
调整后的 R^2	0.199	0.179	0.074	0.234

注：*** $p<0.001$，** $p<0.01$，* $p<0.05$。

结果显示，第一，参与活动对于学生创新思维的四个维度均有极其显著的正向影响，说明教学活动和管理活动能够有效提升学生的思维品质。国内外许多研究表明，参与（participation）可以提高创新能力。[1] 在访谈中教师提到了学生参与教学环节的重要性，当被问到激发学生创新能力的方法时，教师提到："还有我觉得，课堂上应该是以活动为主，学生要动起来，无论是他的嘴还是脑袋，还是手，都要动起来。以活动为主，他才能去思考，培养他的创新能力。"（CJDTL51）

第二，参与决策对于学生创新思维的流畅性、灵活性、独创性的正向影

---

[1] West M A, Farr J L. Innovation and creativity at work: psychological and organizational strategies [J]. Health policy, 1991, 45 (3): 175-86.

响效应显著，对精细化不存在显著影响。

第三，参与性维度对于学生创新思维流畅性、灵活性、精细化维度的影响因素模型解释率在20%左右，对于学生独创性的解释率为7.4%，F更改均达到极其显著水平，假设H3成立。这与国外已有的研究相一致。就创新思维而言，重要的是让受试者直接参与决策过程（particpatory-decision making）。[1] 金回顾了许多关于领导风格对创新影响的研究，并发现共识性结论是支持员工民主参与决策能够有效促进创新性。[2] 本研究认为这一结论也适用于学生。

（四）协商性对学生创新思维的影响

以管理协商、教学协商两个一阶因子为自变量，以学生创新能力四个维度作为自变量进行分层回归分析，得到的回归模型摘要见表7-4。

表7-4 协商性对学生创新思维的回归分析结果

	流畅性	灵活性	独创性	精细化
管理协商	0.065 ***	0.133 ***	0.022	0.138 ***
	(0.016)	(0.017)	(0.019)	(0.016)
教学协商	0.172 ***	0.181 ***	0.136 ***	0.154 ***
	(0.017)	(0.019)	(0.021)	(0.018)
性别	-0.139 ***	-0.054 *	-0.098 ***	0.270 ***
	(0.028)	(0.031)	(0.034)	(0.030)
年级	-0.119 ***	-0.113 ***	0.070 ***	-0.084 ***
	(0.013)	(0.014)	(0.016)	(0.014)
学生干部	-0.389 ***	-0.244 ***	-0.205 ***	-0.265 ***
	(0.030)	(0.032)	(0.036)	(0.031)
独生子女	-0.025	0.009	0.002	-0.001
	(0.031)	(0.034)	(0.037)	(0.032)

---

[1] Plunkett D. The Creative organization: an empirical investigation of the importance of participation in decision-making [J]. Journal of creative behavior, 2011, 24 (2): 140-148.

[2] Nigel K, Neil A, Michaela W. Organizational innovation in the UK: a case study of perceptions and processes [J]. Work & Stress, 1991, 5 (4): 331-339.

续表

	流畅性	灵活性	独创性	精细化
本地生源	-0.100***	-0.014	-0.019	-0.036
	(0.034)	(0.036)	(0.041)	(0.035)
区域	-0.091***	-0.070***	-0.067***	-0.149***
	(0.019)	(0.021)	(0.023)	(0.020)
调整后的 R^2	0.161	0.135	0.045	0.171

注：*** $p<0.001$，** $p<0.01$，* $p<0.05$。

回归分析结果显示，第一，管理协商对于学生创新思维有显著正向影响，管理协商水平每提高1分，学生创新思维的流畅性、灵活性和精细化分别提高0.065分、0.133分和0.138分。当教师或学校领导就学校事务与学生进行讨论沟通时，学生的创新思维将得到提升。

第二，教学协商同样对于学生创新思维有显著正向影响，教学协商水平每提高1分，学生创新思维的流畅性、灵活性、独创性和精细化分别提高0.172分、0.181分、0.136分和0.154分。当教师放下传统的讲授式教学，运用协商讨论的方式与学生一同探索新知识、组织学生一起探究时，学生的创新思维将得到有效提升。

第三，管理协商和教学协商两个一阶因子对于学生创新思维中的精细化维度和流畅性维度的解释力度较高，其回归方程的解释力度为17.1%，对流畅性维度的解释力度为16.1%，但是对独创性维度的解释力度较低，虽然回归模型的 F 值达到了显著性水平，但是其解释力度不到10%。

二、不同维度对学生创新思维的作用比较

要比较不同变量之间对于学生创新思维作用的大小，首先要考查各变量之间的共线性指标。表7-5可见，大部分变量之间存在中等强度的相关，但是协商性和参与性之间存在中等偏高强度的相关（$r=0.615$***），二者之间可能存在一定的共线性问题。

使用spss中的回归分析进行共线性诊断，发现协商性维度的容忍度和VIF值虽然在允许的范围内（容忍度=0.496，VIF=2.016），但是其特征值接近30，且采用"进入"法进行OLS回归，发现协商性回归的显著性系数由正值

变为负值，结果难以解释，因此认为存在一定的共线性问题。此时有多种处理方法，如果研究仅仅是为了用自变量对因变量进行预测，则可以采用逐步回归的方式；如果发生多重共线的自变量在研究中不是非常重要，则可以删除该变量后再进行回归。本研究的目的是希望比较不同维度对于学生创新思维的作用大小，属于解释性研究，因此不适用于逐步回归的方式，而协商性维度是基于协商民主理论所生成的一个重要维度，因此采用第三种多重共线的处理方法，即采用岭回归的方式进行多元回归分析。本节第二部分各表中呈现的结果均为岭回归结果摘要汇总。

表7-5 各维度的描述性指标及两两相关系数

	平均值	标准差	平等性	自由性	参与性	协商性
平等性	3.789	0.76	1			
自由性	3.105	0.864	0.538***	1		
参与性	3.172	0.861	0.491***	0.577***	1	
协商性	3.43	0.888	0.572***	0.568***	0.615***	1

注：*** $p<0.001$，** $p<0.01$，* $p<0.05$。

（一）学校民主治理对学生创新思维的作用比较

整体上看，本研究认为学校民主治理具有包括平等性、自由性、参与性和协商性在内的四个二阶因子，为了比较不同因子对于学生创新思维的作用大小，研究在控制变量的情况下，将四个二阶因子放入同一岭回归模型中，K值为0.99，根据非标准化系数确立回归模型，根据标准化系数比较各维度影响效应的大小，回归模型摘要见表7-6。

表7-6 学校民主治理对学生创新思维影响的 Ridge 回归分析摘要表

	流畅性		灵活性		独创性		精细化	
	非标准化回归系数	标准化回归系数	非标准化回归系数	标准化回归系数	非标准化回归系数	标准化回归系数	非标准化回归系数	标准化回归系数
平等性	0.085***	0.073	0.086***	0.069	0.008	0.006	0.102***	0.083
自由性	0.096***	0.092	0.100***	0.089	0.096***	0.081	0.085***	0.078

续表

	流畅性		灵活性		独创性		精细化	
	非标准化回归系数	标准化回归系数	非标准化回归系数	标准化回归系数	非标准化回归系数	标准化回归系数	非标准化回归系数	标准化回归系数
参与性	0.125***	0.131	0.147***	0.144	0.109***	0.101	0.158***	0.157
协商性	0.036***	0.037	0.067***	0.063	0.021*	0.019	0.057***	0.055
性别	−0.062	−0.036	−0.022	−0.031	−0.043**	−0.022	0.140***	0.076
年级	−0.062	−0.078	−0.057***	−0.131	0.033***	0.037	−0.042***	−0.051
学生干部	−0.174	−0.097	−0.103***	−0.067	−0.077***	−0.037	−0.119***	−0.063
独生子女	−0.037	−0.022	−0.009	0.011	−0.008***	−0.004	−0.018	−0.01
本地生源	−0.040	−0.020	0.006	−0.002	−0.018***	−0.008	−0.010	−0.005
区域	−0.041	−0.037	−0.026***	−0.025	−0.027***	−0.021	−0.062***	−0.054
调整后的 R^2	0.210		0.195		0.078		0.238	

注：*** $p<0.001$，** $p<0.01$，* $p<0.05$。

第一，平等性、自由性、参与性和协商性均会对创新思维中的流畅性产生显著的正向影响关系。这一回归模型通过 F 检验（$F=87.589$，$p<0.05$），说明模型成立。具体来看，平等性、自由性、参与性和协商性对流畅性的标准化回归系数值为 0.073（$t=10.236$，$p=0.000<0.001$）、0.092（$t=12.918$，$p=0.000<0.001$）、0.131（$t=18.404$，$p=0.000<0.001$）和 0.037（$t=5.241$，$p=0.000<0.001$）。比较而言，参与性对于学生创新思维的流畅性的影响最大，其次为自由性，再次为平等性，最后为协商性。调整后的 R^2 为 0.210，说明该模型的解释力度为 21.0%。

第二，平等性、自由性、参与性和协商性均会对创新思维中的灵活性有显著的正向影响关系。平等性、自由性、参与性和协商性对灵活性的标准化回归系数值分别为 0.069（$t=9.704$，$p=0.000<0.001$）、0.089（$t=12.644$，$p=0.000<0.001$）、0.144（$t=19.924$，$p=0.000<0.001$）和 0.063（$t=9.148$，$p=0.000<0.001$）。比较而言，参与性对于灵活性的影响最大，其次为自由性，平等性和协商性影响较弱。该模型的解释力度

为19.5%。

第三，自由性、参与性和协商性会对创新思维中的独创性有显著的正向影响关系，平等性对于独创性不具有显著影响。模型通过 F 检验（$F=28.718$，$p<0.05$），具有意义。平等性、自由性、参与性和协商性对独创性的标准化回归系数值分别为 0.006（$t=0.773$，$p=0.440>0.05$）、0.081（$t=10.551$，$p=0.000<0.001$）、0.101（$t=13.126$，$p=0.000<0.001$）和 0.019（$t=2.476$，$p=0.013<0.05$）。比较而言，参与性对于独创性维度影响最大，其次为自由性，协商性影响较弱，平等性影响不显著。该模型的解释力度为7.8%。

第四，平等性、自由性、参与性和协商性均会对创新思维中的精细化有显著的正向影响关系。模型通过 F 检验（$F=28.718$，$p<0.05$），平等性、自由性、参与性和协商性对灵活性的标准化回归系数值分别为 0.083（$t=9.704$，$p=0.000<0.01$）、0.078（$t=12.644$，$p=0.000<0.01$）、0.157（$t=19.924$，$p=0.000<0.01$）和 0.055（$t=9.148$，$p=0.000<0.01$）。比较而言，参与性对于灵活性影响最大，其次为平等性，再次为自由性，最后为协商性。该模型的解释力度为23.8%。

第五，横向上看，平等性对于独创性不存在显著影响，协商性对于独创性的影响在0.05的水平上显著，其他各自变量对因变量的回归系数均在0.001的水平上显著。

通过对比平等性、自由性、参与性和协商性四个维度对于创新能力流畅性、灵活性、独创性和精细化四个因变量的标准化回归系数，可见参与性对于学生创新能力的影响效应最强，自由性的影响效应位列第二，再次为平等性和协商性。由此可见，让学生更多地参与活动，赋予学生参与决策的权利，给予学生自由表达的空间，有助于提升学生的创新思维品质，假设H5成立。

（二）不同学段学校民主治理对学生创新思维影响的作用比较

小学生和初中生的创新思维发展水平和特性存在较大差异，因此在不同学段下，学校民主治理的不同维度对于创新思维的影响，其作用大小可能不一致，有必要进行分组比较，以探索小学和初中各自学段内，对学生创新思维更为重要的影响因素。表7-7和表7-8分别呈现了小学和中学学校民主治理对学生创新思维影响的岭回归分析摘要。

表 7-7 学校民主治理四个维度对学生创新思维的影响作用：小学组

自变量	流畅性 非标准化回归系数	流畅性 标准化回归系数	灵活性 非标准化回归系数	灵活性 标准化回归系数	独创性 非标准化回归系数	独创性 标准化回归系数	精细化 非标准化回归系数	精细化 标准化回归系数
平等性	0.047***	0.039	0.039**	0.030	-0.016	-0.012	0.045***	0.035
自由性	0.122***	0.121	0.138***	0.127	0.132***	0.114	0.134***	0.124
参与性	0.124***	0.120	0.146***	0.131	0.113***	0.095	0.170***	0.154
协商性	0.060***	0.060	0.093***	0.086	0.025*	0.022	0.084***	0.079
性别	-0.030	-0.017	-0.005	-0.003	-0.065**	-0.032	0.142***	0.076
年级	-0.026	-0.015	-0.022	-0.012	0.016	0.008	-0.047*	-0.025
学生干部	-0.179***	-0.100	-0.114***	-0.059	-0.074**	-0.036	-0.118***	-0.062
独生子女	-0.030	-0.017	-0.018	-0.010	-0.018	-0.009	-0.009	-0.005
本地生源	-0.059**	-0.031	-0.021	-0.010	-0.023	-0.010	-0.033	-0.016
区域	-0.076***	-0.068	-0.043***	-0.036	-0.016	-0.013	-0.089***	-0.075
调整后的 R^2	0.207		0.203		0.095		0.263	

注：***$p<0.001$，** $p<0.01$，* $p<0.05$。

回归结果可见，在小学组，第一，平等性、自由性、参与性、协商性对学生流畅性的标准化回归系数值分别为 0.039（$t=3.639$，$p=0.0003<0.01$）、0.121（$t=11.927$，$p=0.000<0.001$）、0.120（$t=11.863$，$p=0.000<0.001$）、0.060（$t=5.924$，$p=0.000<0.001$），该模型能够解释 20.7%的流畅性变化。其中自由性和参与性的影响效应相近，其次为协商性，最后为平等性。小学生感知到的自由性对于其思维流畅性的影响更为重要。

第二，平等性、自由性、参与性、协商性对灵活性的标准化回归系数值分别为 0.030（$t=2.780$，$p=0.006<0.001$）、0.127（$t=12.491$，$p=0.000<0.001$）、0.131（$t=12.900$，$p=0.000<0.001$）、0.086（$t=8.436$，$p=0.000<0.001$），说明平等性、自由性、参与性、协商性会对灵活性产生显著的正向影响关系，该模型可以解释 20.3%的灵活性变化。其中参与性和自由性的影响效应较大，再次为协商性，最后为平等性。自由性的影响效应同样较全样

本而言有所上升。

第三，平等性对独创性的回归系数值为-0.016（$t=-1.010$，$p=0.313>0.05$），说明平等性并不会对独创性产生影响。自由性、参与性、协商性对独创性的标准化回归系数值分别为0.114（$t=10.497$，$p=0.000<0.001$）、0.095（$t=8.791$，$p=0.000<0.001$）、0.022（$t=2.032$，$p=0.042<0.05$），说明自由性、参与性、协商性会对独创性产生显著的正向影响关系。自由性、参与性、协商性、性别和学生干部可以解释9.5%的独创性变化，可见该回归模型对于小学生的解释力度更高。对于小学生而言，自由性对于创新思维的独创性影响更大。

第四，平等性、自由性、参与性、协商性对精细化的标准化回归系数值分别为0.035（$t=3.381$，$p=0.001<0.01$）、0.124（$t=12.678$，$p=0.000<0.001$）、0.154（$t=15.739$，$p=0.000<0.001$）、0.079（$t=7.988$，$p=0.000<0.001$），意味着四个维度均会对精细化产生显著的正向影响关系，该模型具有26.3%的解释力度，解释力度高于初中组。各维度的影响效应大小依次为参与性、自由性、协商性和平等性。

表7-8 学校民主治理四个维度对学生创新思维的影响作用：初中组

自变量	流畅性 非标准化回归系数	流畅性 标准化回归系数	灵活性 非标准化回归系数	灵活性 标准化回归系数	独创性 非标准化回归系数	独创性 标准化回归系数	精细化 非标准化回归系数	精细化 标准化回归系数
平等性	0.028*	0.024	0.021	0.017	-0.078***	-0.058	0.024	0.019
自由性	0.118***	0.120	0.121***	0.115	0.085***	0.075	0.093***	0.089
参与性	0.109***	0.115	0.131***	0.128	0.094***	0.086	0.136***	0.135
协商性	0.040***	0.043	0.072***	0.072	0.028	0.027	0.071***	0.072
性别	-0.099***	-0.059	-0.043*	-0.024	-0.021	-0.011	0.130***	0.073
年级	-0.005	-0.003	-0.025	-0.014	0.020	0.011	0.004	0.002
学生干部	-0.170***	-0.095	-0.095***	-0.050	-0.094***	-0.046	-0.127***	-0.068
独生子女	-0.038*	-0.023	0.005	0.003	-0.010	-0.005	-0.027	-0.015

续表

自变量	流畅性		灵活性		独创性		精细化	
	非标准化回归系数	标准化回归系数	非标准化回归系数	标准化回归系数	非标准化回归系数	标准化回归系数	非标准化回归系数	标准化回归系数
本地生源	-0.037	-0.017	0.018	0.008	-0.007	-0.003	0.001	0.000
区域	-0.014	-0.013	-0.019	-0.017	-0.050***	-0.041	-0.045***	-0.040
调整后的 R^2	0.170		0.164		0.071		0.182	

注：*** $p<0.001$，** $p<0.01$，* $p<0.05$。

回归结果显示，在初中组，第一，平等性、自由性、参与性、协商性对于流畅性的影响，在初中阶段，平等性的影响效应显著性水平降为 0.05 外，在影响效应大小顺序上，自由性的影响效应大于参与性。

第二，学校民主治理对于灵活性的影响，在初中阶段的独特之处是，平等性不发挥显著作用，其他三个维度效用的重要性排序由大到小仍是参与、自由和协商。

第三，对于独创性的影响，初中阶段和小学阶段略有不同。在小学阶段，平等性不发挥显著作用，协商性发挥显著作用，而在初中阶段，平等性发挥显著作用，协商性不发挥显著作用。这说明对小学生来说，开展协商讨论更有助于其独创性的发展；对于初中生来说，相较于继续与之协商外，让学生感受到平等的氛围更有助于其独创性思维的生成。

第四，对于精细化的影响，在初中阶段，平等性维度不发挥显著作用。其他三个维度的影响效应大小排序与小学相同，分别为参与性、自由性和协商性。

第五，上述各回归模型的解释力度均较小学有所下降，说明相较于初中生而言，学校民主治理维度更适用于解释小学生的创新思维水平。

第二节 学校民主治理对学生创新人格的影响

已有研究探索了学校中的民主课堂或民主管理方式对学生创新人格的影响效应。如利皮特（Lippitt）等将教师的态度分为四种类型：强硬专制型、仁慈专制型、放任自流型和民主型。研究发现，民主型教师的学生更喜欢和他人合作，有高的创造动力和热情。① 莫美路认为民主型教师课堂领导方式中，注重学生的情感体验，培养学生学习兴趣。因此学生能够积极主动地投入学习中，独立自主能力强，对于问题有较为深入的思考，敢于发表自己的观点，好奇心强。② 由此可以假设，学校民主治理可能对学生创新人格存在直接影响。

分维度来看，在平等性维度，有学者认为教师给予学生更多的尊重，平等地对待学生，会让学生更加自尊和自信，产生更多的高唤醒的积极学业情绪体验，进而可能提升学生的好奇心和冒险性等创新人格。在自由性维度，当一个人完成任务的方式受到限制或控制变得不自由时，其自主性和创新能力都有所降低。③ 与外部限制相反，高度自由与高创新能力相关。④ 如果教师在教学过程中给学生提供更多自由选择的机会，重视帮助学生塑造自信心，不强制学生，引导学生有更多的创造性表现，那么就会促进其创造能力的发展；相反，强制性的教师态度和方法则不利于学生创造力的发展。⑤ 在参与性维度，参与决策将有助于培养学生独立性以及在复杂情境中解决问题的能力，即提升学生创新人格中的挑战性水平。在协商性维度，师生在教学中开展对话协商而非灌输教学，可能有利于激发学生的好奇心和探究欲。

基于上述分析，本研究提出以下假设。

H6：学校民主治理中的平等性对学生创新人格有显著正向影响。

H7：学校民主治理中的自由性对学生创新人格有显著正向影响。

H8：学校民主治理中的参与性对学生创新人格有显著正向影响。

H9：学校民主治理中的协商性对学生创新人格有显著正向影响。

在对于创新人格中冒险性、挑战性、好奇心、想象力的环境因素探讨中，学者提到最多的是自由因素，阿玛拜尔和伊科娃两人的创造性组织环境量表

---

① 邵瑞珍. 教育心理学 [M]. 上海：上海教育出版社，1988：428-429.

② 莫美路. 中小学教师的课堂领导方式对学生创造性问题解决的作用机制 [D]. 武汉：华中师范大学，2015.

③ Amabile T M, Conti R, Collins M A. Frank Barron's influence on current and future generations of creativity researchers: some personal reflections [J]. Create to be free: essays in honor of Frank Barron, 1996：93-101.

④ Amabile T, Conti R, Coon H, et al. Assessing the work environment [J]. Journal of nursing administration, 1996, 16 (4)：11-17.

⑤ Denise D S F. Teacher and student perceptions of creativity in the classroom environment [J]. Roeper review, 2000, 22 (3)：148-153.

信效度高且流传度广。二者都涉及组织内的自由度。① 与平等、参与、协商的环境相较而言，自由的环境可能更容易激发学生的想象力，激起学生探索和冒险的欲望，因此，本研究提出假设 H10。

H10：在学校民主治理的四个维度中，自由性对学生创新人格的影响效应最强。

一、不同维度对学生创新人格的影响效应

（一）平等性对学生创新人格的影响

在 SPSS 中使用线性回归分析，以师生平等的两个维度为自变量，创新人格的四个维度分别作为因变量进行回归分析。使用分层回归分析方法，首先在第一层放入控制变量，包括性别、年级、是否班干部、独生子女、本地生源以及所在区域的虚拟变量，然后在第二层放入师生平等和生生平等两个自变量。得到回归方程的结果整理如表 7-9 所示。

表 7-9 平等性对学生创新人格的回归分析结果

	冒险性	挑战性	好奇心	想象力
师生平等	0.106***	0.117***	0.127***	0.068***
	(0.016)	(0.016)	(0.017)	(0.037)
生生平等	−0.027	0.135***	0.166***	−0.090***
	(0.019)	(0.018)	(0.019)	(0.021)
性别	−0.012	−0.112**	−0.139***	0.105***
	(0.029)	(0.028)	(0.030)	(0.037)
年级	0.087***	−0.039***	−0.018	0.228***
	(0.013)	(0.013)	(0.014)	(0.017)
学生干部	−0.083***	−0.159***	−0.194***	0.019
	(0.030)	(0.029)	(0.031)	(0.039)
独生子女	−0.014	−0.038	−0.009	0.024
	(0.032)	(0.030)	(0.034)	(0.040)

---

① Göran Ekvall. Organizational climate for creativity and innovation [J]. European journal of work & organizational psychology, 1996, 5 (1)：105-123.

续表

	冒险性	挑战性	好奇心	想象力
本地生源	-0.052	-0.020	-0.062	-0.032
	(0.034)	(0.033)	(0.037)	(0.044)
区域	-0.136***	-0.057***	-0.029	-0.070***
	(0.020)	(0.019)	(0.021)	(0.025)
调整后的 R^2	0.051	0.083	0.088	0.065

注：*** $p<0.001$，** $p<0.01$，* $p<0.05$。

加入自变量后，R^2 更改达到了显著性水平，说明在控制人口背景变量的前提下，师生平等和生生平等对于学生创新人格具有显著正向作用。

具体而言，第一，师生平等对于学生创新人格的四个维度均有显著正向影响，师生平等得分每提高 1 分，学生创新人格的冒险性、挑战性、好奇心和想象力分别提升 0.106、0.117、0.127 和 0.068 分。

第二，生生平等对于学生创新人格的挑战性、好奇心和想象力三个维度有极其显著的正向影响，对于学生的冒险性不具有显著影响。假设 H6 得到验证。

平等性维度对于学生创新人格具有显著正向影响，这与李海平等人的研究结果一致，其研究认为师生关系和同伴关系是课堂创新环境的重要因素，[1] 假设 H6 得到验证。师生之间没有民主、平等就建立不起良好的师生关系，就难以形成充满创新精神的课堂教学氛围，也就难以培养出创新型的人才。[2]

第三，师生平等和生生平等维度对于学生挑战性和好奇心的解释力度在 8% 左右，对于想象力的解释力度为 6.5%，对于学生冒险性的解释力度为 5.1%，比较而言，师生平等和生生平等对于挑战性和好奇心的解释力度较强，对于冒险性的解释力度较弱。

(二) 自由性对学生创新人格的影响

根据假设 H7，以表达自由和行动自由作为自变量，在控制变量后，以创新人格的四个维度作为因变量进行分层回归，获得的结果摘要如表 7-10 所示。

---

[1] 李海燕，胡卫平，申继亮. 学校环境对初中生人格特征与创造性科学问题提出能力关系的影响[J]. 心理科学，2010（5）：1154-1158.

[2] 潘泽南. 形成创新教学课堂氛围的"五大因素"[J]. 课程·教材·教法，2004（2）：31-34.

表 7-10　自由性对学生创新人格的回归分析结果

	冒险性	挑战性	好奇心	想象力
表达自由	0.127***	0.239***	0.283***	0.042*
	(0.016)	(0.016)	(0.017)	(0.021)
行动自由	-0.010	-0.010	0.010	0.043*
	(0.015)	(0.014)	(0.015)	(0.019)
性别	-0.006	-0.083***	0.106***	0.098**
	(0.029)	(0.027)	(0.029)	(0.037)
年级	0.091	-0.030*	-0.012	0.218***
	(0.013)	(0.013)	(0.014)	(0.017)
学生干部	-0.071*	-0.146***	-0.173***	0.038
	(0.030)	(0.029)	(0.031)	(0.039)
独生子女	-0.010	-0.039	-0.008	0.035
	(0.032)	(0.030)	(0.032)	(0.040)
本地生源	-0.053	-0.030	-0.074	-0.027
	(0.054)	(0.032)	(0.035)	(0.044)
区域	-0.138***	-0.055***	-0.021*	-0.062***
	(0.020)	(0.019)	(0.021)	(0.015)
调整后的 R^2	0.058	0.104	0.121	0.064

注：*** $p<0.001$，** $p<0.01$，* $p<0.05$。

结果显示，第一，表达自由对于学生创新人格具有极其显著的影响，表达自由每提高 1 分，学生创新人格的冒险性、挑战性、好奇心和想象力分别提高 0.127 分、0.239 分、0.283 分和 0.042 分。

第二，行动自由对于学生的想象力具有显著影响，但对于学生的冒险性、挑战性和好奇心不具有显著影响。已有学者指出，教师在上课时不允许学生做小动作，不允许随意"插嘴"，过分强调纪律，容易导致"恐惧与不信任""控制与服从"，会给学生造成心理上的压抑感，使他们不敢标新立异、有所创新，逐渐变得盲目依从，失去自信心，扼杀学生的个性和天性，束缚学生想象力。[①][②] 本研究进一步支持了这一观点，综合来看，自由性对于学生的创新人格具有显著正向影响，假设H7得到验证。

（三）参与性对学生创新人格的影响

根据假设H8，以参与活动和参与决策作为自变量，以学生创新人格的四个维度冒险性、挑战性、好奇心、想象力作为因变量进行分层回归，控制变量后，获得的回归分析结果见表7-11。

表7-11 参与性对学生创新人格的回归分析结果

	冒险性	挑战性	好奇心	想象力
参与活动	0.032*	0.138***	0.136***	0.001
	(0.014)	(0.014)	(0.015)	(0.018)
参与决策	0.025	0.104***	0.162***	0.015
	(0.017)	(0.016)	(0.017)	(0.021)
性别	-0.016	-0.110***	-0.136***	0.097***
	(0.029)	(0.027)	(0.030)	(0.037)
年级	0.090***	-0.030*	-0.012	0.226***
	(0.013)	(0.013)	(0.014)	(0.017)
学生干部	-0.083**	-0.112***	-0.136***	0.022
	(0.031)	(0.029)	(0.032)	(0.039)
独生子女	-0.012	-0.046	-0.020	0.029
	(0.032)	(0.030)	(0.032)	(0.040)
本地生源	-0.055	-0.035	-0.078*	-0.028
	(0.034)	(0.033)	(0.035)	(0.044)
区域	-0.143***	-0.054**	-0.022	-0.073**
	(0.020)	(0.019)	(0.020)	(0.025)
调整后的 R^2	0.042	0.096	0.108	0.060

注：*** $p<0.001$，** $p<0.01$，* $p<0.05$。

---

① 田友谊，涂艳国. 教育中的宽容与创造：兼论创造性人才成长环境的培育[J]. 教育发展研究，2009（20）：28-32.

② 田友谊. 我们需要什么样的课堂纪律：由"上课插嘴"说开去[J]. 思想理论教育，2009（2）：52-57.

回归结果表明，第一，参与活动对于学生的冒险性、挑战性和好奇心具有显著影响，对想象力的影响不显著。参与活动维度每提高1分，学生的冒险性、挑战性和好奇心分别提高0.032分、0.138分和0.136分。

第二，参与决策对挑战性和好奇心维度影响显著，参与决策维度每提高1分，学生的挑战性和好奇心分别增加0.104和0.162分。但参与决策对冒险性和想象力的影响不显著。Mager等曾对32篇关于学生参与的实证研究进行综述，其中包括10篇量化研究、13篇质性研究和9篇混合方法研究，结果发现对学生参与的影响效应存在一定争议。[1] 综合来看，参与性对于学生创新人格具有显著正向影响，假设H8得到验证。

第三，参与维度对挑战性和好奇心的解释力度较强，但对于冒险性和想象力的解释力度较弱。

(四) 协商性对学生创新人格的影响

根据假设H9，以管理协商和教学协商作为自变量进行回归，控制变量后，获得的回归分析结果见表7-12。

表7-12 协商性对学生创新人格的回归分析结果

	冒险性	挑战性	好奇心	想象力
管理协商	0.048***	0.066***	0.088***	0.076***
	(0.016)	(0.015)	(0.016)	(0.020)
教学协商	0.096***	0.131***	0.176***	0.080***
	(0.018)	(0.017)	(0.018)	(0.023)
性别	-0.013	-0.106***	-0.133***	0.099**
	(0.029)	(0.028)	(0.030)	(0.037)
年级	0.088***	-0.040**	-0.022	0.227***
	(0.013)	(0.013)	(0.014)	(0.017)
学生干部	-0.096***	-0.162***	-0.187***	0.015
	(0.030)	(0.029)	(0.031)	(0.039)

---

[1] Mager U, Nowak P. Effects of student participation in decision making at school. a systematic review and synthesis of empirical research [J]. Educational research review, 2012, 7 (1): 38-61.

续表

	冒险性	挑战性	好奇心	想象力
独生子女	-0.008	-0.042	-0.014	0.033
	(0.032)	(0.030)	(0.033)	(0.040)
本地生源	-0.046	-0.030	-0.073*	-0.019
	(0.034)	(0.033)	(0.035)	(0.044)
区域	-0.137***	-0.060**	-0.027	-0.066**
	(0.020)	(0.019)	(0.020)	(0.025)
调整后的 R^2	0.047	0.074	0.095	0.065

注：*** $p<0.001$，** $p<0.01$，* $p<0.05$。

回归结果显示，第一，管理协商和教学协商两个一阶因子对于学生创新人格的四个维度均有极其显著的正向影响。第二，学校民主治理中的协商性对于好奇心维度的回归解释力度最大，为9.5%，对于冒险性的解释力度最小，为4.7%。协商民主维度对于学生创新人格具有极其显著的影响，假设H9成立。

已有研究指出，学生通过协商对话的方式参与公共事务和教学过程，在学生的原初意见达不到共识时，很有可能激发学生的想象力。在协商民主式的班级管理中，师生通过对话和协商达成共识，给学生参与班级公共事务创造空间，能够有效促进学生主体性的发展，也有利于学生独特个性、创新意识和精神的培养。[①] 由此可见，虽然协商性对于学生创新思维的影响效应偏低，但是对于学生的创新人格提升仍然非常重要。

二、不同维度对学生创新人格的作用比较

（一）学校民主治理对学生创新人格的作用比较

为了验证假设H10，比较学校民主治理四个二阶因子对于学生创新人格影响的效应大小，将平等性、自由性、参与性和协商性作为自变量，将冒险性、挑战性、好奇心、想象力四个维度作为因变量，在控制变量情况下进行岭回归，回归结果见表7-13。

---

① 李发祥.从"独白"到"对话"：班级管理的转型 [J].教育理论与实践，2017，37（10）：33-36.

表 7-13 学校民主治理二阶维度对学生创新人格影响效应的比较摘要表

自变量	冒险性 非标准化回归系数	冒险性 标准化回归系数	挑战性 非标准化回归系数	挑战性 标准化回归系数	好奇心 非标准化回归系数	好奇心 标准化回归系数	想象力 非标准化回归系数	想象力 标准化回归系数
平等性	0.026**	0.024	0.070***	0.064	0.073***	0.062	-0.013	-0.009
自由性	0.055***	0.055	0.061***	0.062	0.081***	0.077	0.060***	0.047
参与性	0.024***	0.026	0.093***	0.104	0.106***	0.109	-0.014	-0.012
协商性	-0.004	-0.004	0.037***	0.040	0.061***	0.061	-0.005	-0.005
性别	-0.005	-0.003	-0.051***	-0.031	-0.061***	-0.035	0.052**	0.024
年级	0.042***	0.055	-0.021***	-0.028	-0.011	-0.013	0.112***	0.115
学生干部	-0.037*	-0.021	-0.066***	-0.039	-0.076***	-0.042	0.018	0.008
独生子女	-0.025	-0.015	-0.032*	-0.019	-0.015	-0.009	0.015	0.007
本地生源	-0.033*	-0.017	-0.012	-0.006	-0.034*	-0.017	-0.034	-0.014
区域	-0.065***	-0.062	-0.027***	-0.026	-0.009	-0.008	-0.029*	-0.021
调整后的 R^2	0.040		0.107		0.128		0.048	

注：*** $p<0.001$，** $p<0.01$，* $p<0.05$。

第一，平等性、自由性、参与性会对创新人格中的冒险性产生显著的正向影响关系，协商性对于冒险性不具有显著影响。这一回归模型通过 F 检验（$F=14.686$，$p<0.05$），说明模型成立。具体来看，平等性、自由性、参与性的标准化回归系数值分别为 0.024（$t=3.011$，$p=0.003<0.01$）、0.055（$t=6.989$，$p=0.000<0.001$）、0.026（$t=3.304$，$p=0.000<0.001$），协商性的回归系数为-0.004（$t=0.049$，$p=0.623>0.05$）。比较而言，自由性对于学生创新人格的冒险性维度影响最大，其次为参与性，再次为平等性。

第二，平等性、自由性、参与性和协商性均会对创新人格中的挑战性有显著的正向影响关系。平等性、自由性、参与性和协商性对挑战性的标准化回归系数值分别为 0.064（$t=8.451$，$p=0.000<0.001$）、0.062（$t=8.260$，$p=0.000<0.001$）、0.104（$t=13.782$，$p=0.000<0.001$）和 0.040（$t=5.425$，$p=0.000<0.001$）。比较而言，参与性对于挑战性维度影响最大，其次为自由性，平等性和协商性影响较弱。

第三，平等性、自由性、参与性和协商性均会对创新人格中的好奇心有显著的正向影响关系。模型通过 F 检验（$F=40.037$，$p<0.05$），具有意义。平等性、自由性、参与性和协商性对好奇心的标准化回归系数值分别为0.062（$t=8.198$，$p=0.000<0.01$）、0.077（$t=10.286$，$p=0.000<0.01$）、0.109（$t=14.615$，$p=0.000<0.01$）和0.061（$t=8.252$，$p=0.013<0.05$）。比较而言，参与性对于好奇心维度影响效应最大，其次为自由性，协商性与平等性影响效应大小相近。

第四，自由性会对创新人格中的想象力有显著的正向影响关系。模型通过 F 检验（$F=17.433$，$p<0.05$），自由性对想象力的回归系数为0.047（$t=9.148$，$p=0.000<0.01$），平等性、参与性和协商性对想象力不存在显著影响。

比较调整后的 R^2 大小可知，学校民主治理对于创新人格中挑战性和好奇心的解释力度更强，对冒险性和想象力的解释力度较弱。后两个维度可能更多通过中介变量产生作用关系。

比较标准化回归系数的大小可知，一方面，在冒险性和想象力两个维度上，自由性维度的影响效应最大，能够自由表达的学生更加擅长凭借直觉进行联想，敢于坚持自己的观点，不盲听盲从。参与性的影响效应次之，协商性和平等性的影响较弱。另一方面，在挑战性和好奇心维度上，参与性的影响效应最大，其次为平等性维度，说明更多参与活动和决策的学生，更多感知到平等氛围的学生更善于进行探索和研究，更擅长在复杂情境中解决问题。

（二）不同学段学校民主治理对学生创新人格的作用比较

小学生和初中生的人格特质较为不同，初中生可能会面临青春期、叛逆期等问题，因此在不同学段下，学校民主治理的不同维度对于创新思维的影响，其作用大小可能不一致，有必要进行分组比较，以探索小学和初中各自学段内，对学生创新思维更为重要的因素。表7-14和表7-15分别呈现了小学学段和初中学段学校民主治理对学生创新思维影响的岭回归分析摘要。

表7-14 学校民主治理四个维度对学生创新人格的影响作用：小学组

自变量	冒险性 非标准化回归系数	冒险性 标准化回归系数	挑战性 非标准化回归系数	挑战性 标准化回归系数	好奇心 非标准化回归系数	好奇心 标准化回归系数	想象力 非标准化回归系数	想象力 标准化回归系数
平等性	-0.026	-0.022	0.015	0.013	0.060***	0.048	-0.118**	-0.084

续表

自变量	冒险性 非标准化回归系数	冒险性 标准化回归系数	挑战性 非标准化回归系数	挑战性 标准化回归系数	好奇心 非标准化回归系数	好奇心 标准化回归系数	想象力 非标准化回归系数	想象力 标准化回归系数
自由性	0.066***	0.067	0.078***	0.081	0.106***	0.102	0.140***	0.120
参与性	0.037***	0.036	0.109***	0.110	0.111***	0.103	0.061	0.051
协商性	0.013	0.013	0.037***	0.038	0.072***	0.070	-0.068	-0.058
性别	-0.028	-0.016	-0.040*	-0.024	-0.089***	-0.049	0.018	0.009
年级	0.063**	0.037	-0.008	-0.005	-0.018	-0.010	0.124*	0.060
学生干部	-0.053*	-0.030	-0.083***	-0.049	-0.084***	-0.045	0.024	0.012
独生子女	-0.020	-0.011	-0.058**	-0.035	-0.020	-0.011	0.043	0.021
本地生源	-0.048*	-0.025	-0.031	-0.017	-0.061**	-0.030	-0.067	-0.030
区域	-0.064***	-0.059	-0.047***	-0.044	-0.026*	-0.023	-0.030	-0.023
调整后的 R^2	0.039		0.108		0.146		0.020	

注：*** $p<0.001$，** $p<0.01$，* $p<0.05$。

在小学组，第一，平等性、协商性对于冒险性的回归系数值为-0.022（$t=-1.844$，$p=0.065>0.05$）和0.013（$t=1.134$，$p=0.257>0.05$），意味着平等性和协商性并不会对冒险性产生影响关系。自由性、参与性的回归系数值为0.067（$t=5.951$，$p=0.000<0.001$）和0.036（$t=3.240$，$p=0.001<0.001$），与全样本相比，小学组中平等性对冒险性的影响下降。

第二，平等性对于挑战性的标准化回归系数值为0.013（$t=1.108$，$p=0.268>0.05$），说明平等性并不会对挑战性产生影响关系。自由性、参与性、协商性的标准化回归系数值分别为0.081（$t=7.480$，$p=0.000<0.001$）、0.110（$t=10.243$，$p=0.000<0.001$）、0.038（$t=3.557$，$p=0.000<0.001$），意味着自由性、参与性、协商性会对挑战性产生显著的正向影响关系。其中参与性的影响效应最大，其次为自由性，最后为协商性。与全样本相比，小学组中平等性对挑战性的影响效应下降。

第三，平等性、自由性、参与性、协商性均会对好奇心产生显著的正向影响。平等性、自由性、参与性、协商性的标准化回归系数值为0.048（$t=$

4.320，$p=0.000<0.001$）、0.102（$t=9.647$，$p=0.000<0.001$）、0.103（$t=9.833$，$p=0.000<0.001$）、0.070（$t=6.588$，$p=0.000<0.001$），自由性和参与性对于好奇心的影响效应大小类似，协商性次之，最后为平等性。其中自由性和协商性相较于全样本而言，对于小学生的好奇心影响效应更大。

第四，平等性对想象力的回归系数值为-0.084（$t=-2.988$，$p=0.003<0.01$），意味着平等性会对想象力产生显著的负向影响关系。自由性的回归系数值为0.120（$t=3.682$，$p=0.000<0.001$），意味着自由性会对想象力产生显著的正向影响关系。参与性和协商性的标准化回归系数值分别为0.051（$t=1.528$，$p=0.127>0.05$）和0.058（$t=-1.786$，$p=0.074>0.05$），意味着参与性和协商性并不会对想象力产生影响关系。虽然更改F方达到显著性水平（$F=3.334$，$p=0.000<0.001$），但是该模型对于想象力的解释力度只有2%，说明还有其他重要变量直接影响小学生的想象力。比较而言，自由性对于想象力的影响较为重要。

表7-15 学校民主治理四个维度对学生创新人格的影响作用：初中组

自变量	冒险性 非标准化回归系数	冒险性 标准化回归系数	挑战性 非标准化回归系数	挑战性 标准化回归系数	好奇心 非标准化回归系数	好奇心 标准化回归系数	想象力 非标准化回归系数	想象力 标准化回归系数
平等性	-0.026*	-0.023	0.030*	0.027	0.014	0.011	-0.077***	-0.052
自由性	0.042***	0.045	0.082***	0.089	0.097***	0.097	0.027	0.022
参与性	0.013	0.014	0.073***	0.081	0.091***	0.094	-0.005	-0.004
协商性	-0.002	-0.002	0.057***	0.064	0.061***	0.064	-0.004	-0.003
性别	0.022	0.014	-0.064***	-0.041	-0.037	-0.022	0.101***	0.048
年级	-0.018	-0.011	-0.017	-0.011	0.004	0.002	0.067*	0.032
学生干部	-0.033	-0.019	-0.054**	-0.032	-0.079***	-0.043	0.014	0.006
独生子女	-0.040*	-0.025	-0.009	-0.005	-0.012	-0.007	-0.006	-0.003
本地生源	-0.002	-0.001	0.006	0.003	-0.002	-0.001	-0.002	-0.001
区域	-0.075***	-0.074	-0.014	-0.014	0.000	0.000	-0.054***	-0.040
调整后的R^2	0.025		0.097		0.106		0.023	

注：***$p<0.001$，**$p<0.01$，*$p<0.05$。

初中阶段，第一，在冒险性维度上，参与性和协商性的标准化回归系数分别为 0.014（$t=1.266$，$p=0.206$）和 -0.002（$t=-0.194$，$p=0.846$），说明参与性和协商性对于冒险性来说不具有显著影响。平等性的标准化回归系数为 -0.023（$t=-1.968$，$p=0.049<0.05$），说明平等性对于冒险性来说具有边缘显著的影响，自由性的标准化回归系数为 0.045（$t=3.999$，$p=0.000<0.001$），说明自由性对冒险性产生显著的正向影响。与小学相比，在初中阶段，自由性对于冒险性的影响更为重要。

第二，在挑战性维度上，平等性、自由性、参与性、协商性均会对挑战性产生显著的正向影响。平等性、自由性、参与性、协商性的标准化回归系数值为 0.027（$t=4.320$，$p=0.000<0.001$）、0.089（$t=9.647$，$p=0.000<0.001$）、0.081（$t=9.833$，$p=0.000<0.001$）、0.064（$t=6.588$，$p=0.000<0.001$）。比较而言，自由性对于挑战性的影响效应最大，其次为参与性，再次为协商性，最后为平等性。这一影响重要性排序与小学相同，但是模型的解释力度有所下降，为 9.7%。

第三，平等性对于好奇心的标准化回归系数值为 0.011（$t=1.004$，$p=0.318>0.05$），意味着平等性并不会对好奇心产生影响关系。自由性、参与性、协商性的标准化回归系数值分别为 0.097（$t=9.017$，$p=0.000<0.001$）、0.094（$t=8.810$，$p=0.000<0.001$），0.064（$t=6.053$，$p=0.000<0.001$），意味着自由性、参与性、协商性会对好奇心产生显著的正向影响关系。其中自由性的影响效应最大，其次为参与性，最后为协商性。相较于小学生，平等性对于初中生的好奇心影响减弱，自由性对于初中生的影响增强。

第四，平等性对于想象力的标准化回归系数值为 -0.052（$t=-4.407$，$p=p=0.000<0.001$），意味着平等性对想象力产生显著负向影响。自由性、参与性、协商性的影响系数未达到显著性水平，说明三者并不会对好奇心产生影响关系。

总结来看，自由性对于初中生更加重要，参与性对于小学生更加重要。

第三节　学校民主治理、创新自我效能感与学生创新能力

从已有文献来看，学校民主治理与学生创新能力可能存在间接关系。如有研究认为工作/学习中的自由度，尊重少数人的意见，或者是社会支持度和

组织鼓励度等均可以成为民主氛围与组织创新能力之间的中介变量。许多组织工作环境量表借鉴了这些理论,来解释为什么组织中的民主氛围会提升组织创新能力。上述研究针对的是组织中的创新能力,针对个人创新能力的影响,则可能更多地通过个人动力系统,如创新自我效能感表现出来。

自我效能是指个体对自己完成某一行为的可能性所进行的推测与判断。芒福德(Mumford)等人的研究发现,自我效能对创造性存在正向的影响。[1] 雷德蒙(Redmond)等人的研究发现,自我效能感对于人的创造思维中的发散思维和聚合思维有显著的积极影响。[2]

蒂尔尼和法默(Tierney and Farmer)等人依据创造力和自我效能感的关系,提出了创新自我效能感的概念,指个体对于自己创新能力的信念。当个体认为自己是具有创新能力的人时,其创新自我效能感较强。李西营等认为创新自我效能感不仅指个体能产生创新产品的信念,也包括提出创新想法的信心程度。[3]

为了测量创新自我效能感,蒂尔尼和法默(2002)首先编制了"创新自我效能感量表"(Creative Self-Efficiency Scale, CSES),包括产生新奇的想法、创造性解决问题与加工他人的观点三个维度,量表具有较高信效度。卡尔沃夫斯基(Karwowski)等人发明了"创意自我简明量表"(Short Scale of Creative Self, SSCS),其中有6个项目测量学生的创新自我效能感,信效度高,使用度广。[4]

从创新自我效能与个体创新能力的关系上看,管理学的研究发现,员工会通过收集工作环境中的有效信息来培养自身的创造力效能感,领导支持性的管理方式对于员工的创意效能感有决定性的影响。[5] 教育学和心理学领域针对学生的研究发现同样如此。莱蒙斯(Lemons)以242名大学生为被试,以开放性访谈的方式询问被试十个问题,如"对你而言,创造力意味着什么?",

---

[1] Mumford M D, Gustafson S B. Creativity syndrome: integration, application, and innovation [J]. Psychological bulletin, 1988, 103 (1): 27-43.

[2] Redmond M R, Mumford M D, Teach R. Putting creativity to work: effects of leader behavior on subordinate creativity [J]. Organizational behavior & human decision processes, 1993, 55 (1): 120-151.

[3] 李西营,张莉,芦咏莉,等. 创造性自我效能:内涵、影响因素和干预 [J]. 心理科学进展, 2012, 20 (1): 108-114.

[4] Karwowski, M. Did curiosity kill the cat? relationship between trait curiosity, creative self-efficacy and creative personal identity [J]. Europes journal of psychology, 2012, 8 (4),: 547-558.

[5] Tierney P, Farmer S M. Creative self-efficacy: its potential antecedents and relationship to creative performance [J]. Academy of management journal, 2002, 45 (6): 1137-1148.

以此来考察他们的创造性行为及他们对自身创造性能力的评价,结果发现大部分学生的创新能力都是基于自身的创新自我效能感,创新自我效能感越高,则表现出更多的创造性行为。[1] 我国针对中小学生的研究中,刘桂荣发现,学生的创新自我效能感在学校氛围与学生的创新能力中起中介作用。[2] 胡琳梅发现创新自我效能感在创新型课堂环境与学生的发散思维间起不完全中介作用。[3] 赵千秋同样验证了创造性自我效能在学校环境和科学创造力之间起中介作用。[4] 为了进一步验证自我效能感在学校民主治理与学生创新能力之间的关系,本研究提出以下假设:

H11:创新自我效能感对学生的创新思维起显著正向影响。

H12:创新自我效能感对学生的创新人格起显著正向影响。

H13:创新自我效能感在学校民主治理与学生创新思维中起部分中介作用。

H14:创新自我效能感在学校民主治理与学生创新人格中起部分中介作用。

H15:创新自我效能感在学校民主治理与学生创新能力中起部分中介作用。

一、创新自我效能感对学生创新能力的影响

(一)创新自我效能感对学生创新思维的影响

学生的创新自我效能感为验证假设 H11,根据回收的数据,以创新自我效能为自变量,创新思维为因变量,开展回归分析,回归系数整理见表 7-16。

表 7-16 创新自我效能对创新思维的回归系数

	流畅性	灵活性	独创性	精细化
创新自我效能感	0.450***	0.502***	0.467***	0.487***
	(0.015)	(0.016)	(0.018)	(0.016)

---

[1] Gay Lemons. Bar Drinks, Rugas, and Gay Pride parades: is creative behavior a function of creative self-efficacy? [J]. Creativity research journal, 2010, 22 (2): 151-161.

[2] 刘桂荣,张景焕. 父母教养行为、学校气氛对创造思维的预测:自主性动机和创造自我效能的中介作用 [C] // 中国心理学会发展心理学分会学术研讨会. 2013.

[3] 胡琳梅. 创造性课堂环境与初中生创造性思维的关系研究:创意自我效能感和自主性动机的作用 [D]. 武汉:华中师范大学, 2016.

[4] 赵千秋. 学校环境、创造性自我效能与初中生科学创造力的关系 [D]. 西安:陕西师范大学, 2012.

续表

	流畅性	灵活性	独创性	精细化
性别	-0.045	0.055	-0.007	-0.376***
	(0.026)	(0.028)	(0.032)	(0.057)
年级	-0.120***	-0.111***	0.063***	-0.083***
	(0.012)	(0.013)	(0.014)	(0.013)
学生干部	-0.302***	-0.161***	-0.089**	-0.186***
	(0.027)	(0.030)	(0.033)	(0.029)
独生子女	-0.018	0.038	0.028	-0.020
	(0.026)	(0.029)	(0.032)	(0.028)
本地生源	-0.089**	-0.001	-0.011	-0.013
	(0.031)	(0.034)	(0.037)	(0.032)
调整后的 R^2	0.295	0.262	0.188	0.287

注：*** $p<0.001$，** $p<0.01$，* $p<0.05$。

结果显示，创新自我效能对学生创新思维的流畅性、灵活性、独创性和精细化均具有极其显著的正向影响，学生的创新自我效能每提高 1 分，学生的创新思维的流畅性、灵活性、独创性和精细化分别可以提升 0.450、0.502、0.467 和 0.487 分，各回归模型的解释力度分别为 29.5%、26.2%、18.8% 和 28.7%。假设 H11 成立。

（二）创新自我效能感对学生创新人格的影响

为验证假设 H12，根据回收的数据，以创新自我效能为自变量，创新人格为因变量，开展回归分析，回归系数整理见表 7-17。

表 7-17　创新自我效能对创新人格的回归系数

	冒险性	挑战性	好奇心	想象力
创新自我效能	0.194***	0.354***	0.407***	0.225***
	(0.017)	(0.016)	(0.017)	(0.021)
性别	0.069*	0.280***	-0.045	-0.138***
	(0.031)	(0.028)	(0.029)	(0.036)

续表

	冒险性	挑战性	好奇心	想象力
年级	-0.081***	-0.081***	0.002	-0.219***
	(0.014)	(0.013)	(0.013)	(0.017)
学生干部	0.014	-0.115***	-0.071*	0.091*
	(0.032)	(0.029)	(0.030)	(0.038)
独生子女	-0.047	0.052	-0.058*	0.021
	(0.031)	(0.028)	(0.030)	(0.037)
本地生源	-0.058	0.007	-0.036	-0.017
	(0.036)	(0.033)	(0.034)	(0.043)
调整后的 R^2	0.051	0.170	0.173	0.089

注：*** $p<0.001$，** $p<0.01$，* $p<0.05$。

结果显示，创新自我效能对学生创新人格的冒险性、挑战性、好奇心和想象力均具有极其显著的正向影响，学生的创新自我效能每提高1分，学生的创新人格的冒险性、挑战性、好奇心和想象力分别可以提升0.194、0.354、0.407和0.225分，各回归模型的解释力度分别为5.1%、17.0%、17.3%和8.79%。F值均显著，模型具有意义，假设H12成立。

综合来看，学生创新自我效能对学生创新能力的影响不可忽略。

学生的创新自我效能代表了学生对于自己创新能力的自信水平，也在一定程度上反映了学生的能力状况。调研发现，并非所有学生都能具备良好的创新能力。在对薄弱地区学校的调研过程中，笔者发现的确存在一部分学生不具备基本的学习能力，比如有的学生虽然已经四年级，但是不具备基本的读写能力，无法与人正常沟通；有的学生存在一定的心理和行为障碍。对于这类学生，用教师自己的话说："对他来讲那已经不可能了，他能正常生活对他来讲已经很难了，你要还在他身上谈创新（怎么可能？）。他能不惹是生非去，不坑了他周围的人，就可以了，你不可能给他提更高的要求了。"（CJSTZ6）

因此，对于这类学生，在教育上来说不能放弃，仍需通过学校教育，让学生接受基本的知识教学和行为习惯培养，但也必须承认，创新能力的确属于学生的高阶能力，是基础能力之上的能力，在培养创新能力方面也需要尊重现实，不应奢求所有学生都具备一定的创新能力。

二、创新自我效能感在学校民主治理与创新思维中的中介作用

许多研究表明学生的创新自我效能对创新思维有直接影响，在环境对创新思维的影响中，创新自我效能感往往起中介作用。一方面，环境可以影响学生的创新效能感，另一方面，创新自我效能可以激发学生产生并执行创新的想法。[1]

为了验证创新自我效能感在学校民主治理与学生创新思维中所起的作用，本研究在假设模型 a3（示意图见图 7-3）基础上，提出两个竞争模型，示意图如图 7-1 和图 7-2 所示。

图 7-1 模型 a1：学校民主治理对创新思维影响的无中介模型

图 7-2 模型 a2：学校民主治理对创新思维影响的完全中介模型

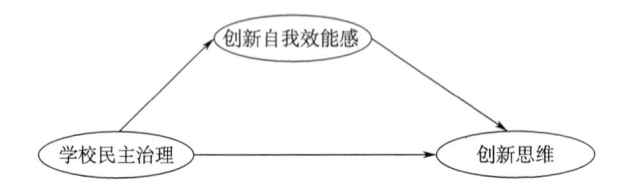

图 7-3 模型 a3（假设模型）：学校民主治理对创新思维影响的部分中介模型

使用 AMOS 进行模型匹配度检验，三个模型的拟合指数如见表 7-18。

表 7-18 假设模型与竞争模型拟合指数 1

	χ^2	df	χ^2/df	TLI	CFI	RMESA
a1	408.640	19	21.507	0.962	0.945	0.076

---

[1] Anderson N, Dreu C K W D, Nijstad B A. The routinization of innovation research: a constructively critical review of the state-of-the-science [J]. Journal of organizational behavior, 2004, 25 (2): 147-173.

续表

	χ^2	df	χ^2/df	*TLI*	*CFI*	*RMESA*
a2	1 441.637	75	19.222	0.922	0.936	0.072
a3	1 221.233	74	16.503	0.934	0.946	0.066

由表 7-18 可见，假设模型 a3 相比竞争模型而言，$c\chi^2/df$，*CFI* 值均有所提升，*RMSEA* 值明显下降。可见创新自我效能感的确在学校民主治理和学生创新思维的关系中起部分中介作用，假设模型 a3 成立，假设 H13 得到验证。

各路径标准化后的系数见图 7-4。学生的学校民主治理对创新自我效能感存在显著影响，直接影响效应为 0.31，对创新思维影响的间接效应是 0.30，总效应是 0.61，学校民主治理对创新思维的影响因素模型见图 7-4。

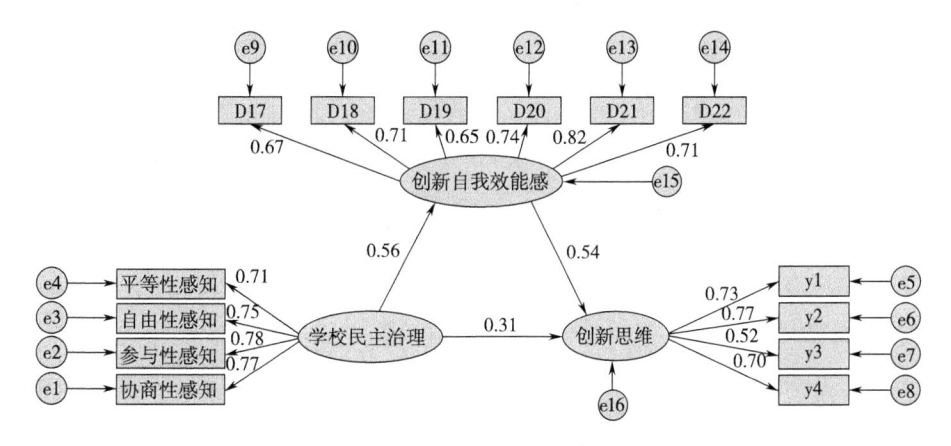

图 7-4 创新自我效能感在学校民主治理与学生创新思维间的中介作用

三、创新自我效能感在学校民主治理与创新人格中的中介作用

假设模型 a3 已经验证了环境对学生创新效能感的影响，本研究将在此基础上探讨创新自我效能感在学校民主治理与学生创新人格中的中介作用。为了验证中介作用效应，本研究在假设模型 b3（示意图见图 7-7）基础上，提出两个竞争模型，示意图如图 7-5 和 7-6 所示。

图 7-5 假设模型 b1：学校民主治理对创新人格影响的无中介模型

图 7-6　假设模型 b2：学校民主治理对创新人格影响的完全中介模型

图 7-7　假设模型 b3：学校民主治理对创新人格影响的部分中介模型

使用 AMOS 进行模型匹配度检验，三个模型的拟合指数如见表 7-19。

表 7-19　假设模型与竞争模型拟合指数 2

	χ^2	df	χ^2/df	TLI	CFI	RMESA
b1	617.059	19	32.477	0.891	0.926	0.095
b2	1 426.057	75	19.014	0.912	0.927	0.072
b3	1 362.610	74	18.414	0.915	0.931	0.070

由表 7-19 可见，假设模型 b3 与竞争模型 b1 相比，χ^2/df，CFI 和 TLI 值均有显著提升，RMSEA 值明显下降。假设模型 b3 的拟合指数略优于 b2 的拟合指数，说明学校民主治理对学生创新思维的影响更多通过间接效应体现，创新自我效能感的确在学校民主治理和学生创新思维的关系中起中介作用，假设模型 b3 成立，假设 H14 得到验证。

各路径标准化后的系数如图 7-8 所示。学生的学校民主治理对创新自我效能感存在显著影响，直接影响效应为 0.20，对创新人格影响的间接效应是 0.28，总效应是 0.58，学校民主治理对创新人格的影响因素模型见图 7-8。

四、创新自我效能感在学校民主治理与学生创新能力中的中介作用

结合本节前两部分内容，本研究认为学校民主治理同时影响学生创新能力中的创新思维和创新人格两个方面，且依据假设 H15，创新自我效能感在其中可能起到部分中介的作用。为验证假设 H15，提出直接影响模型（见图 7-9）和完全中介模型（见图 7-10）两个竞争模型，与假设模型（见图 7-11）作对比，比较不同模型间的拟合指数（见表 7-20）。

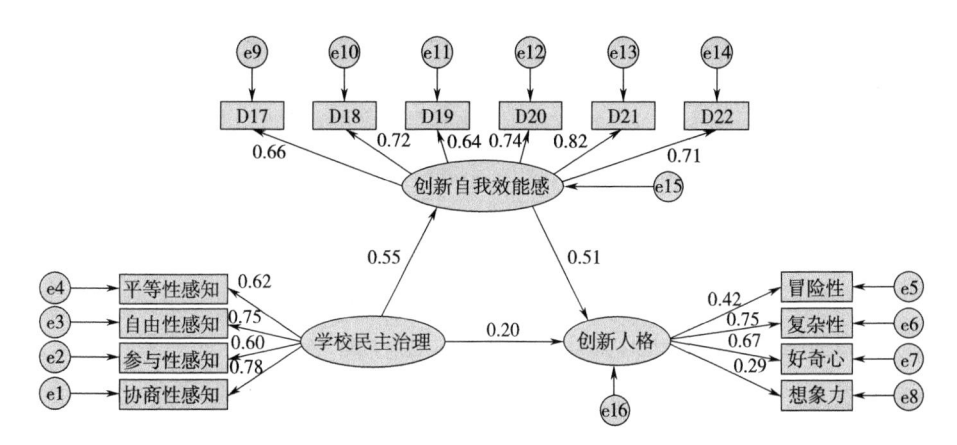

图 7-8　创新自我效能感在学校民主治理与学生创新人格间的中介作用示意图

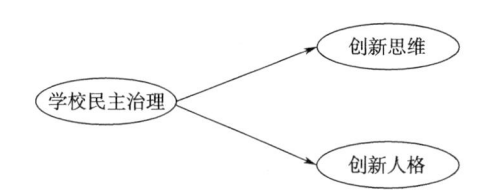

图 7-9　假设模型 c1：无中介模型

图 7-10　假设模型 c2：完全中介模型

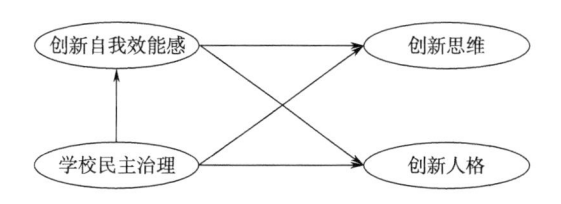

图 7-11　假设模型 c3：部分中介模型

表 7-20 假设模型与竞争模型拟合指数 3

	χ^2	df	χ^2/df	TLI	CFI	RMESA
c1	2 414.022	52	46.423	0.796	0.839	0.114
c2	3 182.019	132	24.106	0.863	0.882	0.081
c3	2 945.316	130	22.656	0.872	0.891	0.079

表 7-20 可见，竞争模型 c1 的拟合指数不达标，RMSEA>0.1，因此被拒绝。对比竞争模型 c2 和假设模型 c3，假设模型 c3 的 χ^2/df，CFI 和 TLI 值均有显著提升，RMSEA 值明显下降，假设模型 c3 的拟合指数略优于 c2 的拟合指数，其 RMESA = 0.079 < 0.080，拟合指数在可接受范围。假设 H15 得到验证。

根据 M.I 值对模型进行修正后，各路径标准化后的系数见图 7-12。学校民主治理对学生创新能力的影响因素模型见图 7-12。

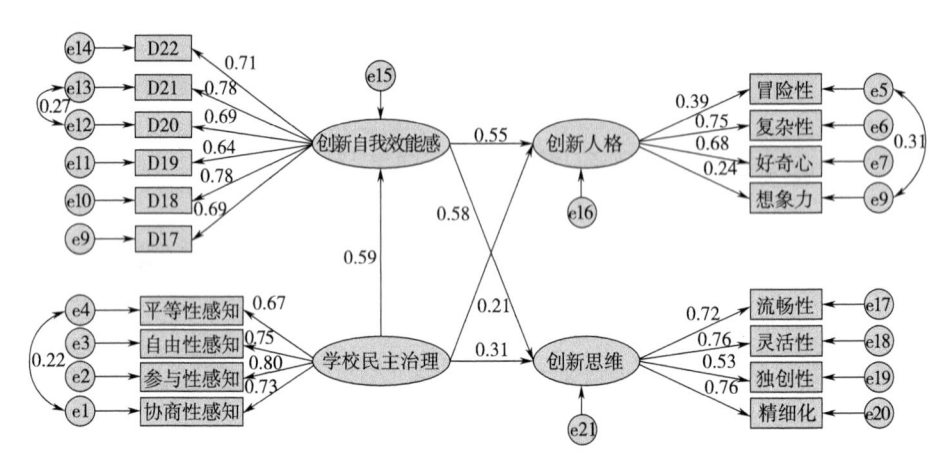

图 7-12 创新自我效能感在学校民主治理与学生创新能力间的中介作用示意图

修正后的拟合指数见表 7-21，各指标均达到了可接受标准。

表 7-21 模型 c3 修正后的拟合指数

	χ^2	df	χ^2/df	TLI	CFI	RMESA
c3	2 349.416	127	18.499	0.896	0.914	0.071

综合来看，问卷调查的数据结果显示，学校民主治理既对学生创新能力有直接效应，也通过学生创新自我效能感起间接影响。

学生和教师的访谈结果也对此数据模型进行了佐证。学生和教师都提到了民主可能对创新有直接影响，当被问到"如果创建民主的环境，让学生多参与的话，对学生有什么样的影响？"时，教师提出："如果不民主的话，他们会觉得自己很差，会让那些学习不好的孩子对自己没有信心，如果是越来越民主的话，那些成绩不好的孩子，以后会很有信心。"（DNMSG5）还有教师提出："没有放手之前，他（学生）所有的事情都是跟着老师去做的，老师一个人的脑子肯定是有固定的模式的，但是当你放手之后，一个是他的能力提升了，还有一个是他的创新能力也在提升，他不可能局限于老师这一个框架里，他肯定会发散出来。"（DNMTL5）学生也提出："如果不民主的话，老师讲完这个正确的标准答案之后，同学们只是做笔记，但是并没有真正通过大脑自己去思考。"（DNMSG5）

第八章
研究结论与讨论

本章将总结研究的相关结论，对结论开展深入的讨论，结合研究的结论给出相应的对策建议，并总结研究的创新与不足。

第一节 研究的主要结论

通过理论研究、质性研究以及量化研究的系列研究，本研究得出了系列研究结果，整理如下。

一、学校民主治理属于直接民主、实质民主和描述民主

在不同的民主理论中，有着几大经典争论，主要包括直接民主与代议制民主之争，程序民主与实质民主之争，规范性民主与描述性民主之争等。一般来说，采取直接民主还是代议民主制，与组织的规模直接相关。学校民主的组织对象是具体的一所所学校，大部分学校的规模都很小，我国对于班额大小又有限制，可见学生在学校中参与的组织（学校、班级或社团等）都属于有限人数，因此学校中的民主应当采用直接民主的形式。再者，学校教育面对的是每一个学生个体而非被选拔的公民，民主性的教育也应如是，因此学校中的民主应当采用直接民主的形式而非代议民主的形式。

激进的程序民主理论者认为民主就是投票选举的制度，但在学校中采取投票选举的方式进行教育显然是不合适的，因为学生的人数永远多于教师的人数，但是学生仍然必须在学校中接受已有价值体系和知识体系的教育。因此学校中的民主应当注重实质的民主，即在教学和管理方面，充分尊重学生的意愿，尊重学生的主体性，平等对待学生，给予学生陈述自己主张的机会并在不违背教育性的情况下给予学生自由选择的空间，鼓励学生参与学校公共事务并就学生利益相关话题与学生讨论协商。在学校教育教学的方方面面体现出学生的权利与权力，是教育民主的实质性理念。

教育中的民主追求规范性的民主形式，但是教育研究中的民主必须遵从描述性的民主，只有将民主的内涵尽可能地操作化，才便于对学校教育民主进一步开展描述研究和解释研究，只有将民主的内涵与外延尽可能地描述清晰，才有可能对学校教师和管理者起到借鉴作用。因此从研究的可行性与教育管理研究实践意义上来说，学校民主治理研究中的民主应当属于描述性民主。综上所述，教育民主研究中的民主应当遵循直接民主、实质民主、描述民主的概念规范。研究的基本理论框架如图 8-1 所示。

```
┌─────────┐   ┌─────────────────┐
│ 代议民主 │   │    直接民主     │
└─────────┘   │                 │
              │                 │
┌─────────┐   │    实质民主     │
│ 程序民主 │   │                 │
└─────────┘   │                 │
              │    描述民主     │
┌─────────┐   │                 │
│ 规范民主 │   └─────────────────┘
└─────────┘
```

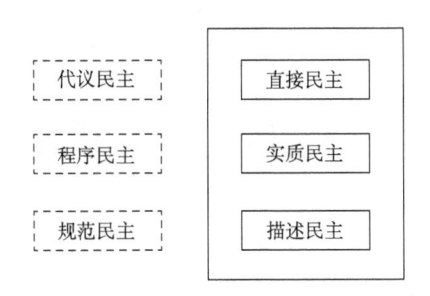

图 8-1　学校民主治理遵从的民主范式

协商民主理论是学校民主治理的理论基础，将其作为理论基础既具有合理性，也具有实践意义上的可行性。

（1）协商民主理论具有教育价值上的合理性。民主理论应用在教育领域中时，常常面临着质疑和批评，受到合理性方面的挑战。这些质疑包括民主所强调的平等性可能不利于人们尊重教师的专业主义；学生作为未成年公民，不具备合法的公民身份，[1] 应当遵从一定的社会价值标准，并对此进行学习；民主中的"选票逻辑"会导致学生作为多数人在投票中胜出，民主所得出的结论也有可能是错误的，在培养学生时可能会带来严重的教育后果等。但是，如果我们从民主实质的角度去理解教育民主，采用协商民主的理论去分析教育民主，可以发现协商民主理论在教育领域中的应用是具有合理性的，原因如下。

首先，教育民主与教师的专业主义并不冲突。协商民主理论的代表人物古特曼明确提出要尊重教师的专业主义，协商民主强调有理有据的讨论。其中的"理"和"据"就是要求尊重教育教学知识，一个专业教师其理论和实践信息远远地超过普通的学生，其对"理"和"据"的掌握就是教师专业主义的体现，因此我们认为协商民主恰恰是最尊重教师专业主义的一种教育形式。从另一方面说，尊重教师专业主义并不意味着剥夺学生在学校的发声权和全部选择权。学生的发言可以有效补充教师的信息盲区，以帮助教师做出更专业的判断，提供更专业的指导。

其次，学生虽然不是成年公民，本书所提倡的民主也并非让学生针对国家大事或者是政策法律等做出判断，而是提倡在与自己利益相关的事务上有

---

[1] 程红艳，周金山．论民主在学校教育中的作用与局限［J］．教育学报，2018（2）：65-72.

所参与和发言。在实证调研中，中高年级的小学生已经对民主概念有一定的理解，即使对"民主"二字本身理解得不够到位，但他们对于学校生活中的自由、平等、参与、发言等各项事务都有自己的感受，因此在学校中具备参与民主生活的基本条件。除此之外，学生参与民主的学校教育和管理过程，对于学生自身来说也具有教育意义，在此过程中，学生才能习得民主，获得价值教育。

再次，强调"选票逻辑"的民主遵从的是程序民主的程式，学校教育中的民主应当遵从实质民主的形式，协商民主理论的主要外显表现更加不在于投票的过程，而是强调基于理性的充分对话沟通，通过对话沟通、协商讨论的过程，协商民主教育模式可以较好地避免"多数人的暴政"。

最后，我们承认民主的可错性，甚至具有易错性，但是事实上没有哪一种教育形式可以保证永远正确。从历史经验来看，民主所犯错误的危险性明显较低，而且民主的过程本来带有纠错的功能，这一功能对于学生来说恰好是具有教育性的。由此可见协商民主教育理论是具有合理性的。

（2）协商民主理论具有可行性。协商民主在教学过程和管理过程中均可以有所体现。学校在管理学生时，可以尽可能地使用学生自治的方式；教师在管理学生时，可以充分聆听学生的主张，与学生展开讨论对话；在进行教学时，可以给予学生一定的自主探究空间，向学生抛出带有争议的问题，给学生创造阐释自己的主张并进行理性论证的机会等。在教育教学实践中，已经开始出现民主对待学生的学校和教师，也已经涌现出越来越多的协商民主式课堂。由此可见，协商民主式的教育在操作上虽然艰难，但绝对可行。

以上对协商民主教育的合理性和可行性进行了论证，可知协商民主理论在教育中是具有适用性的。

二、学校民主治理包括四个维度

根据理论研究和质性研究的结果，本书论述了学校民主治理的分析框架，从民主的内涵上，结合已有的民主理论和教育民主理论，将学校民主治理分为平等性、自由性、参与性和协商性四个维度。通过对访谈内容的类属分析，我们认为平等性是指学校中具有师生平等、生生平等的氛围，学生和教师都不因所谓的地位或家庭背景享有特权。自由性包括表达自由和行动自由两个方面，表达自由是指学生不必局限于教师或书本的唯一答案，能够说出自己内心的真实想法；行动自由指学生在学习方式、学习内容、课外活动等方面具备一定自主选择的权利。参与性包括参与活动和参与决策两个方面,参与活动是指在学校的教学和管理等活动中积极融入;参与决策是指学生可以进入学校的教学和管理过程中,对于一些涉及自身利益的决策有知情权以及影响决策的能力。协商性包括管理协商和教育协商两个方面,是指学生可以在教学和管理过程中向同学、教师或者学校领导表达自己的合理主张,从而影响最终讨论的过程和结果。

这些维度在针对教师和学生的访谈以及学校实地观察中得到了印证,在教学实践过程中均有可操作的外显行为来体现。

在访谈和观察中得到的信息和材料大部分在已有量表中可以找到对应的表述,对未找到对应表述的部分进行题项的编撰和修订,由此编制了学校民主治理量表,经信效度分析检验,量表达到了较好的信效度水平。

三、学校民主治理和学生创新能力均有待提升

学校民主治理得分为 3.405 分,在平等性、自由性、参与性和协商性四个维度中,平等性得分最高,其中尤以生生平等的得分最为突出,超过 4 分;自由性得分最低,其中行动自由的得分刚及 3 分。此外,参与决策的得分在各一阶因子中表现最差,不足 3 分。

具体来说,教师普遍认可师生平等、生生平等的教育理念,在教学和管理过程中也都追求着这一理念的实施与落地,但是教师往往对于教学中的自由选择表现出较大的抗拒,大部分教师都非常强调纪律性,强调学生必须遵守一定的纪律标准之后才能有自由和自主选择的权利。这种纪律标准并不是不影响其他学生的底线,而是包括要求学生听课时"身体坐直、双手背后",读书时"右手扶书,左手指字",写作业和考试时"审题画批",在题目的关键词句进行多样式的标注等,的确有一些学生可能会在这些命令和要求中受益,但是更多的老师并没有思考过这些统一的要求是否真的适合所有学生。在参与活动维度上,对课堂更有把控感的教师才会放手让学生参与活动,班级中较为优秀的学生也更加喜欢参与课堂教学的环节;但这种参与往往达不到与教师对话协商的层次,学生可能会在认识真正发生转变前就终止协商过程。

在差异性上,班干部对于学校民主治理的评价高于非班干部,小学生弱于中学生,男生低于女生,薄弱地区的学生低于优质地区的学生。

在创新能力上,学生创新思维的得分为 3.383 分,学生创新人格的得分

为3.554分，样本中学生的创新能力水平不高，与国外相关研究相比得分处于弱势。

创新思维量表的流畅性、灵活性、独创性和精细化四个维度中，独创性的得分最低，流畅性的得分最高。中学生的创新思维水平显著低于小学生，具体到四个维度中，中学生在灵活性、流畅性和精细化三个维度上的得分均显著低于小学生，仅在独创性维度上显著高于小学生；女生在进入初中后创新思维水平的下降速度显著高于男生，男生从小学到初中创新思维水平的下降是较为平缓的；薄弱地区学生的创新能力显著低于优质地区的学生。

创新人格量表的冒险性、挑战性、好奇心、想象力四个维度上，挑战性得分最高，想象力得分最低。男生在好奇心维度上的得分显著高于女生，在其他维度上的得分均显著低于女生；年级越高，学生的创新人格得分越高；相较于创新思维而言，学生的创新人格更容易受到家庭背景的影响，独生子女、本地生源的创新人格得分均显著高于非独生子女和非本地生源。

总体而言，学生创新能力发展的现状主要体现在学生独创性和想象力的缺失两个方面。

四、学校民主治理对学生创新能力有显著正向影响

通过回归分析和结构方程模型的验证，研究发现学校民主治理对学生创新思维和学生创新人格均有显著正向影响，其中既有直接影响效应，也有通过学生创新自我效能感的间接影响效应。

分维度看，在创新思维的四个维度中，学校民主治理对于独创性的回归解释力度较低，对于流畅性、灵活性和精细化的解释力度较高。在创新人格的四个维度中，学校民主治理对于好奇心和挑战性的解释力度较高，对于冒险性和想象力的解释力度较低。

在学校民主治理平等性、自由性、参与性和协商性四个维度中，参与性对于学生创新思维的正向影响最大，自由性对于学生创新人格的影响最大，参与性和自由性对于学生创新能力有更为重要的影响。

学校民主治理对于学生创新思维的解释效力好于对创新人格的解释效力。比较而言，学校民主治理对于学生创新思维的影响更多通过直接影响效应，其直接影响效应为0.31，间接影响效应为0.30；其对于学生创新人格的影响则更多通过创新自我效能的中介作用，直接影响效应仅为0.20，间接影响效应为0.28。

最后，文章构建了学校民主治理通过学生创新自我效能影响创新思维和创新人格的路径关系图（见图8-2）。

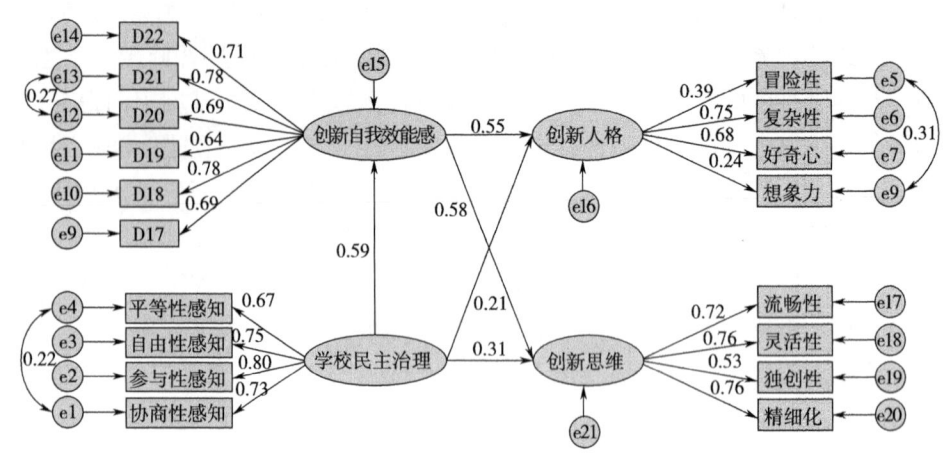

图8-2 学校氛围对学生创新能力的影响路径图

第二节 指向创新能力培养的学校民主治理塑造

学校民主治理有平等性、自由性、参与性和协商性四个维度，针对学生的学校事务，包括教学和管理两重内涵。塑造学校的民主氛围，一方面要在教学中彰显学生的主体性，将学生视为有能力的人，尊重他们的知识和兴趣；另一方面要在管理中寻求师生共治，尊重学生的权利，让他们参与确定目标和学习方法，并在学校事务中发挥更多作用。

一、在教学中彰显学生合理主体性

调研发现，一方面，在二阶因子中，学校民主治理中的自由性得分最低，仅为3.150分，其中一阶因子中的行动自由得分更低，刚达到3分；另一方面，回归分析显示，学校民主治理中的自由性维度相较其他维度而言，对学生创新人格有最为显著的影响，并且对于学生创新思维的作用也不容小觑。访谈发现，当前学生的自我意识觉醒较早，小学中高年级学生已经有完整的自我意识，渴望与教师平等对话，具备了一定的行为控制能力。因此应当通过承认学生的合理主体性，明确学生的主体特征，还学生自由成长的空间，塑造学校的民主氛围。

（一）在教学中彰显学生合理主体性的原因

学生的合理主体性是指学生具有学习自主的权利，只有在与一客体的关系中通过自己的自觉能动活动而获得对客体的主动态势，发挥出能动的积极作用并取得支配地位的人，才会成为主体。[1][2] 主体性有合理主体性和不合理主体性之分，学生在学习活动中能免于教师的强制要求，自由表达自己的学习诉求，根据个人的需求和特点完成学习任务等是学生合理主体性的体现。[3] 学生不顾及他人感受在教学过程中大声喧哗，因为缺乏行为控制能力而影响他人正当行为等表现，则不属于合理主体性的范畴。提升学校民主治理的关键之一就在于提升学生的合理主体性。

彰显学生的主体性就是尊重学生的权利，聆听学生的声音。1989年联合国颁布《儿童权利公约》，明确了学生的权利，要求与儿童有关的一切行动，都应以儿童的"最大利益"为首要考虑，[4] 提出了无歧视原则和儿童利益优先、最大化原则，[5] 明确提出了学生的参与权、表达权和建议权。2002年美国教育法案要求学校做管理决策时要咨询（consult）本校的学生，[6] 2006年英国教育和技能部发布《每一个儿童都重要》文件，鼓励每一个学生发言发声。

从访谈的结果来看，目前教师对于学生的主体性认识不够到位，教师并不将学生视作有能力的个体，在课堂上，十分强调秩序，害怕"放手"，认为只有这样才能服务于全体学生。然而，在项贤明看来，这种塑造儿童的教育观是教育学的原罪，是以"为儿童谋幸福"之名，行剥夺儿童主体地位之实。教师倾向于否认儿童在社会化过程中的能动性，否认儿童才是其自身社会化的真正主体，将学生成长的过程置于自己的控制之下。[7] 访谈也发现，当前有少数教师认为他们在倾听儿童和年轻人的声音，为了让学生的声音更有意义，

---

[1] 陈朝晖，刘志军. 高中综合素质评价中学生主体性的发挥：基于主体性发展理论的视角 [J]. 中国教育学刊，2016（10）：33-37.
[2] 张天宝. 论学生的主体性及其基本特征 [J]. 教育学术月刊，1996（6）：16-20.
[3] 李刚. 指向教师教学改进的学校管理变革研究 [D]. 北京：北京师范大学，2016.
[4] 程亮. 儿童利益及其教育意义 [J]. 教育研究，2018，39（3）：20-26.
[5] 吴晓玲. 当代儿童的孩童期自我理解：10岁年龄组"童言童年"质的研究 [J]. 教育科学研究，2018（7）：17-25，41.
[6] Robinson C, Taylor C. Theorizing student voice: values and perspectives [J]. Improving schools, 2007, 10（1）：5-17.
[7] 项贤明. 塑造儿童乃教育学之原罪 [J]. 华东师范大学学报（教育科学版），2018，36（5）：94-103，168-169.

彰显学生的主体性，学校需要仔细考虑听谁的，如何听，重点听学生讲什么。

鉴于学生主体性的重要地位以及学校民主治理中学生的自由感知对于学生创新能力的显著影响，学校应当着重保障学生的自由性，确立学生的主体性，通过对学校民主治理中自由性的提升，形成敢想、敢说的氛围，间接促进学生会想、会说，从而促进学生创新能力的提高。

（二）在教学中彰显学生合理主体性的途径

提升学校民主治理要求教师在课堂教学的过程中尊重学生的主体性，这是针对教学中教师"一言堂""家长制"，忽视学生主体地位的弊端提出的要求。具体而言，教师应当明确学生的权利，重新审视师生平等问题，尊重学生自由表达的权利，聆听学生声音，提升学生课堂参与度，采用对话协商方式发挥学生主动性，多措并举彰显学生的合理主体性。

1. 重新审视师生关系

民主的学校中，学生角色、教师角色、师生关系以及课堂教学方法均与传统的讲授式课堂迥然不同。[1] 学生个体角色、学生教师的关系、学生间的关系需要被重新审视，[2] 教师与学生之间、学生与教师之间的最基本原则是平等、最重要表现是尊重。[3] 根据哈贝马斯的主体间性理论，教师和学生不再是主体和客体的关系，而是双主体的关系，教师和学生之间的互动也是主体和主体之间的互动，并非传统的灌输式教学中单向的教师"作用"于学生，而是教师和学生的双向作用。

访谈中发现，虽然教师认为自己的权威在过去几年中已经有所下降，也有少数青年教师越来越注重与学生成为"朋友"，但是学生的问卷调查和访谈显示，整体来看，师生平等的情况仍然不容乐观。笔者所调研的区域在我国属于较发达地区，但实地调研却发现，当前教师队伍中，体罚、打骂学生的教师仍然存在，对学生"凶"仍是一些学校"好老师"的判断标准。教师所谓的"师生平等"更多是对部分精英学生而言的，并不是对全体学生。教师和学生主客体的关系并没有发生实质改变。

因此，教师应当重新审视与学生之间的关系，打破"教师中心"的地位，

---

[1] Mary Anne Raywid. The democratic classroom: mistake or misnomer [J]. Theory into practice, 1987, 26 (1): 480-489.

[2] Dundar S. Students' participation to the decision-making process as a tool for democratic school [J]. Kuram Ve Uygulamada Egitim Bilimleri, 2013, 13 (2): 867-875.

[3] 邵晓枫. 解读教学民主 [J]. 教育发展研究, 2007 (z1): 99-102.

不以"曾经"教师威权过甚的状态作为标杆。教师对于师生平等的评价，应当从"与过去比"，转换为"向标准比"，即是否达到了真正的平等，而不是是否达成了威权的下降。

同时，应当向教师普及双主体的内涵，普及"主体间性"的概念，让教师能够从双主体互动的范式中，反思其与学生的互动关系。

2. 聆听学生的自由表达

调研发现，当前教师仍然控制着课堂教学的流程，并且不敢将之还给学生。学生在课堂上很少能表达自己真正想表达的内容，更多的是去猜测老师的心思，或者是遵循书本上固定的答案。究其原因，主要在于两个方面。

一是教师在教学设计时不够灵活。课堂观察发现，许多教师在提问时，都预设着唯一固定的答案。如果教师心中的答案没有被学生"猜中"，教师会不停地请其他学生继续回答，并且通过语言和肢体进行暗示。如果学生没有回答出那一个"关键词"，教师就会不知道如何进入下一个教学环节。以小学语文课《少年闰土》一课为例，实施民主教学的教师会提问，"通过阅读，闰土的哪些特点令你印象深刻？"非民主教学的教师会提问，"通过阅读，你在第几自然段找到了鲁迅先生描写闰土开朗的性格特点？"两个问题非常类似，但在前一个提问下，学生有自由发挥的空间，只要说出了自己认为的特点就可以，学生没有压力。在后一个提问下，学生只能去回答唯一正确的答案，面临着回答错误的风险。当前许多教师的教学设计类似后者，并未给予学生自由表达的空间。

二是在学生自由表达后，教师没有给予即时正反馈。阿玛拜尔指出，提供信息型的反馈而不是评价型的反馈能够促进学生创新能力的培养。[1] 访谈发现，有时学生在课堂上自由表达后，教师往往会感到"没有面子"，而给予学生控制性的反馈，久而久之，导致学生丧失了直抒己见的热情。

因此，教师应当精心进行教学设计，在了解学情的基础上，尽可能多地生成预设，不为学生的思路和表达设限，给予学生畅想和畅所欲言的空间。在学生表达不同见解时，即时提供信息型反馈而不是评价型反馈，学会聆听学生发自内心的声音并予以重视。为了达到这一目的，教研部门应当加强教师教学设计的培训，着重帮助教师丰富课堂预设，在教学评价中，加入对教师预设多元性的评价，通过评价奖励机制督促部分优秀教师率先实行自由式

---

[1] 斯塔科. 创造能力教与学 [M]. 刘晓陵, 曾守锤, 译. 上海：华东师范大学出版社, 2003.

教学方式。

教师在课堂上的高度控制也有其外部原因。首先是当前我国的课堂班额过大，如果学生不遵循统一的要求，会极大增加教师的教学难度。其次是中小学考试过多、过度评价的现象仍然屡禁不止，教师受到考核的压力，仍有灌输学生知识、提高学生成绩的需求，因此无法给予学生更多时间任其自主成长，"静待花开"。最后是部分教师专业能力不足，所获得的教学指导不够充分，只能按部就班讲课，无法灵活处理多样化的学生言论。

为此，教育部门应当推进解决大班额问题，吸引更多优质人才进入教师行业，在保证师生比的情况下尽量减少班额，为教师教学和班主任的管理减轻负担；同时应当取消针对小学生的考试评价，不要让学生每天浸泡在"试题""卷子""分数"当中，而是有更多自由的空间和时间实现自我成长。此外，还应加强教师的培训，提高教师专业能力，帮助教师树立"以学生为中心"的教育理念，让教师在辅助学生成长方面更加有章法可寻。

3. 鼓励学生参与教学活动

本研究表明，学校民主治理中的参与性对于学生创新思维和创新人格均有极其显著的影响，提升学生教学活动中的参与性，将十分有利于学生创新能力的提升，但目前来说，学校民主治理中的参与性显著不足。

"参与"是教学中民主的主要特征，学生的参与意识越强、参与行为越多、参与程度越高、参与面越广，说明教学民主的程度越高。在一些开放课堂中，学生参与教室层面的决策可以达到完全理想状态，学生和教师一起安排学习的主题和主要学习经验。[①] 巴威尔和布利（Bovill and Bulley）在公民参与的八阶梯模型基础上，设计了学生参与课程设计的四阶梯模型。最低层是教师完全控制决策阶段，第二层是教师决策后根据学生的反馈调整决策，第三层是学生对于决策有一定的影响，学生自己对于课程有一定的选择，最高层是学生对决策产生重要影响。[②] 更为激进的教学参与要求师生共享课程和学习的决定权，如肖海龙认为，"教师和学生共同决定学什么、怎样学、学得怎样。师生共享学习的权利"。[③]

[①] Wood M T. Power relationships and group decision making in organizations [J]. Psychological bulletin, 1973, 79 (5): 280-293.

[②] Bovill C, Bulley C J. A model of active student participation in curriculum design: exploring desirability and possibility [C] // Improving student learning. 2011.

[③] 肖龙海. 协商课程：促进学生自主学习的过程 [J]. 教育科学研究, 2005 (8): 37-39.

基于上述分析，教师可以从以下几个方面鼓励学生参与教学活动及教学决策。第一，注重学生参与的数量。参与的数量一是指学生参与的环节数和各个环节的每个部分数，二是参与教学活动的学生数。教师应当启发和鼓励学生参与教学，扩大参与对象和学生参与的范围。第二，在课堂教学中提升学生参与活动的质量，这主要指参与者的行为是否充分有效，是否深入到影响社会管理的决策领域。体现为三个层面：一是有参与意识，能对课堂教学环节进行审视；二是能根据自己的体验提出建议，力求使课堂教学各环节符合个体经验；三是具有表决权，即对课堂教学的内容、环节选择、形式有表决权，使课堂教学环节符合自己的意愿和需要。① 第三，鼓励学生参与教学设计，基于学情的教学设计才能给予学生更多自由表达的空间，而让学生参与教学设计，是"备学生"的最佳方式。通过学生在教学设计过程中的所思所想，教师能够更加深入了解学生的认识发展水平和已有知识经验，师生共同形成的教学设计将更有助于学生的课堂参与。

4. 注重教学协商过程

虽然学校民主治理的协商性对于学生创新能力的影响效应小于自由性和参与性，但其作用仍然不可忽视。教学中的协商过程，其实质接近于"探究学习"，即教师引导学生通过集体探究获取知识。② 从学生的角度来看，在理想的基于协商民主的教学中，学生有发言权和解释推理的义务③，有倾听、分享与合作的权利和义务。④ 根据古特曼的协商民主理念，教学中的协商过程要求教师不压制学生个性的同时，不歧视任何一个学生，与学生一同讨论教学内容。根据哈贝马斯的交往行为理论，交往行为的概念把语言设定为沟通过程的媒介，在沟通过程中，参与者通过语言与世界发生关联，并且彼此提出有效性要求，这些有效性要求可能被接受，也可能被拒绝，重要的是体现沟通与共识的精神。⑤

教学协商中对理性的追求和不断地反思是学校民主治理中协商性形成的必要条件。学生在有理有据的讨论中不断修正自己的认识，并由此培养尊重

---

① 李玉环. 课堂教学民主研究 [D]. 湘潭：湖南科技大学，2009.
② Samuelsson M. Education for deliberative democracy: a typology of classroom discussions [J]. Democracy & education, 2016: 24.
③ Michaels S, O'Connor C, Resnick L B. Deliberative discourse idealized and realized: accountable talk in the classroom and in civic Life [J]. Studies in philosophy & education, 2007, 27 (4): 283-297.
④ 冯建军. 论教育民主的特殊性 [J]. 中国教育学刊，2015 (2): 29-33.
⑤ 陈建华. 论协商民主视野中的学校教育 [J]. 南京社会科学，2010 (1): 137-143.

他人的美德，锻炼分析不同来源信息、进行综合判断的能力。此过程中，教师对讨论的引导至关重要。教师可以通过四类行为增强参与的质量和讨论的有效性：一是提出带有争议的问题，二是设计学生积极讨论、师生相互沟通的环境，三是积极促进和引导课堂讨论，四是结合教师自身和学生的想法和经验。① 在民主的教学过程中，教师不是无为而治，而是要对教学过程进行精心设计，激发学生兴趣，引导学生思考和讨论，② 在讨论的过程中锻炼学生信息分析和整合的能力，促进其批判性思维的提升。

二、在管理中谋求师生共治

学校民主治理在参与性上的得分在四个二阶因子中最低，但是却对学生的创新思维和创新人格具有极其显著的影响。访谈发现，虽然教师普遍认为年龄会影响到学生自我管理的水平，但即使是中低年级的小学生也具有一定的自治能力。因此，有必要提升学生参与管理的水平，在学校中形成师生共治的氛围。

（一）在管理中谋求师生共治的原因

教育治理是多元主体共同管理教育公共事务的过程，是共治主体依据规则开展的教育管理活动，这里的多元主体之一就是学生自身。③ 教育管理从"统治"到"治理"的变化，不仅体现在学校外部结构的变化上，也体现在学校内部组织结构的变化上。④ 为了创建一个民主包容的学校，需要让全部学生参与到学校内部治理中去，并认识到无论性别、种族、行为和社会阶层，都有多种声音需要倾听。⑤ 由此，学校管理由控制型转变为参与型，学校成为师生共同参与治理的民主公共领域，师生共治格局才能形成。

学校民主治理的提升主要是指学生权利意识的觉醒和权力感知的提升，克里斯滕森（Christensen）认为学生感知到权力，主要通过两个方面，一是参

---

① Platt, Marjorie B. Classroom participation and discussion effectiveness: student–generated strategies [J]. Communication education, 2004, 53 (1): 103–115.

② Wood M T. Power relationships and group decision making in organizations [J]. Psychological bulletin, 1973, 79 (5): 280–293.

③ 褚宏启. 教育治理：以共治求善治 [J]. 教育研究, 2014, 35 (10): 4–11.

④ 冯建军, 刘霞. 协商民主视域下的公民素养与民主教育 [J]. 高等教育研究, 2014, 35 (6): 8–16, 38.

⑤ Robinson C, Taylor C. Theorizing student voice: values and perspectives [J]. Improving schools, 2007, 10 (1): 5–17.

与决策,二是自主决定。① 根据这一结论,结合教育治理的相关理论,② 可以推论师生共治包括两个方面,一是学校向学生放权,减少对学生的控制,让学生重获对自我的支配权;二是鼓励学生通过选举或者协商,影响学校中与自身利益相关的决定。在这里,学生对于决策的影响几乎不是通过"简单多数"原则形成的,而更多通过协商的"合理性"来达成。这种"合理性"指参与协商的公民必须依据理性并提出证据来为其选择进行辩护,并使学生对协商所产生的结果负责。③ 学校和班级应当努力成为师生间的协商组织,使教育生活成为一种民主协商的生活。

从调研结果看,学生参与决策的得分在各维度中最低,说明学生在决策中只能发挥很少的作用,班主任常因为学生年龄小,忽视学生的想法,低估其潜能,不与学生商议而直接利用权威管理学生。④ 如在班规制定上,极少班级是由全体学生和老师共同民主协商而做出的,大部分班级是由班委和班主任协商制定,或直接由班主任制定。学校领导因为事务繁忙更加没有时间关照学生的想法。事实上,学生从小就可以参与规则的建立,比如北京某实验小学,其班主任就采取师生共同探讨的方式设置班规,包括具体惩罚细则,通过沟通协调的方式确立了每个学生都能接受的规章制度。结果发现,如此制定的规章制定人人都会遵守,学生还会主动提醒自己和他人遵守。综上所述,加强学校管理中学生的参与程度,建立师生共治的机制,建设以协商为核心的学校和班级治理组织势在必行。

(二) 在管理中谋求师生共治的策略

在管理中谋求师生共治、促进学生自治,是对传统学校包办式管理方式的挑战。师生共治可以通过三个途径实现:一是明确学校的管理权力清单,树立学校管理也有边界的意识,保障学生基本的自由权利;二是通过制度设计,构建学生参与学校治理,建立健全学生在决策中发挥作用的体制机制;三是铺设学生和学校领导之间协商沟通的桥梁,为学生与教师、领导之间搭设理性讨论和理性决策的平台。

---

① Christensen, Bo T, Jønsson. Why do participation in decision making enhance creativity in work groups? an integrative review [D]. Creative encounters working paper.

② Murphy J, Beck L G. School-based management as school reform: taking stock [M]. Thousand Oasks: Corwin Press, 1995.

③ 冯建军,刘霞. 协商民主视域下的公民素养与民主教育 [J]. 高等教育研究, 2014, 35 (06): 8-16, 38.

④ 万红霞. 论中学班级民主管理及其路径 [D]. 武汉: 华中师范大学, 2014.

1. 构建学校管理的权力清单

在政府"放管服"改革的背景下,权力清单一词开始被人们所重视。权力清单是组织在对其所行使的各项权力进行全面梳理的基础上,将权力涉及的项目、相关法律规范及其他依据、具体流程等以清单方式进行登记审定,并公布于众的制度。[①] 权力清单是对被管理者权利的保护,是提高被管理者自主权的有效举措。当前,很少有研究探讨基础教育阶段学校管理的权力清单,分析学生在校的基本权利。

研究发现,一些学校或教师对学生"管得过宽",如许多学校除课间操外,不允许学生在操场活动,因为操场玩耍时"可能会发生危险";许多教师在上课时对于学生的坐姿、举手姿势或回答问题时的身体姿态有精确要求,比如听课时必须双手背后或双手叠起放桌前,举手时手肘必须放在桌子上不能抬起,回答问题时必须站在桌子的左后方等等。访谈发现,有的教师要求学生在校时,无论课上还是课下都不许说话,对于课间忍不住说话的学生,认为其"非常难管"。学生的身体在一些学校受到很多禁锢,但是这种禁锢是否有依据,是不是有些地方学校不该管、没有权力管也不必要管?事实上,许多学校在管理学生时,遵守的根本原则是"不要出事"。学校中的安全的确是第一位的,一些学校怕家长闹事、找事,向教委反映问题等,干脆采取"一刀切"的做法,将学生"圈养"在教室里,并不是为了学生的发展。

因此,应当尽快研究学校管理的权力清单制度。首先,在分析学生基本权利与权力的基础上,建立学校管理的权力清单,为学校的管理范围提供合法性依据;其次,建立学校对于学生管理的责任清单,明确学校教育应当怎么管学生;最后,应当在分析学生基本权利的基础之上,建立学校对于学生管理的负面权力清单,为学校管理学生建立边界,还学生更多的人身自由。

2. 设计学生参与管理的制度

促进学生创新人格和创新思维,就要积极鼓励学生参与决策,让学校的公共事务和重大决策,由师生或者师生代表和专业人员共同决定。学校要积极征询每个人的意见,使每个人有知情权、参与权、监督权,能够在学校决策上发挥集体智慧。[②] 学生可以通过学生代表大会参与学校运行过程,关于学

---

① 李牧,关帅锋.法治视野下高校权力清单制度探究[J].江汉大学学报(社会科学版),2019(02):21-31,124.

② 冯建军,刘霞.协商民主视域下的公民素养与民主教育[J].高等教育研究,2014,35(06):8-16+38.

校的规则和政策,能够询问学生的意见。①

教师在管理学生时,或多或少会受到学校管理方式的影响,如果学校的氛围是宽松、自由、民主的,班级的氛围也常常是宽松、自由和民主的。除此之外,班级的氛围也受到教师水平的影响,当教师比较年轻,经验不足,专业素质一般时,往往倾向于采用"专制式"的管理方式;当教师富有经验时,在管理学生方面反而会更加宽松。

为了保证学生参与由教师主导的班级管理,以及由学校领导主导的学校管理,可以着重从以下三个方面进行学生参与管理的制度建设。

第一,进行学生管理的顶层制度设计。在学校中,要积极拓展学生参与学校民主管理的渠道,在班级中,妥善安排班委选举、座位安排、主题班会开展、集体出游等相关活动。在班委选举上,实行自荐与投票相结合的方式,进行差额选举;在学生座位的安排方面,按照尊重学生、有利学习、定期轮换的原则安排学生座位,不依据成绩安排座位;主题班会的选题与开设方面,尽量保证每一名学生从选题到课程的全程参与;学生的集体活动或外出学习的内容和形式应当尽量由学生决定。

第二,师生共同明确学生发展的目标。鼓励学生就自己的不足及自身的问题展开讨论,鼓励学生表达自己喜好的学习方式,引导学生结合自身情况,为自己树立阶段性目标。

第三,师生共同确立评价的方式。鼓励学生参与自我评价、对教师的评价以及对学校管理者的评价。通过对学生发展目标的了解,判断学生自我评价的合理性,引导学生正确评价自己,同时了解学生学习需求,帮助学生有针对性地提高;鼓励学生对教师和学校管理者进行评价。

3. 搭建师生协商共治的桥梁

协商与参与有类似之处,不同的是,协商强调不同主体间意见的交换过程,以及进行决策时的理性交流,通过平等理性的争论,各主体之间产生偏好的转变而逐渐形成共识,这是协商的核心要素。

对学生来说,学校民主治理中的协商性更多体现在班级管理上,在一些开放课堂上,师生协商可以达到完全理想的状态,学生和教师一起安排学习的主题,教师鼓励学生表达自己的想法,头脑风暴出更多可能的话题;允许

---

① Keating, Avril丨Benton, Tom. Creating cohesive citizens in england? exploring the role of diversity, deprivation and democratic climate at school [J]. Education citizenship & social justice, 2013, 8 (2): 165-184.

学生自我评价，并且协商一致最终的教学主题。① 但在传统的班级管理理念中，班主任是"家长"，对学生起着控制、威慑作用。折中的班级协商理念，是首先要把班级视为教师和学生共同的"家"，班级的任何事情都由家庭成员共同商议，也由大家一起来完成。让学生在班级管理中学会理性思考，学会协商对话，学会履行一个民主班级成员的责任。② 比如在班规的制定上，可由学生和教师分别提议，一起讨论制定班级规则，商议违反班规的惩罚措施，在理性的基础上形成大家一致认可的规定，通过协商的方式生成共识性的班规。学生在商讨的过程中需要倾听多个观点，在协商过程中能够理解其他人的理性信念可能会影响自己的理性信念。③ 在归纳不同意见的同时锻炼自己的理性思维能力，并且在班规落地的实践中自觉维护集体的智慧结晶。班级中的民主管理并不是放任自流，而是在管理中重视学生想法，鼓励学生通过开展理性讨论，发挥想象力，努力形成共识性意见。

第三节　研究的创新与不足

本研究尝试在教育民主理论领域有所创新，并且用实证的方法检验学校教育民主性与学生创新能力的关系。

一、研究的创新性

本研究的创新性体现在以下几个方面。

（1）在研究内容上有如下创新。

首先，有不少研究提出了学校教育可以与民主相结合的理念，本研究的创新之处体现在明确了学校民主治理中应当遵循的基本民主程式，即直接民主、实质民主和描述民主。结合基本理论概念，探讨了上述理论概念在学校民主治理中的正向价值。

其次，许多研究在谈论学生在学校的民主治理时，往往只是以参与民主

---

① Wood M T. Power relationships and group decision making in organizations [J]. Psychological bulletin, 1973, 79 (5): 280-293.

② 冯建军, 刘霞. 协商民主视域下的公民素养与民主教育 [J]. 高等教育研究, 2014, 35 (06): 8-16+38.

③ Hanson, Jarrod S. Howe, Ken. The potential for deliberative democratic civic education [J]. Democracy & education, 2011, 19-9.

作为理论依据，忽视了协商民主的重要性，本研究认为，协商民主强调有理有据地讨论，尊重教师的专业主义，因此更适合作为学校民主的理论依据。

再次，也有一些研究提出了协商民主与学校治理结合的主张，对比这些研究，本研究的创新之处体现在依据协商民主的理论，结合学校教育的实践，通过质性研究的方式提出了学校民主治理的四个维度，即平等性、自由性、参与性和协商性，明确了学校民主治理的分析框架。

最后，以往教育家关于学校治理或管理因素影响学生创新能力的分析，往往采用理论思辨的方式进行论证，较少有研究采用实证的方法探索学校民主治理对于学生创新能力的影响，本研究将二者进行了结合，为学校民主治理对学生创新能力的影响提供了基于实证的证据。

（2）在研究方法上，本研究存在以下几点创新。

首先，虽然国外已经有不少关于创新思维的自评量表，但是国内采用自评量表测量学生创新思维的研究还比较少。本研究结合创新思维测验的维度，对国外创新思维的自评量表，依据学生和教师访谈以及实地观察所获取的信息进行了改编，尝试将国外创新思维量表本土化，将本土常用的创新思维测验自评化，得到了具有良好信效度的中小学生创新思维自评量表，为后续使用自评量表进行创新能力评价的研究提供了参考。

其次，国内关于学校民主的研究大部分采用的是理论思辨方式，探讨学校民主的适用性、可行性以及理路，实证研究较少，国外关于学校民主治理的研究虽然较多采用实证研究，但是往往采用单一的量化或单一的质性研究方法，采用混合研究的方式调研学校民主治理的研究较为少见，本研究在这方面进行了有益探索。

再次，在学校民主治理量表的生成过程中，本研究没有采用常用的扎根理论方法，而是采用将理论与实践不断对照、不断碰撞和不断互证的方式。一方面笔者阅读民主和教育民主的相关理论，另一方面在实践中听课、参与学生活动以及开展师生访谈，观察到实践场域内的事项后，返回理论中寻找可能解释的框架。通过理论和实践互证的形式形成学校民主治理的分析框架，为教育管理研究中的理实相生做出了一定的探索。

最后，杜威、陶行知等教育民主理论的倡导者都曾做出过民主能够培养学生创新能力的论断，但是采用实证方式对此进行验证的研究很少，本研究采用结构方程模型的形式构建了学校的民主氛围对学生创新能力的影响，可以成为民主影响学生创新能力的实证证据之一。

二、研究的不足及展望

首先，从样本选取来说，本研究调研对象集中在我国较发达地区，未涉及其他地区的中小学生，未来可以继续开展我国发展一般与发展落后地区学校民主治理与学生创新能力关系方面的研究。此外，研究的样本主要集中在基础教育阶段的学生，未涉及高中高职教育、高等教育阶段的学生，未来可以继续研究高中高职阶段的学校民主治理和学生创新能力情况，以及探索在年岁更长的学生身上，学校民主治理对创新能力是否存在影响。

其次，本研究主要构建了学校民主对后果变量的影响，但是对于影响学校民主治理的前因变量探讨不足，因此未来研究可以从更上位的角度探讨哪些因素能够影响学校民主治理，为改进学校民主治理提供更具针对性的建议。

最后，本研究虽然构建了具有一定解释力的学校民主治理影响学生创新能力的模型，也在该模型中依据已有研究选取了两个最有代表性的中介变量，但是限于单一研究的容量，并没有穷尽所有可能的影响模型，也没有穷尽所有可能的中介变量，因此未来的研究可以对学校民主治理对创新能力的影响模型进行进一步探索。

参考文献

[1] Ng Aik Kwang. 解放亚洲学生的创造力 [M]. 李朝辉, 译. 北京: 中国轻工业出版社, 2005.

[2] 阿尔伯特. 合作纪律: 课堂管理指南 [M]. 万兆元, 译. 北京: 社会科学文献出版社, 2012.

[3] 艾尔·巴比. 社会研究方法 [M]. 第11版. 邱泽奇, 译. 北京: 华夏出版社, 2009: 2, 91.

[4] 安东尼·阿伯拉斯特. 民主 [M]. 第3版. 孙荣飞, 段保良, 文雅, 译. 长春: 吉林人民出版社, 2005: 4.

[5] 安敏. 初中生创造力的培养活动与实验 [D]. 南京: 南京师范大学, 2011.

[6] 奥斯勒, 斯塔基. 变革中的公民身份 [M]. 王啸, 黄玮珊, 译. 北京: 教育科学出版社, 2012: 176-178.

[7] 巴伯. 强势民主 [M]. 彭斌, 吴润洲, 译. 长春: 吉林人民出版社, 2006: 178-234.

[8] 贝思·辛格. 实用主义、权利和民主 [M]. 王守昌, 等, 译. 上海: 上海译文出版社, 2001: 159.

[9] 伯克·约翰逊, 拉里·克里斯滕森. 教育研究: 定量、定性和混合方法 [M]. 马建生, 译. 重庆: 重庆大学出版社, 2015: 132.

[10] 塞缪尔·亨廷顿. 第三波: 20世纪后期的民主化浪潮 [M]. 刘军宁, 译. 北京: 中国人民大学出版社, 2013.

[11] 陈炳辉, 李鹏. 古典民主理想的复兴及其困境: 卡罗尔·佩特曼的参与式民主理论研究 [J]. 南京社会科学, 2010 (2): 70-76.

[12] 陈炳辉. 西方民主理论: 古典与现代 [M]. 北京: 中国社会科学出版社, 2016: 47, 498.

[13] 陈炳辉. 哈贝马斯的民主理论 [J]. 厦门大学学报 (哲学社会科学版), 2001 (2): 103-110.

[14] 陈向明. 质的研究方法与社会科学研究 [M]. 北京: 教育科学出版社, 2000: 45-65, 290, 292-294.

[15] 陈朝晖,刘志军.高中综合素质评价中学生主体性的发挥:基于主体性发展理论的视角 [J].中国教育学刊,2016 (10):33-37.

[16] 程红艳,周金山.论民主在学校教育中的作用与局限 [J].教育学报,2018 (2):65-72.

[17] 程黎,冯超,刘玉娟.课堂环境与中小学生创造力发展:穆斯 (MOOS) 社会环境理论在课堂环境中的解读 [J].比较教育研究,2013 (4):71-75.

[18] 程亮.儿童利益及其教育意义 [J].教育研究,2018,39 (3):20-26.

[19] 程玉洁.中学生日常创造性行为的特点及其与人格的关系 [D].北京:北京师范大学,2012.

[20] 褚宏启.解读关键能力 [J].中小学管理,2017 (11):57-58.

[21] 褚宏启.学生创新能力发展的整体设计与策略组合 [J].教育研究,2017 (10):23-30,60.

[22] 褚宏启.教育治理:以共治求善治 [J].教育研究,2014 (10):4-11.

[23] 达尔.论民主 [M].李相光,林猛,译.北京:商务印书馆,1999:77,86,119.

[24] 笛科勒.未来之路:新教师入职教育 [M].朱晓燕,译.北京:北京师范大学出版社,2009.

[25] 蒂利.民主 [M].魏洪钟,译.上海:上海人民出版社,2009:12.

[26] 董礼.论杜威共同体思想的道德意蕴 [J].道德与文明,2011 (5):128-133.

[27] 董奇.儿童创造力发展心理 [M].杭州:浙江教育出版社,1993.

[28] 杜威.民主主义与教育 [M].王承绪,译.北京:人民教育出版社,1991:273.

[29] 杜威.学校与社会·明日之学校 [M].赵祥麟,任钟印,等,译.北京:人民教育出版社,2004:3,11.

[30] 杜威.学校与社会 [M].赵祥麟,等,译.北京:人民教育出版社,2005:299.

[31] 冯建军,刘霞.协商民主视域下的公民素养与民主教育 [J].高等

教育研究，2014（6）：8-16.

[32] 福山．历史的终结［M］．本书翻译组，译．呼和浩特：远方出版社，1998.

[33] 付秀君．班级创新气氛、创造动机与初中生创造力的关系［D］．济南：山东师范大学，2009.

[34] 葛广昱．高中生班级组织创新气氛与创造力的关系研究［D］．南京：南京师范大学，2011.

[35] 顾明远，边守正主编．陶行知选集·三卷本：第一卷［M］．北京：教育科学出版社，2011：565.

[36] 哈贝马斯．在事实与规范之间：关于法律和民主法治国的商谈理论［M］．童世骏，译．北京：生活·读书·新知三联书店，2003：107.

[37] 哈贝马斯．公共领域［M］//汪晖，陈燕谷．文化与公共性．北京：生活·读书·新知三联书店，1998：125.

[38] 韩媛媛．古特曼的民主教育理论研究［M］．南京：南京师范大学出版社，2016：73.

[39] 胡白云．女性主义视野中的教学民主研究［D］．重庆：西南大学，2012.

[40] 胡白云．从给予到解放：女性主义解放视角中的教学民主［D］．重庆：西南大学，2012.

[41] 胡白云．教学民主论［M］．福建：福建教育出版社，2015：34-35.

[42] 胡琳梅．创造性课堂环境与初中生创造性思维的关系研究：创意自我效能感和自主性动机的作用［D］．武汉：华中师范大学，2016.

[43] 胡伟．民主与参与：走出貌合神离的困境？：评卡罗尔·帕特曼的参与民主理论［J］．政治学研究，2007（1）：117-121.

[44] 黄灵丽．班主任互动风格、班级创新氛围与初中生创造力的关系［D］．上海：华东师范大学，2015.

[45] 霍华德·加德纳．创造力7次方：世界最伟大的7位天才的创造力分析［M］．洪友，李艳芳，译．北京：中国发展出版社，2007.

[46] 贾烨瑾．参与式民主理论视角下学校管理中的教师参与［D］．北京：北京师范大学，2010：47.

[47] 贾玉超．协商民主公民教育的起源、发展和挑战［J］．教育学报，

2014, 10 (5): 012-020.

[48] 金生鈜. 写给教育学界"潜在的哲人"[J]. 今日教育, 2008 (3).

[49] 卡尔·科恩. 论民主 [M]. 聂崇信, 朱秀贤, 译. 北京: 商务印书馆, 1988: 250-251.

[50] 卡罗尔·佩特曼. 参与和民主理论 [M]. 陈尧, 译. 上海: 上海人民出版社, 2006: 39, 64-67.

[51] 李发祥. 从"独白"到"对话": 班级管理的转型 [J]. 教育理论与实践, 2017, 37 (10): 33-36.

[52] 李改. 中学生领导力: 结构及其相关影响因素的作用机制 [D]. 武汉: 华中师范大学, 2014.

[53] 李海燕, 胡卫平, 申继亮. 学校环境对初中生人格特征与创造性科学问题提出能力关系的影响 [J]. 心理科学, 2010 (5): 1154-1158.

[54] 李刚. 指向教师教学改进的学校管理变革研究 [D]. 北京: 北京师范大学, 2016.

[55] 李牧, 关帅锋. 法治视野下高校权力清单制度探究 [J]. 江汉大学学报 (社会科学版), 2019 (02): 21-31+124.

[56] 李俭宁. 教学民主化与学生问题意识的培养 [J]. 教育探索, 2009 (8): 70-71.

[57] 李培. 基于创新能力结构的研究生创新能力培养 [J]. 教育教学论坛, 2013 (34): 29-30.

[58] 李西营, 张莉, 芦咏莉, 等. 创造性自我效能: 内涵、影响因素和干预 [J]. 心理科学进展, 2012, 20 (1): 108-114.

[59] 李希贵. 为了自由呼吸的教育 [M]. 北京: 高等教育出版社, 2005: 32, 36, 111.

[60] 李翔. 竞争强度对不同自尊水平中学生科学创造力的影响研究 [D]. 西安: 陕西师范大学, 2014.

[61] 李小平, 张庆林, 何洪波. 中学生创造性倾向发展的初步测试 [J]. 西南师范大学学报 (人文社会科学版), 2005, 31 (6): 65-68.

[62] 李燕芳, 王莹. 影响儿童青少年创造力发展的学校环境因素研究述评 [J]. 中国特殊教育, 2009 (2): 80-85.

[63] 李玉环. 课堂教学民主研究 [D]. 湘潭: 湖南科技大学, 2009.

[64] 李镇西. 教学民主的意义 [J]. 四川教育, 2003 (10): 23.

［65］刘彩梅．中学生创造性思维能力量表的编制及相关研究［D］．北京：北京师范大学，2006．

［66］刘桂荣，张景焕，王晓玲．创造力游乐场理论及其实践涵义［J］．心理科学进展，2010，18（4）：679-684．

［67］刘桂荣，张景焕．父母教养行为、学校气氛对创造思维的预测：自主性动机和创造自我效能的中介作用［C］// 中国心理学会发展心理学分会学术研讨会，2013．

［68］刘桂荣．中小学生创造思维的发展特点及影响因素研究［D］．济南：山东师范大学，2013．

［69］刘晓陵，刘路，邱燕霞．威廉斯创造力测验的信效度检验［J］．基础教育，2016，13（3）：51-58．

［70］柳谦．反思教育民主［J］．教育学报，2010，6（4）：29-36．

［71］卢乃桂，张佳伟．学校改进中的学生参与问题研究［J］．教育发展研究，2007（8）：6-9．

［72］让-雅克·卢梭．社会契约论［M］．陈阳，译．杭州：浙江文艺出版社，2016．

［73］陆海燕．运动与政治的逻辑［D］．武汉：武汉大学，2009．

［74］罗伯特·达尔．民主及其批评者［M］．曹海军，佟德志，译．北京：中国人民大学出版社，2016：108-109，101，142-152．

［75］罗伯特·斯腾博格．创造力手册［M］．施建农，译．北京：北京理工大学出版社，2005：332

［76］罗闲贤．制度视角下教学民主的生成机制［D］．成都：四川师范大学，2012．

［77］洛克．政府论［M］．叶启芳，瞿菊农，译．北京：商务印书馆，1964：79．

［78］骆方．中学生创造性思维能力测评问卷的编制：一个典型表现测验［D］．北京：北京师范大学，2003．

［79］吕欢欢．教育哲学视域下李镇西班级民主管理思想初探［D］．石家庄：河北师范大学，2015．

［80］玛莎·努斯鲍姆．功利教育批判：为什么民主需要人文教育［M］．肖聿，译．北京：新华出版社，2015：8．

［81］迈克尔，塞沃德．民主理论与民主化指数［M］//戴维·比瑟姆．

界定与策略民主.上海：上海人民出版社，2016：6.

［82］孟德斯鸠.论法的精神［M］.上册，张雁深，译.北京：商务印书馆 1961：34，41.

［83］密尔.代议制政府［M］.汪瑄，译.北京：商务印书馆，1982：55.

［84］莫美路.中小学教师的课堂领导方式对学生创造性问题解决的作用机制［D］.武汉：华中师范大学，2015.

［85］内尔·诺丁斯.21世纪的教育与民主［M］.陈彦旭，韩丽颖，译.北京：人民出版社，2015：18，21，31.

［86］聂衍刚，郑雪.儿童青少年的创造性人格发展特点的研究［J］.心理科学，2005，28（2）：356-361.

［87］潘泽南.形成创新教学课堂氛围的"五大因素"［J］.课程·教材·教法，2004（2）：31-34.

［88］佩特曼.参与和民主理论［M］.陈尧，译，上海：上海人民出版社，2006：22-39.

［89］齐书宇，胡万山.高中生创造力倾向发展现状及提高对策研究：基于对北京K中学高中生的调查与分析［J］.基础教育，2016，13（3）：59-68.

［90］乔万尼·萨托利.民主新论［M］.冯克利，阎克文，译.上海：人民出版社，2017：27，28，65.

［91］任菲菲.中小学生创造力的发展及其与家庭因素和自主性动机的关系模式［D］.济南：山东师范大学，2017.

［92］任仕君，白冰.自由主义民主教育的困境及其解决路径［J］.外国教育研究，2009（2）：11-15.

［93］任仕君，宋强.民主教育的理路：政治哲学的视角［J］.外国教育研究，2014（11）：3-11.

［94］塞拉·哈比.民主与差异：挑战政治的边界［M］.黄相怀，严海兵，等，译.北京：中央编译出版社，2009：73-74.

［95］沙莎.小学4—6年级学生创造力的发展趋势及其与学校支持、自主性动机的关系［D］.济南：山东师范大学，2017：3.

［96］邵瑞珍.教育心理学［M］.上海：上海教育出版社，1988.428-429.

［97］邵晓枫.解读教学民主［J］.教育发展研究，2007（7-8A）：99-

102.

[98] 石变梅．主动性人格对大学生创造力的影响研究［D］．杭州：浙江大学，2014．

[99] 石中英．教育中的民主概念：一种批判性考察［J］．北京大学教育评论，2009，7（4）：65-77．

[100] 舒曾，贺琼，李晓敏，等．母亲养育压力对幼儿创造性人格的影响：教养方式的中介作用［J］．心理发展与教育，2016，32（3）：276-284．

[101] 斯塔科．创造能力教与学［M］．刘晓陵，曾守锤，译．上海：华东师范大学出版社，2003．

[102] 宋晓辉，施建农．创造力测量手段：同感评估技术（CAT）简介［J］．心理科学进展，2005，13（6）：739-744．

[103] 孙鹏，邹泓，杜瑶琳．青少年创造性思维的特点及其对日常创造性行为的影响：人格的中介作用［J］．心理发展与教育，2014，30（4）：355-362．

[104] 孙玮，葛玉良，邱化民．大学生主体式创新创业教育研究［J］．中国大学生就业，2016（11）：39-43．

[105] 孙雪连，李刚．参与民主：学校管理方式的转变［J］．华东师范大学学报（教育科学版），2018，36（1）：29-34，160．

[106] 孙雪连．学校民主管理及其影响因素研究［D］．北京：北京师范大学，2017．

[107] 杜威．新旧个人主义：杜威文选［C］．孙有中，蓝克林，裴雯，译．上海：上海社会科学院出版社，1997：25．

[108] 谈火生．民主审议与政治合法性［M］．北京：法律出版社，2007：4，180．

[109] 唐光蓉，邹泓，侯珂．家庭创新环境的特征及其与中学生日常创造性行为的关系：创造性人格的中介作用［J］．心理科学，2014（5）：1125-1131．

[110] 田友谊，涂艳国．教育中的宽容与创造：兼论创造性人才成长环境的培育［J］．教育发展研究，2009（20）：28-32．

[111] 田友谊．国外课堂环境研究新进展［J］．上海教育科研，2003（12）：13-17．

[112] 田友谊．我们需要什么样的课堂纪律：由"上课插嘴"说开去

[J]．思想理论教育，2009（2）：52-57．

[113] 涂诗万．"儿童中心"与"社会改造"的择决[J]．教育研究，2018（7）：135-145．

[114] 托克维尔．论美国的民主[M]．下卷．董果良，译．北京：商务印书馆，1988：620，621．

[115] 托克维尔．论美国的民主[M]．上卷．董果良，译．北京：商务印书馆，1988：282．

[116] 万红霞．论中学班级民主管理及其路径[D]．武汉：华中师范大学，2014．

[117] 王衡．论香港政治发展的范式转换[J]．中国政治学，2018（2）：185-200，261-262．

[118] 王琨．初中生思维风格、创造力态度与科学创造力的关系研究[D]．济南：山东师范大学，2007．

[119] 王绍光．选主批判[M]．欧树军，译．北京：北京大学出版社，2014．

[120] 王亚男．压力情境下创意自我效能感与创造力的关系[D]．济南：山东师范大学，2009．

[121] 王莹．教师的创造力内隐观、创造性教学行为与学生创造性倾向的关系研究[D]．太原：山西师范大学，2016．

[122] 魏翠翠．教师期望对初中生学业成就、创造力的影响[D]．济南：山东师范大学，2008．

[123] 魏书生．魏书生与民主教育[M]．北京：北京师范大学出版社，2015，54-55．

[124] 吴建春．教学民主有利于培养学生的创新精神[J]．职业教育研究，2006（1）：117-117．

[125] 吴明隆．结构方程模型：AMOS的操作与应用[M]．重庆：重庆大学出版社．2010：10．

[126] 吴晓玲．当代儿童的孩童期自我理解：10岁年龄组"童言童年"质的研究[J]．教育科学研究，2018（7）：17-25，41．

[127] 肖龙海．协商课程：促进学生自主学习的过程[J]．教育科学研究，2005（8）：37-39．

[128] 项贤明．塑造儿童乃教育学之原罪[J]．华东师范大学学报（教

育科学版），2018，36（05）：94-103，168-169.

[129] 熊彼特. 资本主义、社会主义与民主［M］. 吴良健，译. 北京：商务印书馆，1999：395.

[130] 徐雪芬，辛涛. 创造力测量的研究取向和新进展［J］. 清华大学教育研究，2013，34（01）：54-63.

[131] 徐志勇，赵美艳. 小学生学校生活质量（QSL）调查研究：以北京市 2248 名学生为例［J］. 教育学报，2012，8（03）：84-96..

[132] 严孟帅. 学生创造力培养及评价研究［D］. 上海：华东师范大学，2015.

[133] 阎光才. 关于创造力、创新与体制化的教育：兼析中美阶段性教育制度设计理念的差异［J］. 教育学报，2011（1）：15-20.

[134] 颜杰峰，邵云瑞. 关于正确处理党内多数与少数关系的思考［J］. 理论探讨，2009（05）：121-125.

[135] 叶剑锋. 民主理想目标可能又可欲：罗伯特·达尔的分析［J］. 理论建设，2010（06）：43-46.

[136] 尤尔根·哈贝马斯. 公共领域的结构转型［M］. 曹卫东，等，译. 上海：学林出版社，1999：32.

[137] 尤莉. 第三次方法论运动：混合方法研究 60 年演变历程探析［J］. 教育学报，2010，6（03）：31-34，65.

[138] 俞国良，曾盼盼. 中小学生创造力的测量和评价［J］. 山东教育科研，2001（2/3）：97-100.

[139] 袁方. 社会研究方法教程［M］. 北京：北京大学出版社，1997：110.

[140] 约·埃尔斯特. 协商民主：挑战与反思［M］. 周艳辉，译. 北京：中央编译出版社，2009：导言：7.

[141] 约翰·杜威. 人的问题［M］. 傅统先，邱椿，译，南京：江苏教育出版社，2006：14.

[142] 约翰·密尔. 论自由［M］. 许宝骙，译. 北京：商务印书馆，1959：13.

[143] 张光辉. 参与式民主与经济发展方式转变的关联性研究［D］. 武汉：武汉大学，2012.

[144] 张国锋. 中学生创造力的结构、发展特点研究及其教育启示：兼

《中学生创造力评价表》的研制[D]. 济南：山东师范大学，2005.

[145] 张继亮. 发展和完善协商民主：基于协商系统理论的启示[J]. 南京社会科学，2018（08）：74-79.

[146] 张景焕，林崇德，金盛华. 创造力研究的回顾与前瞻[J]. 心理科学，2007，30（4）：995-997.

[147] 张景焕，刘翠翠，金盛华，等. 小学教师的创造力培养观与创造性教学行为的关系：教学监控能力的中介作用[J]. 心理发展与教育，2010，26（1）：54-58.

[148] 张景焕，刘桂荣，师玮玮. 动机的激发与小学生创造思维的关系：自主性动机的中介作用[J]. 心理学报，2011，43（10）：1138-1150.

[149] 张敬威，于伟. 非理性观照下的儿童创新能力培养[J]. 中国教育学刊，2019（01）：46-50.

[150] 张庆林. 创造性研究手册[M]. 成都：四川教育出版社，2001.

[151] 张文彤，董伟. SPSS 统计分析高级教程[M]. 北京：高等教育出版社，2013：97.

[152] 赵千秋. 学校环境、创造性自我效能与初中生科学创造力的关系[D]. 西安：陕西师范大学，2012.

[153] 赵荣辉. 论教育民主与民主教育的共生[J]. 现代教育管理，2009（3）：13-16.

[154] 赵万祥. 公平与参与：杜威教育观分析[J]. 国家教育行政学院学报，2014（11）：42-46.

[155] 赵旭. 自主支持与创造力的关系：创意自我效能的中介作用[D]. 济南：山东师范大学，2012.

[156] 周险峰，黄晓彬. 学科、跨学科与高等教育的社会正义追求：批判教育学的视角及其修正[J]. 湖南师范大学教育科学学报，2019，18（01）：76-82，118.

[157] 朱迪. 混合研究方法的方法论、研究策略及应用：以消费模式研究为例[J]. 社会学研究，2012，27（04）：146-166，244-245.

[158] 邹红军，杨伦，柳海民. 教育：个体建构意义世界的民主生活：杜威教育哲学的生活之维[J]. 教育理论与实践，2018：3-7.

[159] HALIM H A, KINGSBURY M, DRAGE C. Nurturing creativity: whose wisdom is of most worth?[J]. Creative education, 2013, 4（9B）：1.

[160] ABRAHAM A. Gender and creativity: an overview of psychological and neuroscientific literature [J]. Brain imaging and behavior, 2016, 10 (2): 609-618.

[161] AMABILE T M, CONTI R, COLLINS M A. Frank Barron's influence on current and future generations of creativity researchers: some personal reflections [J]. Create to be free: essays in honor of Frank Barron, 1996: 93-101.

[162] AMABILE T M, PHILLIPS E, COLLINS M A. Person and environment in talent development: the case of creativity [J]. Polymer, 1994, 27 (4): 510-516.

[163] AMABILE T M. A Model of creativity and innovation in organizations [J]. Research in organizational behavior, 1982, 10 (10): 123-167.

[164] AMABILE T M. Creativity and innovation in organizations [J]. Harvard business review, 1996.

[165] AMABILE T M. Motivating creativity in organizations: on doing what you love and loving what you do [J]. California management review. 1997, 40 (1): 39-58.

[166] AMABILE T, CONTI R, COON H, et al. Assessing the work environment [J]. Journal of nursing administration, 1996, 16 (4): 11-17.

[167] AMY G. Democratic education: with a new preface and epilogue [M]. Princeton: princeton university press, 1999.

[168] ANDERSON N, DREU C K W D, NIJSTAD B A. The routinization of innovation research: a constructively critical review of the state-of-the-science [J]. Journal of organizational behavior, 2004, 25 (2): 147-173.

[169] AUZMENDI E, VILLA A, ABEDI J. Reliability and validity of a newly constructed multiple-choice creativity instrument [J]. Creativity research journal, 1996, 9 (1): 89-95.

[170] BAER J, KAUFMAN J C. Gender differences in creativity [J]. Journal of creative behavior, 2011, 42 (2): 75-105.

[171] BARBER B. Strong democracy: participatory politics for a new age [M]. Univ of California Press, 2003: 234.

[172] BEITZ C. Equal opportunity in political representation [J]. Equal opportunity, 1988: 155-74.

[173] BERGMAN M M. The straw men of the qualitative-quantitative divide and their influence on mixed methods research [M] //Bergman M M. Advances in mixed methods research: theories and applications. Los Angeles, London, New Delhi, Singapore: Sage, 2008.

[174] BOVILL C, BULLEY C J. A model of active student participation in curriculum design: exploring desirability and possibility [C] // Improving student Learning. 2011.

[175] CHAPPELL Z. Deliberative democracy: a critical introduction [M]. New York, NY: Palgrave Macmillan, 2012.

[176] CHEUNG P C, LAU S. Gender differences in the creativity of Hong Kong school children: comparison by using the new electronic Wallach-Kogan creativity tests [J]. Creativity research journal, 2010, 22 (2): 194-199.

[177] CLARA N, WILLIAMS C. Fostering democratic practices through cooperative learning in secondary schools: towards matured democratic dispensation [J]. Journal of sociology and social anthropology, 2011, 2 (2), 81-88.

[178] COLLIER D, LEVITSKY S. Democracy with adjectives: conceptual innovation in comparative research [J]. World politics, 1997, 49 (3): 430-451.

[179] CHRISTENSEN, BO T, JØNSSON, et al. Why do participation in decision making enhance creativity in work groups? an integrative review [D]. Creative encounters working paper.

[180] CROPLEY A, CROPLEY D. Using assessment to foster creativity [M] // Creativity: a handbook for teachers. 2007: 209-230.

[181] CROPLEY A. In praise of convergent thinking [J]. Creativity research journal, 2006, 18 (3): 391-404.

[182] CSIKSZENTMIHALYI M. Flow and the psychology of discovery and invention [M]. New York: HarperPerennial, 1997, 39: 1-16.

[183] CSIKSZENTMIHALYI M. Happiness and creativity [J]. The futurist, 1997, 31 (5): S8.

[184] CZARNOCHA B, PRABHU V, DIAS O, BAKER W. Creativity research and koestler [M] //CZARNOCHA B, BAKER W, DIAS O, PRABHU V. The creative enterprise of mathematics teaching research. Rotterdam: Sense Publishers, 2016.

［185］ CROCKER D A. Deliberative participation in local development ［J］. Journal of human development & capabilities, 2007, 8 （3）: 431-455.

［186］ DENISE D S F. Teacher and student perceptions of creativity in the classroom environment ［J］. Roeper review, 2000, 22 （3）: 148-153.

［187］ DUNDAR S. Students' participation to the decision-making process as a tool for democratic school ［J］. Kuram ve uygulamada egitim bilimleri, 2013, 13 （2）: 867-875.

［188］ ELSTER J. Deliberative democracy ［M］. Cambridge : Cambridge University Press, 1998.

［189］ ESQUIVEL G B. Teacher behaviors that foster creativity ［J］. Educational psychology review, 1995, 7 （2）: 185-202.

［190］ FEIST G J, BARRON F X. Predicting creativity from early to late adulthood: intellect, potential, and personality ［J］. Journal of research in personality, 2003, 37 （2）: 62-88..

［191］ FREIBERG H J. Measuring school climate: let me count the ways ［J］. Educational leadership, 1998, 56 （2）: 22-26.

［192］ GARDNER H. Creativity: an interdisciplinary perspective ［J］. Creativity research journal, 1988, 1 （1）: 8-26.

［193］ GARDNER H. Creating minds: an anatomy of creativity seen through the lives of Freud, Einstein, Picasso, Stravinsky, Eliot, Graham, and Gandhi ［M］. New York: BasicBooks, 1993.

［194］ GARDNER H. seven creators of the modern era ［M］ // J BROCKMAN, ed. Creativity. New York: Touchstone Books, 1993: 28-47.

［195］ LEMONS G. Bar drinks, rugas, and gay pride parades: is creative behavior a function of creative self-efficacy? ［J］. Creativity research journal, 2010, 22 （2）: 151-161.

［196］ GÖRAN EKVALL. Organizational climate for creativity and innovation ［J］. European journal of work & organizational psychology, 1996, 5 （1）: 105-123.

［197］ GUTMANN A, THOMPSON D. Democracy and disagreement ［M］. Cambridge, MA: Harvard University Press, 1996, 361.

［198］ HANSON J S, HOWE K. The potential for deliberative democratic civic education [J]. Democracy & education, 2011: 19-9.

[199] HART R A. Children's participation: from tokenism to citizenship [J]. Papers, 1992: 49.

[200] HELLER F. Playing the devil's advocate: limits to influence sharing in theory and practice [M] //HELLER F, PUSIC E, STRAUSS G, WILPERT B. Organizational participation: myth and reality. Oxford: Oxford University Press, 1988: 144-189.

[201] HOCEVAR D, BACHELOR P. A Taxonomy and critique of measurements used in the study of creativity [J]. Perspectives on individual differences, 1996: 53-75.

[202] HORWITZ R A. Psychological effects of the "Open Classroom" [J]. Review of educational research, 1979, 49 (1): 71-85.

[203] COHEN J. Deliberation and democratic lgitimacy [M] //HAMLIN A, PETTIT P. The good policy. Oxford: Basil Blackwell, 1989: 17-34.

[204] JEENE M, OORSCHOT W V, UUNK W. Popular criteria for the welfare deservingness of disability pensioners: the influence of structural and cultural factors [J]. Social indicators research, 2013, 110 (3): 1103-1117.

[205] ELSTE J. Realizing deliberaive democracy as a mode of inquiry: pragmatism, social facts, and normative theory [J]. Journal of speculative philosophy, 2004 (18): 23-43.

[206] PLUCKER J A, BEGHETTO R A, DOW G T. Why isn't creativity more important to educational psychologists? potentials, pitfalls, and future directions in creativity research [J]. Educational psychologist, 2004, 39 (2): 83-96.

[207] KARWOWSKI M. Did curiosity kill the cat? relationship between trait curiosity, creative self-efficacy and creative personal identity [J]. Europe's journal of psychology, 2012, 8 (4): 547-558.

[208] KAUFMAN J C, BAER J. Nurturing creativity in the classroom [J]. Cambridge: Cambridge University Press, 2010, 48 (1): 438.

[209] KAUFMAN J C, BEGHETTO R A. Do people recognize the four Cs? examining layperson conceptions of creativity [J]. Psychology of aesthetics, creativity, and the arts, 2013, 7 (3): 229.

[210] KEATING A, BENTON T. Creating cohesive citizens in england? exploring the role of diversity, deprivation and democratic climate at school [J]. Education citizenship & social justice, 2013, 8 (2): 165-184.

[211] KEMPLE K M, NISSENBERG S A. Nurturing creativity in early childhood education: families are part of it [J]. Early childhood education journal, 2000, 28 (1): 67-71.

[212] URBAN K K. On the development of creativity in children [J]. Creativity research journal, 1991, 4 (2): 177-191.

[213] KORKMAZ H E, ERDEN M. A delphi study: the characteristics of democratic schools [J]. Journal of educational research, 2014, 107 (5): 365-373.

[214] KYUNG HEE KIM. Can we trust creativity tests? a review of the Torrance Tests of Creative Thinking (TTCT) [J]. Creativity research journal, 2006, 18 (1): 3-14.

[215] MABOVULA N. Giving voice to the voiceless through deliberative democratic school governance [J]. South African journal of education, 2009, 29 (2): 219-233.

[216] MACKINNON D W. What makes a person creative? [J]. Theory into practice, 1966, 5 (4): 187.

[217] MAGER U, NOWAK P. Effects of student participation in decision making at school. A systematic review and synthesis of empirical research [J]. Educational research review, 2012, 7 (1): 38-61.

[218] MARSH H W, BALLA J. Goodness of fit in confirmatory factor analisisi: the effect of sample size and model parsimony [J]. Quality and quantity, 1994, 28 (2): 185-217.

[219] RAYWID M A. The democratic classroom: mistake or misnomer [J]. Theory into practice, 1987, 26 (1): 480-489.

[220] MICHAELS S, O'CONNOR C, RESNICK L B. Deliberative discourse idealized and realized: accountable talk in the classroom and in civic life [J]. Studies in philosophy & education, 2007, 27 (4): 283-297.

[221] MILLER K I, MONGE P R. Participation, satisfaction, and productivity: a meta-analytic review [J]. Academy of management journal, 1986,

29(4): 727-753.

[222] MORGAN G, REN X. The creative underclass: culture, subculture, and urban renewal [J]. Journal of urban affairs, 2012, 34(2): 127-130.

[223] MUMFORD M D, GUSTAFSON S B. Creativity syndrome: integration, application, and innovation [J]. Psychological bulletin, 1988, 103(1): 27-43.

[224] NIU W. Individual and environmental influences on Chinese student creativity [J]. The journal of creative behavior, 2007(3): 151-175.

[225] OPPENHEIM F E, SUGDEN S J B. Democracy: characteristics included and excluded [J]. Monist, 1971, 55(1): 29-50.

[226] PAWSON R. Method mix, technical hex, theory fix [M]//BERGMAN M M. Advances in mixed methods research: theories and applications. Los Angeles, London, NewDelhi, Singapore: Sage, 2008.

[227] PLATT, MARJORIE B. Classroom participation and discussion effectiveness: student-generated strategies [J]. Communication education, 2004, 53(1): 103-115.

[228] PLUCKER J A E, OTHERS A. What educators and parents need to know about. fostering creativity and elementary school programs in gifted education and student portfolios. practitioners' guides [J]. Creative development, 1994: 14.

[229] QUINTELIER E, HOOGHE M. The relationship between political participation intentions of adolescents and a participatory democratic climate at school in 35 countries [J]. Oxford review of education, 2013, 39(5): 567-589.

[230] REDMOND M R, MUMFORD M D, TEACH R. Putting creativity to work: effects of leader behavior on subordinate creativity [J]. Organizational behavior & human decision processes, 1993, 55(1): 120-151.

[231] RHODES M. An analysis of creativity [J]. Phi Delta Kappan, 1961, 42(7): 305-310.

[232] RICHTER F D, TJOSVOLD D. Effects of student participation in classroom decision-making on attitudes, peer interaction, motivation, and learning [J]. Journal of applied psychology, 1980, 65(1): 74-80.

[233] RIGDON E E. A necessary and sufficient identification rule for structural models estimated in practice [J]. Multivariate behavioral research, 1995, 30(3): 359-383.

[234] RIMM S, DAVIS G A. Five years of international research with GIFT: An instrument for the identification of creativity [J]. Journal of creative behavior, 1980, 14 (1): 35-46.

[235] STERNBERG R J. Creative thinking in the classroom [J]. Scandinavian journal of educational research, 2003, 47 (3): 325-338.

[236] RUDOWICZ E, HUI A. The creative personality: Hong Kong perspective [J]. Journal of social behavior & personality, 1997, 12 (1): 139-157.

[237] SAMDAL O, WOLD B, TORSHEIM T. Rationale for school: the relationship between students' perception of school and their reported health and quality of life [C]//C Currie. Health behavior in school-aged children. research protocol. Scotland: University of Edinburg, 1998.

[238] SAMUELSSON M. Education for deliberative democracy: a typology of classroom discussions [J]. Democracy & education, 2016: 24.

[239] SHALLEY C E, GILSON L L. What leaders need to know: a review of social and contextual factors that can foster or hinder creativity [J]. Leadership quarterly, 2004, 15 (1): 33-53.

[240] SHALLEY C E, ZHOU J, OLDHAM G R. The effects of personal and contextual characteristics on creativity: where should we go from here? [J]. Journal of management, 2004, 30 (6): 933-958.

[241] SHERRY R. ARNSTEIN. A ladder of citizen participation [J]. Journal of the American institute of planners, 1969, 35 (4): 216-224.

[242] STARKO A J. Creativity in the classroom [J]. Etc a review of general semantics, 1964, 21 (2): 244-246.

[243] STERNBERG R J, GRIGORENKO E, SINGER J L. Creativity: from potential to realization [M]. American psychological association, 2004 (4).

[244] STERNBERG R J. Implicit theories of intelligence, creativity, and wisdom [J]. Journal of personality & social psychology, 1985, 49 (49): 607-627.

[245] STERNBERG R J, LUBART T I. Defying the crowd: cultivating creativity in a culture of conformity [M]. New York: The Free Press, 1995.

[246] THORKILDSEN T A, NOLEN S B, FOURNIER J. What is fair?

children's critiques of practices that influence motivation [J]. Journal of educational psychology, 1994, 86 (4): 475-486.

[247] TIERNEY P, FARMER S M. Creative self-efficacy: its potential antecedents and relationship to creative performance [J]. Academy of management journal, 2002, 45 (6): 1137-1148.

[248] TORNEY-PURTA J, LEHMANN R, OSWALD H. Citizenship and education in twenty-eight countries: civic knowledge at age fourteen [M]. IEA, 2001.

[249] TORRANCE E P, GOFF K. A Quiet revolution [J]. Journal of creative behavior, 1989, 23 (2): 136-145.

[250] TORRANCE E. P. Creativity and infinity [J]. Journal of research and development in education, 1971 (4): 35-41.

[251] TORRANCE E P. Predictive Validity of the Torrance Tests of Creative Thinking [J]. Journal of creative behavior, 2011, 6 (4): 236-262.

[252] TUMMERS L G, KRUYEN P M. The influence of leadership on creativity: a systematic review of experimental studies [EB/OL]. [2022-10-15]. http://hdl.handle.net/1765/77128.

[253] URBAN K K. Assessing creativity: The Test for Creative Thinking-Drawing Production (TCT-DP): the concept, application, evaluation, and international studies [J]. International education journal, 2004, 6 (3): 387-397.

[254] WALBERG H J, Thomas S C. Open education: an operational definition and validation in great britain and united states [J]. American educational research journal, 1972 (2): 197-208.

[255] WALLACE G. The art of thought [J]. Smithsonian, 1926, 62 (1): 68-72.

[256] WOOD M T. Power relationships and group decision making in organizations [J]. Psychological bulletin, 1973, 79 (5): 280-293.

[257] WRAGA W G. Democracy's high school: the comprehensive high school and educational reform in the United States [J]. History of education quarterly, 1996, 35 (2): 160-161.

[258] WRIGHT R J. The affective and cognitive consequences of an open

education elementary school [J]. American educational research journal, 1975, 12 (4): 449-468.

[259] YEH Y C. The development of the "Technological Creativity Test" and the construction of its scoring norms [J]. Psychological Testing, 2004, 51 (2): 127-162.